AQUÍ NO HEMOS VENIDO A ESTUDIAR

Título original: *Aquí no hem vingut a estudiar*

La edición de este libro ha sido posible gracias a la ayuda
del Departamento de Cultura de la Generalitat de Catalunya

Generalitat de Catalunya
**Departament
de Cultura**

Primera edición: julio de 2020

ISBN: 978-84-17623-54-8
Depósito legal: B 11044-2020

Diseño de colección: Enric Jardí
Diseño de cubierta: Anna Juvé
Imagen de cubierta: © Shutterstock
Maquetación: Àngel Daniel
Impresión y encuadernación: Romanyà Valls
Impreso en La Torre de Claramunt

Arpa
Manila, 65
08034 Barcelona
arpaeditores.com

Enric Juliana

AQUÍ NO HEMOS VENIDO A ESTUDIAR

arpa

SUMARIO

Para Núria Estadella y Nolasc Acarín

NOTA DEL AUTOR

El destino individual y la gran avalancha a la que llamamos Historia: he ahí la cuestión. La pasión política es la voluntad de intervenir en los engranajes que te pueden triturar. Adivinar la dirección del viento, olerla. Dudar o decidir. Actuar o esperar. Desistir o resistir. Creer o estudiar. La dificultad de captar los cambios cuando apenas comienzan a manifestarse. Esto pasó en 1946. Esto pasó en 1962. Esto vuelve a pasar ahora.

GRANADA, 16 DE JUNIO DE 1947

Las calles de Granada están a rebosar para ver pasar a Eva Perón. Es el primer gran espectáculo de la posguerra española que no tiene nada que ver con la muerte. Ha llegado una estrella a un país aislado. El régimen de Franco no es del agrado de los ganadores de la segunda gran guerra, pero resiste. Los aliados no se deciden a hacerlo caer. El primer ministro británico Clement Attlee, laborista, es más hostil a Franco que el conservador Winston Churchill, pero el poder inglés sigue sin querer aventuras en la península ibérica. Inglaterra quiere conservar Gibraltar, puerta del Mediterráneo desde el Atlántico. Los norteamericanos se lo piensan. No, no se deciden a hacerlo caer, pero le han negado la entrada en la Organización de las Naciones Unidas, la nueva Sociedad de las Naciones, recién constituida.

Franco está aislado y el general Juan Domingo Perón decide ayudarlo desde Argentina. El nacionalpopulista Perón, recién llegado al poder, ha simpatizado con el fascismo europeo, pero no pagará ninguna consecuencia por ello. En 1947, Argentina es uno de los países más ricos del mundo, respetado por todo el mundo. El nuevo gobernante argentino se puede permitir ayudar a la dictadura de Franco. Se trata de no irritar demasiado a los norteamericanos. La República Argentina concede dos créditos por valor de más de setecientos millones de pesos al gobierno de Madrid, para que la hambrienta España pueda pagar las importaciones argentinas en buenas condiciones. El aislamiento empieza a romperse. La llegada del trigo argentino a los puertos españoles será un gran acontecimiento: 400.000 toneladas de trigo, 120.000 toneladas de maíz, 25.000 toneladas de carne, 50.000 cajas de huevos, 10.000 toneladas de lentejas... Es un gesto benéfico y a la vez político. A cambio, los puertos españoles servirán de base, a buen precio, para las exportaciones argentinas a Europa. Es una demostración de fuerza del populismo argentino en un mundo que está por reconstruir. Un tango después de las conferencias de Teherán, Yalta y Potsdam entre las tres potencias ganadoras. El tango dice: «¡Ojo!, somos ricos y hacemos lo que nos da la gana».

Es también una lección. Podríamos considerarlo, incluso, como una fría revancha. La antigua colonia de Mar del Plata y de la pampa infinita, rica y pletórica, ayuda ahora a la metrópolis devastada y arruinada.

Perón se está preparando para la Guerra Fría y sienta las bases de lo que él mismo denominará la «tercera posición»: ni con Estados Unidos ni con la Unión Soviética, pero siempre amigos de los anticomunistas cristianos. El general quiere rematar la jugada con un gesto político y decide enviar a España a su esposa, respondiendo a una invitación de Franco. Para disimular un poco se organiza una gira por Europa con el pomposo nombre de «La gira del Arco Iris», incluyendo una audiencia con el papa Pío XII en Roma. El plato fuerte es España. Dos semanas arriba y abajo por la *madre patria*, tras un recibimiento triunfal en Madrid.

«¡Franco, Perón, un mismo corazón!», grita la multitud convocada por la Falange. Trescientas mil personas, dicen los periódicos. El general Franco la recibe a bombo y platillo en el aeropuerto de Barajas. Acaba de aterrizar en España la «reina del trigo». Veintiocho años. Rubia como la más lozana de las espigas.

Cuando Franco se me vino a los pies, yo pensé que era idéntico a Caturla, el que vendía pollos en Junín. Era petiso, barrigón, con pinta de almacenero, y llevaba una banda que se le apoyaba en la panza. Hasta la mujer y la hija se parecían a la mujer y a la hija de Caturla. ¡Y con todo lo que Perón me había hablado de él...!

Con estas palabras, Evita narró la primera impresión que le causó Franco a su peluquero, Julio Alcaraz, que la acompañaba a todas partes. Con la esposa del general tendero y barrigón las cosas fueron mal desde el primer día. Cuando Eva Duarte pidió visitar los «barrios obreros» de Madrid, Carmen Polo torció el gesto. Evita quería hacer peronismo. Para la estirada señora de Franco, la palabra *obrero* significaba comunista. Aun así, hubo sesión de populismo en Madrid. Querían que fuera una visita en coche, rápida, veloz, pero ella hizo parar la comitiva para saludar a la gente que la aclamaba. Entró en algunas casas. Hablaba con las familias y les regalaba billetes de cien pesetas. Alimentaba una gran leyenda. De Buenos Aires solo llevaba una consigna: «Sé simpática con ellos, habla bien de España y de los españoles, pero ninguna palabra de apoyo al régimen de Franco».

Estamos en Granada. 16 de junio de 1947. Eva Perón y su séquito, formado por treinta y tres personas, han dormido en el hotel Alhambra Palace, mientras su hermano Juancito huía hacia una fiesta gitana en el barrio del Sacromonte. Todos han trasnochado. Ella siempre se levanta tarde. Hacia las dos de la tarde salen del hotel. Cerca de la puerta un coche de caballos espera para llevarla, otra vez, a la catedral. Otro tedeum y, después, avión hacia Sevilla. Ayer, durante la visita a la Capilla Real, ante la tumba de los Reyes Católicos, le llamó mucho la atención ver cómo la almohada de mármol de la reina Isabel de Castilla está más hundida que la del rey Fernando de Aragón. Se lo comentó a su confesor, el jesuita Hernán Benítez. Bromearon. «Quizás a la reina le pesaba más la cabeza. Quizá tenía más ideas». El jesuita Benítez es el hombre clave del viaje. Él se ha entrevistado previamente con Franco para fijar los detalles. Él dirige la gira.

Un personaje muy singular, Benítez. Gran predicador, sermones de tres horas en Radio Belgrano, entusiasta orador, muy vinculado a la logia paramilitar que ha aupado a Perón al poder. Un intrigante simpático y culto. Cinco años después acompañará a Evita en su dura agonía, rezará con ella mientras el cáncer se la lleva. Y acabará enfrentado a Perón por su deriva reaccionaria. Pero ahora, en España, Benítez, futuro admirador de la Revolución cubana, es el más fiel servidor del general. Cada noche el jesuita llama a Buenos Aires para informar sobre cómo van las cosas por España. Como lo controla todo, el confesor Benítez también lee las cartas que algunos españoles envían a la primera dama argentina durante este viaje que parece no tener fin.

La comitiva ya está fuera del hotel. Cuando ve a la gente, Evita se entusiasma. Surge la actriz. Se acerca al gentío, saluda, acaricia la cabeza de algún niño y no para de sonreír. Cultiva una leyenda. La policía vigila, pero también se relaja. Entonces, una sotana rompe el cordón. Un cura se abalanza hacia la primera dama con un papel en la mano y los policías se le echan encima. Ella los para con un gesto rápido: «¡Déjenlo!». «¿Qué quiere?», pregunta Evita. «Quiero clemencia», le responde el cura, mientras le entrega el sobre. Dentro, diez líneas y un nombre. «Clemencia», repite el sacerdote Juan Sánchez, más conocido en su pueblo como el Cura Pitillo. Treinta y ocho años, vivaracho, enérgico.

Eva Perón coge el sobre, mira al hombre de la sotana e intuye lo que dice la carta. No es la primera petición dramática que ha recibido en este viaje. Las otras le han llegado más discretamente. «Veré lo que puedo hacer», le responde, mientras el séquito se vuelve a poner en marcha. El Cura Pitillo se queda paralizado, sorprendido de sí mismo. La gente lo mira. La policía lo mira. Todo ha ido muy rápido, pero para él ha durado una eternidad. Dos o tres filas atrás, un hombre mayor observa la escena con lágrimas en los ojos.

POTSDAM, 19 DE JULIO DE 1945

Stalin: Es necesario examinar la cuestión del régimen de España. Nosotros los soviéticos consideramos que el actual régimen de Franco fue impuesto por Alemania e Italia y que entraña un grave peligro para las naciones unidas amantes de la libertad. Opinamos que será bueno crear las condiciones necesarias para que el pueblo español pueda establecer el régimen que elija.

Churchill: Estamos debatiendo todavía las cuestiones que vamos a incluir en la agenda. Convengo que la cuestión de España debería ser incluida en ella.

Truman: ¿Quiere el generalísimo [Stalin] hablar sobre la cuestión?

Stalin: Se han distribuido copias de la propuesta. No tengo nada más que añadir a lo que en ella se expresa.

Churchill: Señor presidente [se dirige al presidente de Estados Unidos, Harry Truman], el gobierno británico también está muy disgustado con Franco y su gobierno. [...] El hecho de que hayan sacado a los prisioneros que han estado en prisión durante años y les hayan disparado por hechos ocurridos mucho tiempo atrás indica que España no es una democracia de acuerdo con las ideas británicas sobre este tema. Cuando Franco me envió una carta proponiéndome hacer una alianza de Occidente contra Rusia, le envié una respuesta fría. Esto demuestra que los sentimientos de Gran Bretaña son contrarios al régimen de Franco.

Stalin: Yo no he recibido ninguna copia de la respuesta británica a Franco.

Churchill: Veo alguna dificultad para aceptar el borrador propuesto por el generalísimo [Stalin] en el primer párrafo, el que trata de la ruptura de toda relación con el gobierno de Franco, que es el gobierno de España. Considerando que los españoles son orgullosos y susceptibles, semejante medida causaría el efecto de unir a los españoles entorno a Franco, incluso los que ahora reniegan de él, en lugar de apartarlos de él. [...] El resultado sería un fortalecimiento de la posición de Franco. Y él tiene un ejército, aunque no sea muy bueno.

Si con esta acción que se nos propone él resultara fortalecido, sería necesario considerar si tendríamos que intervenir por la fuerza. Y yo estoy en contra de usar la fuerza. En contra de interferir en los países que tienen diferentes regímenes que el nuestro, a menos que seamos molestados por ellos. Por lo que toca a los países que han sido liberados en el curso de la guerra, no podemos permitir que se establezca en ellos un régimen fascista, pero aquí tenemos un país [España] que no tomó parte en la guerra. Por eso es por lo que soy contrario a interferir en sus asuntos internos. El gobierno de Su Majestad [el gobierno británico] necesitará debatir muy detenidamente esta cuestión antes de decidir romper relaciones con España. Estoy preparado para tomar cualquier medida que sea necesaria dentro de la diplomacia para acelerar la salida de Franco del poder.

Truman: No siento ninguna simpatía hacia el régimen de Franco, pero no deseo tomar parte en una guerra civil española. Ya ha sido más que suficiente con la guerra en Europa. Nos alegraríamos mucho de reconocer a otro gobierno de España en vez del gobierno de Franco, pero pienso que es una cuestión que ha de resolver la propia España.

Stalin: ¿Es decir, que no habrá cambios en España? España está ganando fuerza ya. Se está alimentando de regímenes semifascistas de otros países [posible alusión a la Argentina del general Juan Domingo Perón]. Esto no es un asunto interno. El régimen de Franco fue impuesto a los españoles por Hitler y Mussolini, cuyos regímenes a su vez estaban en proceso de destrucción. Me creo que no sintáis ningún tipo de afecto por Franco, pero esto tiene que ser demostrado con hechos. No estoy proponiendo ninguna intervención militar, ni que desencadenemos una guerra civil que se podría perder. Solamente deseo que el pueblo español sepa que nosotros, los dirigentes de la Europa democrática, adoptamos una actitud negativa con respecto al régimen de Franco. A menos que lo declaremos así, el pueblo español tendrá motivo para pensar que no somos contrarios a dicho régimen. Podrán decir que, dado que hemos dejado en paz al régimen de Franco, esto significa que lo apoyamos. La gente entenderá que lo hemos aprobado o que le hemos dado nuestra bendición tácita. Esto constituye un grave riesgo para nosotros. No me agrada estar entre los acusados.

Churchill: La URSS ya no tiene relaciones diplomáticas con el gobierno español, así que nadie podrá acusarle de lo que está diciendo ahora.

Stalin: Pero lo que sí tengo es el derecho y la posibilidad de plantear la cuestión y resolverla. ¿Por qué tendría que estar callado? Todo el mundo cree que las tres grandes potencias pueden resolver estas cuestiones. Y yo represento a una de ellas, como el señor Churchill. ¿Debemos mantenernos en silencio ante lo que está pasando en España con el régimen de Franco y abstenernos de llevar a cabo una acción contra España, si tenemos en cuenta que ha recibido el apoyo del fascismo? No deberíamos mirar al suelo ante el peligro que representa la España de Franco.

Churchill: Nosotros tenemos antiguas relaciones comerciales con España. Si nuestra intervención no diera los frutos deseados, yo no querría que este comercio se detuviera. Por otra parte, comprendo totalmente la actitud adoptada por Stalin contra España. Franco envió su División Azul a Rusia [para luchar junto a la Alemania nazi contra la URSS], por lo que entiendo que esté molesto. [...] Pero en lo que respecta a Gran Bretaña, España se abstuvo de realizar ninguna acción contra nosotros en una época en la que si lo hubiera hecho podría habernos provocado un desastre. [...] Nadie duda de que el generalísimo Stalin no siente ningún afecto hacia Franco, y creo que la mayoría de los británicos comparten esa antipatía. Yo únicamente deseo subrayar que la URSS ha sido perjudicada por Franco como ningún otro país.

Stalin: No es una cuestión de perjuicios. Aun así, creo que Inglaterra también ha sido perjudicada por el régimen de Franco. Durante mucho tiempo, España puso su costa a disposición de Hitler para que la usasen sus submarinos. Puede usted decir, por tanto, que ha sufrido daños causados por Franco de una forma u otra. Pero no deseo que este asunto se valore desde ese punto de vista. Lo que importa no es la División Azul, sino el hecho de que el régimen de Franco es una amenaza grave para Europa. Esto debería tenerse en cuenta. Por eso creo que deberían tomarse algunas decisiones, incluso si eso significa romper las relaciones diplomáticas. Creo que debemos hacer algo contra ese régimen. Podemos encontrar otros medios. Solo tenemos que decir que no simpatizamos con el régimen de Franco y que consideramos justa la exigencia de democracia por parte del pueblo español. Solo tenemos que indicarlo y no quedará nada del régimen de Franco, se lo aseguro. Propongo que nuestros ministros de Asuntos Exteriores debatan si puede encontrarse otra forma más suave o flexible para hacer patente que las grandes potencias no apoyan a Franco y a su gobierno.

Truman: Me parece bien. Propongo pasar el asunto a los ministros.

Churchill: Debo oponerme a esto. Creo que este es un asunto que debe ser resuelto en esta reunión por los líderes de los gobiernos. Interferir en los asuntos internos de otros países es una cuestión peligrosa.

Stalin: No lo considero un asunto interno de España, puesto que su régimen se creó desde el exterior y es un peligro para Europa.

Churchill: Todo el mundo puede decir esto del régimen de cualquier otro país.

Stalin: No, no hay ningún régimen como el de España en ningún país. No queda ningún régimen como ese en país alguno de Europa.

Churchill: Portugal también podría ser condenado por tener un régimen dictatorial.

Stalin: No es la dictadura lo que importa. El régimen de Portugal es el resultado de un proceso interno, mientras que el régimen de Franco fue instaurado desde el exterior, por medio de la intervención de Hitler. Franco se comporta de manera provocadora y da asilo a nazis.

Churchill: [...] En la Guerra Civil española hubo una intervención por ambas partes. La URSS intervino en un bando y Hitler y Mussolini, en otro. Pero, además, eso fue hace ya mucho tiempo. Creo que las acciones que pudiéramos decidir en esta reunión con respecto a ese problema servirían más para consolidar a Franco en su cargo. Y el gobierno británico no va a apoyar en lo más mínimo a este régimen, más allá de las relaciones comerciales.

Truman: Propongo que sean los ministros de Asuntos Exteriores quienes debatan si se puede encontrar otra forma más suave de llegar a un acuerdo sobre este asunto.

Stalin: Creo que este tema debemos resolverlo aquí. Propongo hacer una evaluación del régimen de Franco, incluyendo las observaciones hechas por el señor Churchill sobre la posible evolución de los acontecimientos en España. La situación del régimen de Franco debería ser uno de los puntos en la declaración que hagamos sobre Europa. Debería ser una declaración breve en la que dejáramos claro que nuestras simpatías son con el pueblo español y no con su régimen. Y sugiero dejar la forma en que debemos realizar esta declaración a los ministros de Asuntos Exteriores.

Churchill: No estoy de acuerdo con esta declaración. [...] Hay muchas cosas que no nos gustan de otros países, como Yugoslavia o Rumanía. Yo no sé qué opinan realmente los españoles [sobre su régimen]. Hay muchas sombras en la opinión de los españoles. Creo que a la mayoría de ellos les gustaría deshacerse de Franco sin la interferencia de extraños.

Truman: Sugiero que pasemos a otro tema y ya volveremos al punto de España más tarde.

Fragmento del acta de la discusión sobre España que tuvo lugar en la conferencia de Potsdam (Alemania), el 19 de julio de 1945, meses después del final de la Segunda Guerra Mundial. Esta conferencia reunió al presidente de Estados Unidos, Harry Truman, el secretario general del Comité Central del Partido Comunista de la Unión Soviética y presidente del Consejo de Ministros, Iósif Dzhugashvili, *Stalin*, y el primer ministro británico, Winston Churchill, con el objetivo de acabar de discutir la situación de Europa después de la guerra. Era la tercera reunión que mantenían los líderes de las tres potencias tras las conferencias de Teherán (noviembre de 1943) y Yalta (febrero de 1945).

El día 2 de agosto de 1945 se hizo pública finalmente la declaración de la conferencia de Potsdam, que incluía un párrafo sobre España. Decía así: «Nuestros tres gobiernos creen que tienen el deber de señalar que no apoyarán una solicitud de admisión [a la futura Organización de las Naciones Unidas, que sería fundada oficialmente en octubre de 1945] que sea presentada por el actual gobierno español, el cual, habiendo sido establecido con el apoyo de las potencias del Eje, no dispone, por razón de sus orígenes, de su naturaleza, de sus antecedentes y de su estrecha asociación con los estados agresores, de los títulos necesarios para justificar su ingreso».

El 5 de agosto, el gobierno de Franco respondió a esta declaración con una nota del ministro de Asuntos Exteriores, Alberto Martín-Artajo: «Ante la insólita alusión a España que se contiene en el comunicado de la Conferencia de los Tres en Potsdam, el Estado español rechaza, por arbitrarios e injustos, aquellos conceptos que le afectan y los considera consecuencia del falso clima creado por las campañas calumniadoras de los rojos expatriados y sus afines en el extranjero».

PRISIÓN CENTRAL DE BURGOS, DICIEMBRE DE 1962

«¡Aquí no hemos venido a estudiar!». La recia voz y la mirada dura del recién llegado impresionan a todos los hombres que forman el corro. Seis presidiarios, uniforme color marrón, cara helada, sentados entre dos literas en una de las celdas del penal más frío de España. Un preso vigila desde la puerta, otro está atento al fondo del pasillo de la brigada, otro aparenta estar distraído en la escalera. Si los guardias suben antes de la hora del recuento, el hombre de la escalera levantará una mano con la máxima discreción posible, el vigilante del pasillo moverá el brazo y el vigía de la puerta avisará rápidamente al comité del Partido Comunista de España en la prisión de Burgos. Diciembre de 1962. El frío es espeluznante.

«¡Aquí no hemos venido a estudiar!», repite el recién llegado, con una mirada severa e iracunda. Es un hombre de carácter duro, acostumbrado a dar órdenes. Fuerte, enjuto, una cabeza maciza, risueño cuando no está en tensión. Madera de los robles de Euskadi. Todos le tienen respeto. Respeto jerárquico, es miembro del comité central del partido. Y lo admiran por su valentía ante el consejo de guerra que lo acaba de juzgar y condenar a veinte años de cárcel como inductor de las huelgas obreras que han tenido lugar en el País Vasco durante la primavera de aquel año de 1962, en el que tantas cosas han empezado a cambiar en España. Le tienen respeto y admiración. Incluso miedo. Pero no todos están de acuerdo con su propuesta de abandonar los estudios y poner en marcha una veloz y continua oleada de protestas dentro de la cárcel. El franquismo está a punto de caer, les repite. «El camarada Jruschov ha dicho que si el pueblo español empuja fuerte, este puede ser el último año de la dictadura. Entendedme bien, lo ha dicho Nikita Jruschov, secretario general del Partido Comunista de la Unión Soviética. Los camaradas soviéticos tienen muy buena información. Compañeros, hacedme caso, el penal de Burgos puede ser la punta de lanza de la caída del franquismo. ¡Aquí no hemos venido a estudiar!». Todos lo escuchan con respeto, pero no todos están de acuerdo. Uno de los seis hombres del corro pide la palabra.

Pide la palabra sin acabar de levantar el brazo. Un gesto leve con la mano. Tiene cincuenta y cuatro años, la misma edad que el recién llegado, pero ya lleva más de quince inviernos encerrado en la nevera de Burgos. Quince años pasando frío. Veintitrés años lejos de una familia que se está resquebrajando. Delgado. Disciplinado. Elástico. Cada día se levanta media hora antes de la diana para hacer una tabla de gimnasia. Cuando habla, mezcla tonalidades andaluzas con resonancias catalanas. Es el secretario de organización. Es el encargado de hacer funcionar el engranaje clandestino dentro de la prisión. Supervisa el funcionamiento de los comités de cada una de las brigadas, dirige la contravigilancia, controla los canales por los que entra y sale información, y es el único que habla con los cuatro funcionarios que el partido ha conseguido atraer. Solo él sabe sus nombres. La colaboración de estos funcionarios es fundamental. Burgos se ha convertido en la «universidad» de los comunistas encarcelados por el franquismo. El hombre que ha levantado la mano controla los engranajes y se encarga de supervisar la tarea más pesada de todas: la depuración de los presos que van llegando. El filtrado.

El roble de Euskadi que quiere revolucionarlo todo es el héroe del momento. Se ha enfrentado con gran coraje al tribunal militar que lo acaba de condenar a veinte años de cárcel. En París se ha puesto en marcha una campaña de solidaridad con los comunistas vascos detenidos a raíz de las huelgas de la primavera de 1962. En Bélgica, el presidente de la Liga de los Derechos del Hombre se ha pronunciado a favor de su liberación. Algunos de sus compañeros dicen que es el nuevo Dimitrov: Georgi Dimitrov, dirigente comunista búlgaro, miembro del secretariado del Komintern, que pronunció un enérgico discurso ante el tribunal que lo juzgaba en 1933 bajo la acusación de haber participado en el incendio del Reichstag en Berlín. Dimitrov fue tan elocuente que consiguió la absolución de una justicia que todavía no estaba bajo el control de los nazis. Al roble de Euskadi, que se ha enfrentado al coronel Enrique Eymar, presidente del Tribunal Militar Nacional Especial de Actividades Extremistas, le han caído veinte años de cárcel, cinco más de los que pedía inicialmente el fiscal. Cinco años de añadidura por su osadía. El juicio empezó el 21 de septiembre de 1962 y todavía no han llegado las nevadas de Navidad. La heroicidad todavía está fresca. El roble de Euskadi quiere acción.

El hombre que ha levantado la mano para pedir la palabra sabe lo que significa ser condenado a muerte por un consejo de guerra. Primera semana del mes de julio de 1947. El día que empezó el juicio contra «los jefes y dirigentes de la llamada Agrupación Guerrillera de Levante», el capitán general de la III Región Militar ordenó que todos los oficiales libres de servicio estuvieran presentes en la sala del consejo. El escarmiento sería ejemplar. Todavía no habían pasado diez años del final de la Guerra Civil y las Naciones Unidas ya podían decir misa. Cualquier intento de resistencia armada al nuevo régimen sería aplastado sin contemplaciones. Aquel día, la ciudad de Valencia todavía llevaba el nombre guerrero de Valencia del Cid. El organizador de los engranajes clandestinos de la prisión de

Burgos sabe lo que es pasar las horas en una celda de la cárcel de Valencia esperando a que llegue la confirmación de la sentencia. Eran cinco y trataban de controlar la angustia adivinando jeroglíficos que ellos mismos dibujaban en trocitos de papel de estraza. El hombre de la mano levantada lleva veintitrés años fuera de casa.

1947 y 1962 tienen la palabra. Comienza una áspera disputa en la caverna de Platón.

PLAN DE ESTABILIZACIÓN

La prisión de Burgos es la caverna de Platón. Alguien ha encendido una hoguera a las puertas del presidio más frío de España y el comité tiene que adivinar el significado de las sombras que se ven en la pared del patio del penal. El roble de Euskadi, eufórico por su comportamiento valeroso ante el tribunal que lo ha juzgado, ve a Franco cayendo. Lo ve claro: ¡está cayendo! El metódico organizador que escapó a la pena de muerte y que ya lleva quince años de cárcel a sus espaldas solo ve confusión: algo está pasando, pero no sabe muy bien qué es. En 1962, la prisión de Burgos es la caverna de Platón y se acaba de poner en marcha un plan de salvación de la economía española.

El Plan de Estabilización de 1959 salvó a España de la quiebra en un momento en que empezaban a flaquear las reservas de divisas. Cuando quedaban ya pocos recursos para pagar las importaciones de petróleo, un grupo de economistas reclutados por el ala más católica del régimen diseñaron un plan de apertura al exterior para evitar un derrumbe que podía haber supuesto el retorno a las cartillas de racionamiento. La España de Franco tenía que abrirse al capital extranjero para no morir asfixiada. La autarquía de los falangistas había fracasado. El plan tuvo varios autores, pero el economista Joan Sardà Dexeus fue su arquitecto principal. Un personaje muy singular entre numerarios del Opus Dei: un republicano moderado de los años treinta salvó a Franco de la suspensión de pagos.

Hay que explicarlo mejor. La autarquía se ahogaba. Era necesario un giro y la situación internacional lo hacía posible. El régimen de Franco ya no estaba totalmente aislado, a pesar de que la dictadura española seguía sin suscitar ningún tipo de simpatía en la mayoría de países de la Europa occidental. «Es un hijo de puta, pero es *nuestro* hijo de puta», dijo una vez el presidente Roosevelt cuando le cuestionaron por el apoyo de Estados Unidos a la dictadura de Anastasio Somoza en Nicaragua. La figura sanguinaria y rechoncha del dictador español provocaba rechazo, pero las cosas ya habían quedado claras en la conferencia de Potsdam, en 1945: ingleses y norteamericanos no querían jaleo en la península ibérica, pieza fundamental para el equilibrio geopolítico en el sur de Europa después de la Segunda Guerra Mundial. No querían un vacío de poder en España. No querían arriesgarse a otro golpe de péndulo español. Franco y Salazar ya estaban bien donde estaban.

El dictador portugués, António de Oliveira Salazar, lo tuvo más fácil, puesto que había sido algo más neutral durante la Segunda Guerra Mundial y contaba con la protección directa de los ingleses. La alianza anglo-portuguesa es la más antigua del mundo: firmaron su primer tratado de amistad en 1373. La cordialidad entre ingleses y portugueses es una copa de cristal antiguo con vino de Oporto. El Portugal salazarista participó en la fundación de la OTAN en 1949. El economista Salazar era un dictador civil que gestionaba importantes colonias en África y algunas posesiones muy interesantes en Asia. Al general Franco, dictador militar de una España absolutamente arruinada por la guerra civil, no se atrevieron a invitarlo a firmar el acta fundacional de la Organización del Tratado del Atlántico Norte. El reconocimiento de la España de Franco tenía que producirse con más lentitud y discreción. La integración de la

España franquista en los nuevos esquemas de defensa occidentales no podía pasar por la adhesión a la OTAN. Se haría mediante acuerdos bilaterales con el gobierno de Estados Unidos. Eso es lo que sucedió a lo largo de los años cincuenta y sesenta.

La protección norteamericana y la creciente influencia del Opus Dei en algunas de las estructuras superiores del franquismo propiciaron un giro. El número dos del régimen, el almirante Luis Carrero Blanco, hombre de misa diaria, abrió la puerta a una nueva tecnocracia católica. La organización fundada por el sacerdote aragonés José María Escrivá de Balaguer tuvo un papel muy singular en España: reconcilió al catolicismo con el capitalismo sin pagar peaje a la ética protestante, y así se convirtió en uno de los *lobbies* más influyentes del país, ante el asombro de la vieja guardia falangista. La adaptación del franquismo a los nuevos esquemas del capitalismo internacional fue llevada a cabo por el Opus.

Camisas blancas contra camisas azules. Las camisas blancas ganaron la partida, no sin trabas y algún escándalo. La historia, sin embargo, siempre fabrica irónicas sorpresas: el principal artífice intelectual del Plan Nacional de Estabilización Económica no fue un numerario del Opus, ni un beato. El padre de la criatura estabilizadora fue un republicano catalán adaptado a la nueva situación. Un profesional muy bien preparado. Un tecnócrata de la Barcelona republicana que había estudiado en la London School of Economics en los años treinta, después de obtener la licenciatura en Derecho. Un chico de buena familia, formado en Londres y en Múnich, que había simpatizado con Acció Catalana y con los *lluhins*, la corriente laborista y federalista de Esquerra Republicana.

De las páginas del periódico *L'Opinió* a los dominios del almirante Carrero Blanco. El economista elegido para dibujar el alma del Plan de Estabilización trabajaba con la siguiente idea: España solo podría cambiar si se abría al exterior y mejoraba su bienestar material. He aquí el ideario de Joan Sardà Dexeus, jefe del servicio de estudios del Banco de España desde 1956, protegido por tres de los principales tecnócratas del Opus Dei: Laureano López Rodó, secretario general técnico de Presidencia y hombre de confianza de Carrero, Mariano Navarro Rubio, ministro de Hacienda, y Alberto Ullastres, ministro de Comercio. López Rodó había nacido en Barcelona. Ullastres, nacido en Madrid, era descendiente de una familia de Tona. Navarro Rubio era de Teruel.

Poco después de su nombramiento en el Banco de España, Sardà había pronosticado a sus amigos de tertulia que la esquela de la economía española muy pronto saldría publicada en las páginas del diario *ABC*. Era una tertulia excepcional, organizada entorno al escritor Josep Pla, que solía reunirse en Palafrugell: el historiador Jaume Vicens Vives, los economistas Sardà y Fabià Estapé, los empresarios Manuel Ortínez y Armand Carabén, el periodista Manuel Ibáñez Escofet, el escritor valenciano Joan Fuster... Un hombre muy singular, Sardà. Años atrás, antes de emigrar a Caracas con un contrato de asesor del Banco Central de Venezuela, la Venezuela de los años dorados, había ayudado a articular la economía de guerra de la Generalitat de Catalunya. Ahora se disponía a ayudar a Franco a salir de la economía de guerra de la Falange.

«Soy un liberal pragmático», decía de sí mismo al llegar a la edad madura. De joven había sido colaborador de la revista *Justícia Social*, de la Unió Socialista de Catalunya, y del diario *L'Opinió*, dirigido por el reformista Lluhí i Vallescà. Según recordaba Josep Tarradellas, Sardà tuvo un importante papel en la definición de la política económica de la Generalitat al estallar la Guerra Civil, fijada en los llamados Decretos de S'Agaró o también Plan Tarradellas: un conjunto de cincuenta y ocho decretos que intentaban unificar las finanzas de Catalunya, establecer una hacienda propia, regular las haciendas municipales, fijar la política monetaria de las entidades bancarias y regular las colectivizaciones necesarias para la industria de guerra. El plan fue ultimado en una reunión de tres días que tuvo lugar en el Hostal de la Gavina de S'Agaró, a principios de enero de 1937, bajo la dirección del consejero primero Tarradellas. Los Decretos de S'Agaró fueron el plan de estabilización de la Generalitat republicana y de su industria de guerra, formada por fábricas y talleres colectivizados.

¿Sardà, colectivista? ¿El joven economista barcelonés que un día ayudaría a salvar al franquismo de la suspensión de pagos había sido un bolchevique en 1936? La acrobacia habría sido extraordinaria, pero todo fue algo más complejo. Estallada la guerra, con la calle en manos de los sindicatos, principalmente la CNT-FAI, el colectivismo catalán fue objeto de fuertes tensiones entre el gobierno de la Generalitat y las diferentes ramas del movimiento obrero. Por fin, el 24 de octubre de 1936 nació el Decreto de Colectivizaciones y Control Obrero de Industrias y Comercios, con fuerte influencia de la tendencia sindicalista no anarquista de la CNT. Era una tercera vía entre la nacionalización de las empresas por parte de la Generalitat y el exclusivo control obrero que propugnaba el anarcosindicalismo. Tercera vía: autogestión. De acuerdo con el decreto, las empresas podían ser colectivizadas, en primer lugar, en régimen de autogestión bajo un consejo de empresa obrero, del que dependía el director, asistido por un interventor de la Generalitat. Las empresas también podían ser colectivizadas en régimen privado o controlado, y en estas operaba un comité de control obrero fiscalizador. Y en tercer lugar, se podían crear agrupamientos o concentraciones, formados por la integración de las empresas de un sector o de una zona, y que fueron, hasta el final de 1937, un instrumento de colectivización de las pequeñas empresas. Las diferentes modalidades quedaban trabadas por unas virtuales federaciones económicas de industria y por los catorce consejos generales de industria, uno para cada sector industrial. Además, se preveía la creación de una Caja de Crédito Industrial y Comercial —que no empezó a actuar hasta 1937— a la que quedaría aplicada una parte del excedente económico de las empresas colectivizadas. Los Decretos de S'Agaró trataron de poner orden monetario y financiero a los procesos de colectivización y municipalización que el «momento revolucionario» había puesto en marcha. S'Agaró es uno de los más bellos enclaves de la Costa Brava. Guerra, revolución, estabilidad y buenas vistas al mar.

Sardà habría podido formar parte de la primera generación de técnicos de primer nivel de la Generalitat catalana si no hubiera estallado la Guerra Civil. La revista *Justícia Social*, de orientación socialista, tuvo otros colaboradores ilustres. Uno de ellos fue el librero, escritor y dramaturgo Ramon Vinyes, el «sabio catalán» que aparece en la parte final de la novela *Cien años de soledad*. Gabriel García Márquez conoció a Vinyes en Barranquilla, donde se había exiliado definitivamente después de una primera estancia en Colombia antes del advenimiento de la República española. Sardà no se exilió. No había formado parte de ningún partido político —sus amigos de juventud lo veían más próximo a Esquerra que a la Lliga— y tampoco había tenido ningún cargo oficial, a pesar de sus labores de asesoramiento. Atravesó la frontera y, con la ayuda de unos familiares fieles al bando ganador, se fue a Burgos, donde un tío suyo, de la familia Trias de Bes, era asesor diplomático del gobierno de Franco. Fue *depurado* sin problemas. Nadie le pidió explicaciones sobre los Decretos de S'Agaró. En aquel momento trágico, las buenas familias contaban mucho. Siempre cuentan las buenas familias, pero cuando la historia se convierte en una sábana rasgada pesan todavía más. Bajo un buen paraguas familiar, Sardà Dexeus pudo iniciar una carrera docente en la universidad española hasta que aceptó una oferta para trabajar en Caracas. Vinyes en Colombia, manejando libros. Sardà en Venezuela, manejando divisas.

Pasados veinte años de los Decretos de S'Agaró, bajo la protección de los tecnócratas del Opus Dei, Sardà ideó la transformación de la economía española con el apoyo técnico del Fondo Monetario Internacional y del Banco Mundial, organismos con los que había tenido mucho contacto en Venezuela, uno de los principales productores de petróleo del mundo. El ministro Navarro Rubio lo fichó por este motivo: Sardà tenía una excelente relación con los dos principales organismos reguladores de la economía internacional, bajo paraguas norteamericano.

Principal objetivo del plan: abrir puertas al exterior para hacer entrar divisas y capitales extranjeros. Convertibilidad de la peseta, incrementando el tipo de cambio con el dólar de 42 a 60 pesetas (Franco solicitó expresamente redondear la cifra), con el objetivo de dar estabilidad a la moneda y abrir el grifo de los créditos exteriores. Muy pronto empezaron a llegar préstamos de varios organismos internacionales y del gobierno de Estados Unidos. Incremento de los tipos de interés, limitación de la concesión de créditos bancarios y congelación de los salarios para reducir la inflación. Fomento de la inversión extranjera con una nueva legislación sobre inversiones exteriores que permitiría la participación de capitales extranjeros en empresas españolas. Reforma fiscal para incrementar la recaudación del Estado y limitación del gasto público. Estímulo del turismo, razón por la cual, tal como había aconsejado el Banco Mundial, a principios de los años sesenta se empezó a construir una autopista que recorrería la costa mediterránea desde la Jonquera hasta Alicante: el primer corredor del Mediterráneo.

No fue fácil convencer a Franco, que no tenía ni idea de economía y temía las influencias extranjeras. Carrero Blanco, franquista hasta la médula, lo veía más claro. El almirante tenía mucha ascendencia sobre el generalísimo. Laureano López Rodó, catedrático de Derecho Administrativo y numerario de la Obra, fue el hombre clave de la operación. López Rodó era la rótula entre el vicepresidente Carrero y los técnicos, entre los que había otro catalán, el economista Fabià Estapé, rector de la Universidad de Barcelona y amigo personal de Sardà Dexeus.

Estapé abrió pista en 1957 participando en la redacción de la Ley de Reforma Tributaria, una iniciativa de Sardà que intentaba hacer aflorar dinero negro para incrementar la recaudación y frenar el incremento del gasto público. La Ley de Reforma Tributaria fue el prólogo del Plan de Estabilización. Posteriormente, Estapé, hombre de una gran vivacidad, protagonista de mil y una anécdotas, muy amigo de Manuel Sacristán, el principal teórico marxista que ha tenido España, fue nombrado comisario adjunto del III Plan de Desarrollo, el tercero de los programas de industrialización derivados del plan de 1959.

La tropa estabilizadora vivió momentos surrealistas. Estapé trabajaba en el piso de arriba del despacho de Carrero Blanco, en el palacete de Castellana, 3 que había sido sede de la presidencia del gobierno durante la República. Estapé mandó instalar una máquina de *pinball* en su despacho. Mientras ideaba zonas de desarrollo industrial jugaba con el *flipper* y sumaba puntos. En el piso de abajo, Carrero pensaba que el comisario adjunto hacía demasiado ruido. «¿Está bien de la cabeza ese hombre?», preguntó una vez a su secretario. El Plan de Estabilización hablaba con acento catalán, pero ninguno de sus técnicos catalanes hizo carrera política, excepto López Rodó. Sardà Dexeus dejó el servicio de estudios del Banco de España en 1965, después de perder el favor del ministro Navarro Rubio. La política no era su especialidad. Se dedicó a la docencia, dirigió la oficina de enlace en España del FMI y marcó a una generación entera de economistas españoles de diferente orientación ideológica. Un maestro. Estapé, economista schumpeteriano, brillante conversador, pragmático barroco, amigo de Comisiones Obreras, solo duró un año y medio en Castellana, 3. Carrero creía que estaba chiflado.

El Plan de Estabilización dibuja un antes y un después en la historia de España. Podríamos decir, sin riesgo a equivocarnos, que la política económica española ha seguido la misma guía desde entonces, sin modificaciones bruscas, sin grandes rupturas. La línea de 1959 no se ha visto truncada por ningún ministro de Economía posterior. España no ha experimentado una revolución como la que vivió Portugal en 1974, con un gran protagonismo político del Partido Comunista, ni ha conocido un frente de izquierdas nacionalizador como el que llevó en 1981 al socialista François Mitterrand a la presidencia de la República francesa (nacionalizaciones que Mitterrand corrigió en pocos años).

Se podría decir que en España, desde 1959, la política económica ha llevado siempre el sello de Sardà Dexeus, Navarro Rubio, Ullastres y López Rodó. El gran ministro económico de la transición, Enrique Fuentes Quintana, trabajó con Sardà en la redacción del plan de 1959. Con la protección norteamericana se enterró la España autárquica. La tropa estabilizadora evitó que los coches españoles volvieran a funcionar con gasógeno. Se evitó el desastre, pero la congelación de los salarios y la limitación del gasto público también acabaron de empobrecer a mucha gente. El plan buscaba la estabilidad, no un incremento inmediato del consumo. Esto vendría después.

El Plan de Estabilización fue dramático. Se aceleró el éxodo del campo a las grandes ciudades. Los campesinos pobres emigraron masivamente y el número de tractores en el campo se multiplicó por tres. La industria se convirtió en el motor central del crecimiento económico. Las periferias de Madrid, Barcelona y Bilbao se llenaron de gente que solo poseía su fuerza de trabajo y una maleta de cartón. Familias desarraigadas, barrios donde faltaba de todo, pero también la esperanza de una vida mejor. Este país se ha construido así. Madrid empezó a transformarse en una verdadera capital económica. Barcelona creció, disponía de una autopista que la conectaba con Europa y editaba muchos libros para Latinoamérica. Gabriel García Márquez hizo un homenaje a Barcelona recordando al librero Vinyes en *Cien años de soledad*. El «sabio catalán» es el hermeneuta que ayuda a descifrar el destino de Macondo.

Grandes transformaciones. El destino de más de tres millones de trabajadores españoles fue buscar trabajo en el extranjero. Las divisas del turismo y los ahorros de los emigrantes fueron el principal carburante de una lenta, dolorosa pero constante recuperación. La producción industrial española logró un crecimiento acumulativo del 10 % anual entre 1960 y 1973, cuando comienza la crisis del petróleo y las cosas se complican de nuevo. Entre 1960 y 1973 todo cambió. Y cuando las cosas cambian tan deprisa son muy difíciles de interpretar.

Una historia fascinante, la del discreto Joan Sardà, el hombre de las tres estabilizaciones: 1936, 1959 y 1977. La economía de guerra de la Generalitat y la modulación de las colectivizaciones catalanas, la salida del franquismo de la economía de guerra, bajo protección norteamericana, y el pacto estabilizador de la democracia, los Pactos de la Moncloa, bajo protección europea. No exageran quienes afirman que Sardà fue el economista más importante del siglo XX en España. No fue nunca colectivista, pero a finales de los años setenta, en medio de una gran eclosión ideológica izquierdista, cuando los socialistas catalanes reivindicaban con gran énfasis el «socialismo autogestionario», Sardà ironizaba sobre la influencia de las colectivizaciones catalanas de los años treinta en el modelo yugoslavo, contrapuesto al estatismo soviético. «El mariscal Tito nos copió», comentaba a sus amigos de tertulia en Palafrugell. Evidentemente, esto nunca lo supo el almirante Carrero Blanco.

Las sombras engañan en el interior de la caverna de Platón. Las sombras exageran el significado de algunas huelgas y ocultan la conformidad de una sociedad machacada a ser sedada con un pequeño bienestar. En 1959 empieza a cambiar el curso de la historia de España, pero desde el interior de la prisión de Burgos no es nada fácil adivinarlo.

El 20 de junio de 1959, un mes antes de que el Consejo de Ministros presidido por el general Franco aprobara el Plan Nacional de Estabilización Económica, Manuel Moreno Mauricio, cincuenta y un años, ajustador mecánico, interventor de la Generalitat en la Concentración Metalúrgica de Badalona, detenido por la policía en enero de 1947 como miembro de la dirección política de la Agrupación Guerrillera de Levante, pena de muerte conmutada en circunstancias muy especiales, condenado a treinta años, entraba en una celda de aislamiento de la prisión central de Burgos, castigado por un intento de motín.

HUELGA NACIONAL PACÍFICA

Manuel Moreno Mauricio, a partir de ahora MMM, el hombre que ha levantado la mano pidiendo la palabra en la discusión de los comunistas de Burgos sobre el tiempo que puede durar Franco tras las huelgas en Asturias y el País Vasco, sabe lo que es lanzarse contra los engranajes de la prisión. Sabe lo que es pasarse más de dos meses encerrado en una celda de aislamiento. Sabe lo que es sufrir un ataque de claustrofobia en el interior de un cajón de cemento sin cama, sin silla, sin libros ni papel para escribir, sin otra compañía que las moscas del verano. Sabe lo que es plantar cara sabiendo que te la van a romper.

El 18 de junio de 1959 era el día convenido. El Partido Comunista de España había convocado con unos cuantos meses de anticipación una gran jornada de protesta con el pomposo nombre de Huelga Nacional Pacífica. Un día de huelgas en las fábricas, de protestas y manifestaciones contra el régimen de Franco, que presentaba en aquellos momentos, a pesar de la protección norteamericana, graves síntomas de desfallecimiento económico. Algo se movía en Madrid, y el buró político del PCE en París estaba inquieto. El 29 de enero de 1959, un grupo de monárquicos liberales dieron señales de vida organizando una cena en el hotel Menfis de Madrid con una selecta representación social: abogados, catedráticos de universidad, algún banquero..., unas doscientas personas. En el transcurso de la cena se dio a conocer la propuesta de configurar una Unión Española por el restablecimiento de la monarquía bajo el paraguas de la incipiente Comunidad Económica Europea. La tinta del Tratado de Roma (1957) todavía estaba fresca y España no podía quedar excluida del nuevo mercado común, decían los monárquicos. Una Unión Española para forzar la retirada de Franco del poder a favor de don Juan de Borbón. En pocas palabras, una alianza de monárquicos y socialistas para fabricar un giro gradual hacia la democracia, con el apoyo de la nueva alianza europea y el beneplácito de los norteamericanos. En nombre de los monárquicos liberales hablaron Joaquín Satrústegui y Jaime Miralles, y ambos defendieron la conveniencia de un rápido restablecimiento de la Corona para acabar con el aislamiento de España. Estaba naciendo el Mercado Común y los monárquicos se hacían eco de la inquietud de los sectores más abiertos de la élite española. La autarquía falangista llevaba a España al desastre. El rey Juan III podría ser la solución. Una prudente restauración sería la mejor manera de no quedar fuera del nuevo club europeo. Unión Española: una alianza de monárquicos y socialistas, con otros grupos reformistas, que lógicamente excluiría a los comunistas. Año 1959. Los motores de refrigeración de la Guerra Fría iban a toda pastilla. En Cuba estaba triunfando una revolución entre nacionalista y marxista que muy pronto provocaría la alarma de Estados Unidos. Los soviéticos no paraban de enviar sondas no tripuladas a la Luna, después del lanzamiento del primer Sputnik en 1957. La exhibición tecnológica de la URSS en el espacio deslumbraba al mundo.

Satélites artificiales dando vueltas a la Luna. Un Mercado Común en construcción. Todo se movía alrededor de las mesas del hotel Menfis. En nombre de los socialistas habló el profesor Enrique Tierno Galván, entonces representante oficioso del

PSOE en el interior. Se pronunció a favor de una restauración monárquica que garantizara el restablecimiento de la democracia. Tierno Galván empezaba a ser una figura de referencia en Madrid. La cena del hotel Menfis fue muy comentada. Y la reacción oficial no tardó. Los organizadores y los tres oradores fueron multados.

El 20 de abril de 1959, don Juan de Borbón mandó un telegrama a Robert Schumann, presidente de la Asamblea Parlamentaria Europea, uno de los principales inspiradores del Tratado de Roma, expresando su adhesión al nuevo proyecto europeísta. En mayo sale un manifiesto pro Europa firmado por la Unión Española: «Pedimos la integración de España en la nueva Europa, en pie de igualdad con los demás estados miembros, un objetivo que no podrá llevarse a cabo si no se cumplen los principios que rigen la integración».

También se movía, sin embargo, el gobierno de Franco. Aquel 1959 consiguió mejorar sus relaciones con la República francesa. En 1950, el PCE ya había sido declarado ilegal en Francia, aunque gozaba aún de cierta tolerancia. Buena parte de la dirección comunista española operaba desde París con cobertura del Partido Comunista Francés. Un congreso de la UGT que se tenía que celebrar en París el verano de aquel año fue prohibido por las autoridades francesas para no incomodar a Franco. Las limitaciones ahora afectaban a los socialistas. Entre 1959 y 1963, seis ministros franceses visitaron España y veinte ministros españoles hicieron viajes oficiales a Francia.

Desde París, el buró político del PCE observa con preocupación el esbozo de la Unión Española y decide lanzar una iniciativa de movilización popular como contrapunto a las maniobras de monárquicos y socialistas. La historia oficial del PCE lo cuenta así: «Había el peligro de que se creara un bloque para negociar con Franco una salida antipopular, antidemocrática, que diera paso a una dictadura monárquica de los banqueros y los latifundistas, del alto clero y de los generales». El nuevo hombre fuerte de PCE, Santiago Carrillo, temía que los dejaran fuera de juego. El periodista Carrillo, hijo de padre socialista, él mismo militante de las Juventudes Socialistas poco antes de la Guerra Civil, dirigía el buró político de París en ausencia de la secretaria general, Dolores Ibárruri, exiliada en Moscú.

En París también había caverna de Platón: las sombras de la cena en el hotel Menfis de Madrid exageraban el alcance de la maniobra monárquica. Muchas palabras y pocos hechos. La dictadura estaba bien asentada, a pesar de las dificultades económicas del país. El Ejército obedecía a Franco y el aparato represivo era implacable. La respuesta a la cena del hotel Menfis sería la convocatoria de una Huelga Nacional Pacífica. *Huelga nacional*, palabras mayores. *Huelga pacífica*, en consonancia con la política de reconciliación nacional aprobada por el PCE tres años atrás. Se fijó la fecha del 18 de junio, justo un mes antes de la conmemoración del 23 aniversario del *Glorioso Alzamiento Nacional*. Sin embargo, los comunistas no querían ir solos. Esos movimientos los comunistas raramente los hacían solos. Su gran obsesión era romper el aislamiento que les imponía la Guerra Fría. No iban solos. La convocatoria también la firmaba el PSUC, evidentemente, y consiguieron asimismo embarcar a más gente: varios grupos del sindicalismo católico, coordinadoras de estudiantes, algún grupo catalanista, cenetistas exiliados y, atención, una facción socialista. Esta era la novedad más valiosa. El Moviment Socialista de Catalunya, totalmente independiente del PSOE, se unió a la convocatoria, no sin alguna reticencia. Sondearon a Rodolfo Llopis, secretario general del PSOE en el exilio, y este les cerró la puerta. Llopis era un ferviente anticomunista. También firmaron el Front Nacional de Catalunya y el comité regional de la CNT en Catalunya en el exilio.

La otra novedad significativa en la lista era un nuevo grupo político denominado Frente de Liberación Popular (FLP), muy atraído por la revolución cubana, que llegaría a tener una significativa influencia en ambientes universitarios. Surgían nuevas siglas que ya no tenían nada que ver con la Guerra Civil. No hubo un manifiesto común. Cada cual convocaba por su cuenta. El listado pone de relieve que el PSUC clandestino estaba consiguiendo algunos éxitos en la política unitaria en Catalunya. El Partido Socialista Unificado de Catalunya rompía mejor el hielo de la Guerra Fría en Barcelona, quizá porque la palabra *comunista* no aparecía en su nombre. En Catalunya se repartieron más de seiscientas mil octavillas. Los jóvenes militantes del FLP fueron muy activos. El buró de París envió clandestinamente a España a dirigentes de primera línea para seguir los preparativos de la HNP desde las principales ciudades del país. Fernando Claudín, Jorge Semprún y Simón Sánchez Montero fueron a Madrid, donde ya estaba Francisco Romero Marín. Ignacio Gallego, a Asturias. Gregorio López Raimundo, Pere Ardiaca y Josep Serradell, *Roman*, se movían clandestinamente por Barcelona. Agustín Gómez y Eduardo García, al País Vasco. A Andalucía fue Julián Grimau. El estado mayor quedó constituido en Madrid, en casa del periodista Eduardo Haro Tecglen. La Huelga Nacional Pacífica fue un gran fracaso, que la dirección comunista se negó a aceptar por miedo a fomentar el derrotismo. La caverna de Platón tenía sus rituales. Un pequeño movimiento de las sombras podía ser interpretado como el inicio de una insurrección. La clandestinidad y la disciplina bloqueaban la crítica. Aun así, algunos jóvenes militantes entusiasmados con la aventura clandestina empezaron a dudar sobre el futuro que podía tener aquel teatro de sombras. Uno de los que más dudaron fue el joven jurista Javier Pradera, preciada adquisición del PCE por ser hijo y nieto de dos dirigentes de la derecha tradicionalista asesinados por las milicias antifascistas al comienzo de la Guerra Civil. Pradera, que acababa de pactar salir del cuerpo jurídico del Ejército del Aire como consecuencia de su militancia comunista y era un ejemplo del futuro que podía tener la política de reconciliación nacional, envió unas notas a la caverna de Platón de París poniendo en entredicho las posibilidades de derrocar la dictadura a corto plazo.

Huelga Nacional Pacífica. Algo se tenía que hacer en Burgos. El comité de la prisión discutió de qué manera podían participar en la convocatoria y decidieron redactar un pliego de reclamaciones materiales dirigido a la dirección del penal. Pedían la libre entrada de la prensa legal y de todo tipo de libros editados en España, mejora de la alimentación, más plazas en la enfermería, locutorios con menos ruido, poder recibir visitas de personas sin parentesco de primer grado, salarios dignos para los trabajos del taller de la cárcel y posibilidad de comunicación directa con los abogados. Se recogieron firmas entre todos los presos políticos, sin distinción de ideologías. En aquel momento en Burgos había más de un millar de presos políticos, el noventa por ciento de ellos de filiación comunista. Franco prefería tenerlos agrupados.

El día 18 de junio, una vez acabado el trabajo en los talleres, los presos se fueron concentrando en el patio, antes del recuento, mientras una comisión se dirigía a las oficinas del director para entregar el documento. Advertido por los funcionarios, el director había avisado a la Guardia Civil. Tensión. Gritos. Empujones. «¡Todos a las brigadas!, ¡todos a las brigadas!», gritaba don Francisco Bernal, director de la prisión central de Burgos desde hacía unos meses, un hombre de carácter inseguro, muy influenciado por los funcionarios falangistas.

Primer toque de corneta. Toque de retirada. Después del tercer toque entraría la Guardia Civil y quien permaneciera en el patio sería acusado de rebelión. Antes de ese tercer toque, el director aceptó que un preso le entregara el documento, mientras sus compañeros se retiraban a las brigadas (las galerías donde estaban las celdas). El pliego de reclamaciones lo entregó Emiliano Fábregas, dirigente del PSUC detenido en Barcelona en 1957, hombre atormentado por las setenta detenciones que había provocado su caída, al encontrarle la policía una agenda con nombres y teléfonos. Una grave imprudencia. Los traidores quedaban radicalmente apartados del partido en Burgos y en las otras prisiones. Eran rechazados y marginados. A Fábregas lo amonestaron severamente, pero no lo consideraron traidor. El director recibió el documento, pero le manifestó al comisionado que no pensaba hacerlo llegar a la Dirección General de Prisiones. «¿Quiere que me la juegue?», le dijo.

Una hora más tarde, mientras los presos cenaban en las brigadas, doce internos fueron llevados a las celdas de castigo. Prácticamente toda la dirección comunista de la prisión central de Burgos quedaba en régimen de aislamiento. Celdas individuales, sin cama, sin muebles, sin nada. Dormían en el suelo. Retiraban los jergones por la mañana y se los devolvían por la noche. Una celda vacía entre preso y preso para evitar cualquier tipo de comunicación. Prohibido leer. Prohibido escribir. Vacío y silencio. Narciso Julián, maquinista del tren blindado del Quinto Regimiento durante la Guerra Civil, afectado por una dolorosa lesión en la columna vertebral, contaba las baldosas, una y otra vez. Alberto Sánchez Mascuñán, estudiante de Medicina en Barcelona poco antes de la guerra, antiguo secretario de organización del Comité de Levante del PCE, detenido en 1946 acusado de dirigir desde la ciudad de Valencia las actividades de la Agrupación Guerrillera de Levante, dormía, dormía todas las horas que podía, acurrucado en un rincón. Melque Rodríguez Chaos, comisario a los diecisiete años en el Batallón de Mineros de Riotinto, instructor de la División de Líster, autor de una crónica vivísima de las condiciones de vida en las prisiones de Franco, en las que pasó veinticuatro años, encontró una página del diario *Marca* medio escondida en un agujero en la pared. La leía y la volvía a leer. Se acercaba al ventanuco y veía los nidos de las cigüeñas en la azotea de la prisión. Se pasaba horas mirando cigüeñas. MMM, interventor de la Generalitat de Catalunya en la Concentración Metalúrgica de Badalona, detenido en el puerto del Grao en 1946 mientras trabajaba en la reorganización de la UGT de Valencia, condenado a muerte como dirigente de la Agrupación Guerrillera de Levante, contaba baldosas y hacía gimnasia. El deporte siempre fue su gran pasión. Hacía tablas de gimnasia y sufría claustrofobia.

Un día empezaron a oír gritos. Habían encerrado a un preso enloquecido en una celda de aislamiento antes de llevarlo al manicomio. Gritaba sin cesar, día y noche. Les llamaba por sus nombres. A Florencio Izquierdo se le habían fundido los plomos en el interior de un relato de Kafka. Soldado voluntario en el Ejército republicano, había sido detenido después de la guerra. Pasó un tiempo en la cárcel y a los pocos días de salir en libertad lo detuvieron de nuevo por una condena política del año 1935, amnistiada por el gobierno del Frente Popular. El régimen de Franco no reconocía aquella amnistía y lo metieron de nuevo entre rejas. Recurrió y empezó a obsesionarse con su laberinto penal. En 1958 parecía que podría salir a la calle gracias a un inminente indulto parcial. Se hizo la ilusión de que la pesadilla se acababa, pero no le quisieron aplicar el indulto. Una noche se levantó gritando: «¡Asesinos! ¡Asesinos!». Había enloquecido. Acabaron enviándolo a la cárcel psiquiátrica de Carabanchel, donde los funcionarios lo recibieron con una paliza.

Al cabo de cuarenta días sin salir de las celdas, los dejaron pasear una hora por un pequeño patio de la prisión, siempre incomunicados. Su situación había sido radiada por la Pirenaica. Los presos de Burgos habían encontrado la forma de hacer llegar información sobre lo que pasaba en el interior del penal a la redacción de Radio España Independiente, la potente emisora de onda corta del PCE, que emitía desde Bucarest, capital de Rumanía, simulando estar en un lugar de los Pirineos: «Aquí, Radio España Independiente, estación pirenaica...».

Tres meses después, un día, les comunicaron sin más que podían volver a las galerías. El aislamiento había acabado. En su relato, Melque Rodríguez Chaos cuenta que aquel día algunos internos vieron salir a un hombre vestido de civil del despacho del director. Un mes después, en julio de 1959, el Consejo de Ministros aprobaba el Plan de Estabilización. La maniobra monárquico-socialista quedaba interceptada por los tecnócratas del Opus Dei. La hundida economía española empezaba a abrirse a los capitales exteriores, y esto interesaba en Washington y en las principales capitales europeas. En poco tiempo los efectos del Plan de Estabilización se empezaron a notar. Más fábricas, más emigrantes, más neveras en las casas, más televisores en blanco y negro, más ropa en los armarios, más Seiscientos por las carreteras, más tensión social y las primeras protestas sindicales de gran envergadura. Las huelgas de los mineros de Asturias, las huelgas en la industria vasca, las huelgas en algunas industrias catalanas. En 1962, algunos dirigentes comunistas volvían a creer que la caída del franquismo podía ser inminente. Solo hacía falta empujar, empujar fuerte. El juego de sombras volvía a tener excitada a la caverna de Platón.

A finales de aquel 1962, al fondo de la primera galería, en la reunión del comité de la prisión, un hombre exclama: «¡Aquí no hemos venido a estudiar!». MMM nota una punzada cuando escucha a Ramón Ormazábal acusar a los presos de Burgos de no estar lo bastante movilizados. Les está diciendo que no son lo bastante valientes: «¿No veis que el final de la dictadura es inminente? Hay que poner la prisión en lucha constante. Tenemos que organizar protestas a todas horas. Tenemos que salir en la prensa extranjera. Se tienen que crear comités de solidaridad por todas partes. Los presos políticos somos una carga política que el régimen no podrá aguantar mucho más tiempo. Burgos puede ser la punta de lanza de la caída de la dictadura. Estáis dedicando demasiado tiempo a los cursos de formación. Camaradas, ¡aquí no hemos venido a estudiar!».

Ramón Ormazábal, *Mendiola*, el roble de Euskadi, es la nueva figura de referencia en la prisión. Es miembro del comité central del partido y ha tenido una actitud ejemplar ante el tribunal militar que lo ha condenado a veinte años de cárcel por su activismo político durante las huelgas obreras del País Vasco. Valiente, fuerte, rotundo, imperativo, parece no tener nunca dudas: está totalmente convencido de que el franquismo está a punto de caer. A MMM, secretario de organización del comité de la prisión, paciente, metódico, gimnástico, entre rejas desde 1947, lejos de casa desde hace más de veinte años, no le gusta el tono de Mendiola. A Burgos llega información del exterior. Información de los periódicos, de las revistas, de lo que dicen las radios; algunas comunicaciones del partido, también. Con los recortes de información que llegan cada día se redacta un boletín de noticias que se lee por la noche en las brigadas antes de acostarse. La organización clandestina en la cárcel es un trabajo de orfebrería que MMM conoce bien y que no quiere poner en peligro. Admira la valentía de Ormazábal, pero no le cree del todo cuando le oye decir con vehemencia que el franquismo está a punto de caer. No, no le cree del todo. En Burgos llegan recortes de información y algo le dice que la Huelga Nacional Pacífica de 1959 no puso en peligro al régimen. Quizá sí que algunas cosas están cambiando, pero el ajustador mecánico de Badalona sabe que con los trabajos de lima hay que tener paciencia. Levanta la mano a media altura para pedir la palabra. «Creo que tenemos que mantener los cursos de formación y graduar las protestas para no poner en peligro una organización que nos ha costado mucho construir. Nosotros podemos ayudar en la lucha contra la dictadura, pero no seremos decisivos. Hemos venido aquí a resistir, nuestro deber es no dejarnos destruir. Hemos venido aquí a salir mejor preparados que el día en que entramos. Tenemos que estudiar».

Empieza el debate político más intenso en el penal de Burgos desde que Victoria Kent, directora general de prisiones del primer gobierno de la República, lo inauguró en 1932. La discusión entre Ramón Ormazábal Tife, *Mendiola*, y Manuel Moreno Mauricio, *Teo*, será áspera y traerá cola.

EL CURA PITILLO TIENE UNA IDEA

¿Por qué está vivo MMM? ¿Por qué no ha acabado ante un pelotón de fusilamiento?

Tenemos que ir a Vélez-Rubio, municipio de diez mil habitantes de la provincia de Almería. Tenemos que volver al año 1947. El Cura Pitillo ha quedado anonadado al saber que su amigo Manolo ha sido condenado a muerte. La sentencia acaba de ser ratificada por el capitán general de la Tercera Región Militar y queda pendiente del enterado del Consejo de Ministros. El cura Juan Sánchez está consternado. En cuestión de días, su amigo de niñez puede ser fusilado en el campo de tiro de Paterna.

Habían jugado juntos por las calles de Vélez-Rubio. Tenían la misma edad, quizá Manolo era algo mayor. Los dos habían nacido antes de la Revolución rusa. 1908 y 1909. Eran niños cuando empezó la gran carnicería del 14. Años de guerra en Marruecos y bombas en Barcelona. El asesinato del rey de Portugal y la revolución de los Jóvenes Turcos en Estambul. Eran niños cuando el mundo se empezó a mover: Estados Unidos dando un paso de gigante con el Ford T, el primer automóvil fabricado en serie, el primer coche con motor para las masas. Años de motores, electricidad y sóviets. Ford T y casitas con huerto. Cuando ellos eran niños empezaba la definitiva aceleración de todas las formas de vida.

Habían ido juntos a la escuela elemental, hasta que Juan ingresó en el seminario de Almería. Manolo era hijo del pastelero del pueblo. Juan era hijo del alpargatero. Confitería Felipe Moreno, un negocio próspero en una de las casas más grandes de Vélez-Rubio. La alpargatería de la familia Sánchez no iba nada mal, hasta que murió la madre y, después, la abuela. Tuvieron que cerrar el negocio y las hermanas de Juan se dedicaron a coser para mantener la casa. Entonces fue cuando el padre de Manolo, Felipe Moreno Fernández, ayudó a la familia Sánchez a pagar los estudios de Juan en el seminario de Almería.

Ordenado sacerdote en 1934, a Juan lo enviaron inmediatamente a su pueblo a hacerse cargo de la parroquia de María Inmaculada. Cuando él llegó, con la sotana muy planchada, Manolo ya no estaba. Hacía diez años que se había marchado de Vélez-Rubio. Él y su hermano mayor, José, se habían ido hacia Barcelona al poco de morir su madre. El padre pastelero se había vuelto a casar, y lo que acostumbra a pasar cuando una casa se remueve: llega un día en el que todo cambia. No les faltaba un plato en la mesa, pero hay momentos en los que más vale poner tierra por medio. Tenían familia en Catalunya y ganas de aventura. En Badalona vivía un tío suyo, el futbolista Cándido Mauricio, jugador del Espanyol, hermano de la madre recién enterrada. ¡Medio pueblo se iba hacia Barcelona y cercanías! Cuando Juan Sánchez Casas vuelve con sotana a Vélez-Rubio, MMM viste un mono azul en un taller mecánico de Badalona y lleva el carné de la CNT en el bolsillo. Juan lee el Evangelio y consagra la Eucaristía. Manolo ajusta motores, hace deporte y sale con una chica de Badalona, Maria Sarriera, hija de un pescador. Lo acaban de escoger presidente de la asociación Esport i Cultura.

Mucha gente de Vélez-Rubio se iba a trabajar a las fábricas catalanas. El pueblo de arriba, Vélez-Blanco, más pequeño, también se estaba despoblando. Badalona. Todo el mundo hablaba de Badalona, una ciudad industrial a orillas del mar, prácticamente pegada a Barcelona. Incluso el hijo médico de los Serrano, familia acomodada de Vélez-Blanco, se marchó a Badalona una vez acabados los estudios en Madrid. Cansadas de bordar, las hermanas Sánchez un día también se irían a Badalona. Y el Cura Pitillo también acabaría en Badalona, muchos años después, tras dar media vuelta al mundo. Pero ahora, acabada la guerra, Juan Sánchez es el cura de la parroquia de la Encarnación de Vélez-Rubio y se acaba de enterar de que su amigo Manolo ha sido condenado a muerte.

Su padre está desesperado. No sabe qué hacer. No tiene amigos en el nuevo régimen. Es un republicano bajo sospecha. Durante unos meses fue alcalde del pueblo y en su confitería se reunía la tertulia local de Izquierda Republicana, el partido de bolsillo de Manuel Azaña, que un día se inspiró en el nombre de Esquerra Republicana. Suerte ha tenido que en Vélez-Rubio los tiempos de guerra han sido relativamente tranquilos. No ha habido revanchas. Ningún cura asesinado. Los ocultaron. Curas e imágenes, bien escondidos en casas republicanas. Don Felipe Moreno tuvo a Juan Sánchez en su casa. El pastelero volvió a proteger al hijo del alpargatero. Acabada la guerra, los religiosos avalaron a los republicanos detenidos, entre ellos al exalcalde confitero. Pasó unos meses en un barco-prisión en el puerto de Almería, hasta que lo soltaron sin cargos. Vuelva a sus pasteles, señor Moreno, olvídese de la República y no se meta en política.

El padre no sabe qué hacer y Juan Sánchez saca el genio. Lo llaman Cura Pitillo porque su abuelo, que fumaba como un carretero, era conocido en el pueblo como el Pitillo. Le sienta bien el apodo.

Juan Sánchez da vueltas a una idea: ¡Eva Perón!

Hace tres días que la esposa del general Perón ha llegado a Madrid, con gran alboroto. Primero han mandado el trigo argentino y después ha venido ella. No se habla de otra cosa en toda España. Los Perón son amigos de los obreros y corre el rumor de que pueden salvar vidas si se lo piden a Franco. La gira prevé una visita a Granada. El clero está alborotado, se celebrará un tedeum en la catedral y una visita a la tumba de los reyes. El Cura Pitillo no se lo piensa dos veces: «¡Tenemos que ir a Granada!». Redacta una carta pidiendo clemencia para Manuel Moreno y se marcha con su afligido protector hacia la monumental ciudad de Andalucía. Horas de viaje, carreteras infames. Los dos Vélez, el Rubio y el Blanco, están en un paraje remoto, al pie de Sierra María. Más cerca de Lorca que de la ciudad de Almería, los Vélez son más murcianos que andaluces. El cura Juan Sánchez no sabe cómo hacer llegar la carta a Eva Perón, pero si es necesario esquivará a la policía y se plantará ante la «reina del trigo», rubia como la más lozana de las espigas. A un hombre con sotana no le van a hacer daño. Tiene genio y carácter, el Cura Pitillo. «¡Don Felipe, acompáñeme!». El padre observará la escena con lágrimas en los ojos, apiñado entre el gentío que aquel lunes 16 de junio de 1947 quiere saludar a Evita a las puertas del hotel Alhambra Palace.

Así es como el sacerdote Juan Sánchez Casas salvó la vida a MMM, secretario sindical del reconstruido comité de Valencia del Partido Comunista de España y capitán de la Agrupación Guerrillera de Levante, según documentación aportada al consejo de guerra por los servicios secretos franquistas en París. La triple M, así lo llamaban en las reuniones del secretariado del PC, había entrado clandestinamente en España en enero de 1946 por la costa vasca, con documentación falsa a nombre de Eugenio Puig, vendedor de huevos y pollos. Después de una corta estancia en Barcelona, viajó a Madrid para recibir instrucciones y recoger un paquete proveniente de Zaragoza, y poco después llegó a la estación del Norte de Valencia con dos maletas. Un hombre delgado, con un bigote estilo Jorge Sepúlveda —«mirando al mar, soñé...»— y dos maletas. En una llevaba la ropa y en la otra un radiotransmisor militar para comunicarse con los compañeros armados que estaban en las montañas. Se alojó en una pensión del barrio de Ruzafa sin llamar nunca la atención. El mes de febrero de 1947, como consecuencia de una delación, fue detenido en el barrio portuario del Grao por los hombres del comisario Roberto Conesa. Cuando la policía le pidió que se identificara, llevaba dos documentos en el bolsillo: uno con su nombre y otro con el nombre falso. Sacó el falso y resultó que la policía buscaba a Eugenio Puig, vendedor de huevos y pollos. La aventura clandestina duró poco más de un año. Era una misión suicida.

EL HOMBRE QUE CRUZÓ EL RÍO GRANDE

Ramón Ormazábal estuvo a punto de morir ahogado en el Río Grande. El roble de Euskadi apenas sabía nadar y la fuerte corriente del río que separa Estados Unidos y México ya lo arrastraba cuando el guía mexicano que lo acompañaba lo pudo sujetar. Con grandes esfuerzos, los dos llegaron a la orilla. Unos días antes ya se había producido un incidente. Atravesando un paso de montaña, Mendiola tuvo un ataque de vértigo. No es que intentaran entrar ilegalmente en Estados Unidos. Esta vez la aventura iba en dirección contraria. Con documentación falsa, el hijo del aduanero de Irún quería entrar en México para poder reencontrarse con la dirección del partido, después de unos cuantos meses de vida clandestina en Nueva York. Por fin consiguió llegar a México capital para recibir instrucciones. Año 1942.

Antes de la aventura del Río Grande, Ormazábal estuvo a punto de morir asfixiado en la bodega de un mercante cargado de plátanos que cubría la ruta entre Lisboa y Nueva York. Tres semanas medio sepultado por los plátanos de Canarias: la única vía de fuga que pudo encontrar en Portugal cuando la policía salazarista estaba ya a punto de capturarlo, después de haber conseguido huir de España al final de la guerra. Vio por primera vez la estatua de la Libertad en la primavera de 1941.

El roble de Euskadi habría podido morir fusilado en el campo de tiro de Paterna en mayo de 1940 si no hubiera sabido aprovechar el caos de la prisión provincial de Valencia. Todavía no lo tenían del todo identificado. En aquel momento en España había más de trescientos mil presos amontonados en los centros penitenciarios. En la prisión valenciana de Porta Coeli soltaron a cuatrocientos presos a la vez para ganar espacio. En la prisión provincial quisieron hacer lo mismo, de un modo esperpéntico en aquel momento de represión desordenada y obsesiva. Un día anunciaron que los presos con la primera letra del apellido de la *a* a la *h* podrían salir en libertad al día siguiente. Aprovechando aquella brecha alfabética, Ormazábal se transformó en Hormazábal. Cuando los funcionarios se dieron cuenta, el hijo comunista del aduanero de Irún ya caminaba por los campos de naranjos intentando llegar a pie a Madrid, donde un hermano suyo que trabajaba de conserje en el Banco de Bilbao quizá le podría esconder.

Ormazábal habría podido morir de difteria en el campo de concentración de Albatera, provincia de Alicante, en el verano de 1939, pero el roble de Euskadi tenía buena salud, exceptuando el vértigo. Cuando un delator empezó a identificar a presos comunistas, Orma, siempre impulsivo, solicitó ver al comandante del campo. Se identificó como militante del Partido Comunista y le contó al militar que aquel tipo que estaba identificando a los presos era un traidor a la España de Franco. Un antiguo falangista que había sido detenido en Madrid por el Servicio de Información Militar de la República y que se había convertido en delator de una red clandestina de falangistas para salvar la piel. Superado el trance, se alistó en el Ejército republicano y ahora delataba a comunistas en el campo de Albatera. Ormazábal era así: valiente y directo. El doble delator fue detenido y al roble de Euskadi lo enviaron en un camión a la prisión de Valencia. La misma prisión donde siete años después entraría el cerrajero de Badalona Manuel Moreno Mauricio, condenado a muerte como dirigente de la Agrupación Guerrillera de Levante.

El hombre valiente de Albatera habría podido morir en Madrid en marzo de 1939 cuando el coronel Segismundo Casado, jefe del Ejército del Centro, dio un golpe de Estado contra el gobierno del doctor Juan Negrín para intentar negociar una rendición honorable con el general Franco cuando ya todo parecía perdido. El sector más anticomunista del PSOE se puso de su lado. Julián Besteiro, el dirigente laborista que había defendido la colaboración del PSOE y la UGT con la dictadura de Primo de Rivera y que posteriormente se opuso al pacto de San Sebastián con las demás fuerzas republicanas, se situó al lado del coronel Segismundo Casado y se convirtió en uno de los jefes visibles del Consejo Nacional de Defensa que tenía que negociar con el gobierno de Burgos. Mientras Besteiro hacía discursos desde Unión Radio defendiendo la rendición para evitar más sufrimientos, Casado, militar de carrera, ordenaba la detención de los principales mandos del Ejército republicano de conocida inspiración comunista.

El final de la guerra en Madrid fue muy trágico. Choque entre unidades militares republicanas por las calles de una ciudad absolutamente desmoralizada, después de tres años de férrea resistencia. Casadistas contra comunistas. Los oficiales de carrera que se habían mantenido fieles a la República ya estaban hartos de guerra después de la caída de Catalunya. Querían negociar una rendición honorable con Franco, y si era necesario fusilarían a los oficiales más politizados y más fieles a la consigna de Negrín de resistir, resistir y resistir, esperando que empezara la guerra mundial y la cuestión de España pasara a tener otra dimensión. El PSOE de Besteiro contra el PSOE de Negrín. El PSOE de Prieto contra el PSOE de Álvarez del Vayo. El PSOE de Wenceslao Carrillo (padre) contra las Juventudes Socialistas Unificadas de Santiago Carrillo (hijo). En marzo de 1939, el Partido Socialista Obrero Español dio un golpe de Estado contra sí mismo. Pocas veces ha pasado algo así en Europa.

Los casadistas neutralizaron a las unidades republicanas bajo mando comunista con la ayuda del batallón anarquista de Cipriano Mera. Viejas cuentas pendientes. Más de dos mil muertos en Madrid en una semana, muchos más que durante los Hechos de Mayo de 1937 en Barcelona. Una vez hecho el trabajo, Franco humilló a Casado y a Besteiro. La respuesta fue: «¡Rendición incondicional!». Con esta exigencia, el Cuartel General de Burgos despachó a los emisarios del Consejo Nacional de Defensa. En aquellos días de marzo de 1939, el incansable Ormazábal, integrado en la estructura del PC madrileño, después de haber visto la caída de Bilbao, después de haber vivido la caída de Asturias, salvó la piel mientras caía Madrid. Habría podido morir fusilado por los casadistas o por los franquistas si no hubiera huido a Alicante. Tenía solo veintinueve años.

El roble de Euskadi habría podido morir en el puerto de Alicante cuando los franquistas se apoderaron del último reducto republicano. Un gran drama bajo un magnífico sol de primavera. Finales del mes de marzo de 1939. Un cielo azul deslumbrante, sin ninguna nube y sin ningún barco en el horizonte para poder huir hacia Francia o el norte de África. Cundía la desesperación. Hubo suicidios en el muelle. Ormazábal participó en Alicante en la última reunión de la dirección del PCE en zona republicana, en la última reunión de lo que quedaba en España de la dirección del Partido Comunista, donde se decidió que todo el mundo hiciera lo posible para llegar a Francia y desde allí intentar reorganizar las filas.

Ormazábal tardó cinco años en llegar a Francia. Primero fue internado en el campo de concentración de Albatera, después lo llevaron a la prisión provincial de València, de la que pudo huir con el nombre de Hormazábal, y desde donde llegó a pie a Madrid. Después, con la ayuda de su hermano, pudo huir hacia Portugal, y cuando la policía salazarista estaba a punto de pillarlo, en el puerto de Lisboa pudo subir a un barco lleno de plátanos a punto de zarpar hacia Nueva York. En la ciudad de los rascacielos pasó unos cuantos meses, casi un año, protegido por antiguos combatientes de la Brigada Lincoln y con documentación falsa suministrada por los comunistas norteamericanos, hasta que decidió marchar a México. Entonces estuvo a punto de morir ahogado en el Río Grande. En México capital empezó a sospechar que el Partido Nacionalista Vasco, muy bien relacionado con los norteamericanos y los ingleses, pasaba información sobre los comunistas al FBI. Su relación con el PNV nunca sería muy buena. De México hacia Argentina, a principios de 1943. En Buenos Aires conoce a Santiago Carrillo, el joven dirigente político madrileño que en 1936 llevó a las Juventudes Socialistas al campo comunista, formando las Juventudes Socialistas Unificadas, una de las vanguardias más combativas de la España republicana, la escisión más dolorosa que ha sufrido jamás el PSOE. (Aunque nacido en Asturias, el periodista Carrillo siempre fue madrileño hasta la médula).

Ormazábal en alta mar. Desde Buenos Aires otra vez hacia Lisboa, esta vez durmiendo junto al ancla de un viejo mercante griego. En Lisboa se reencuentra con Carrillo, que acaba de llegar desde Uruguay con una identidad falsa y con dinero suficiente para hacerse pasar por un industrial uruguayo en busca de buenos negocios en aquel Portugal que ayudaba a los ingleses y a los nazis al mismo tiempo. El puerto de Lisboa estaba controlado por los británicos, y el wolframio de las minas del norte portugués era vendido a los alemanes, que lo utilizaban para reforzar el blindaje de sus tanques. El industrial uruguayo interesado por el negocio de las conservas llevaba un pasaporte a nombre de Hipólito López de Asís. Astuto como un zorro, Carrillo llegó a tener tratos con el embajador español en Lisboa, Carlos García Gurméndez. El industrial López de Asís vivía en una casa de campo en la zona de Sintra. En aquella casa pudo descansar Ormazábal hasta la aventura siguiente.

Verano de 1944. Ingleses y norteamericanos ya controlan el norte de África. Se ha llevado a cabo el desembarco de Normandía y los aliados han llegado ya a Roma, mientras las tropas soviéticas avanzan hacia Budapest. La Alemania nazi está perdiendo la guerra. Franco, asustado, reitera que España es un país neutral. Carrillo y Ormazábal deciden irse a Marruecos con la intención de llegar a Argelia, donde se están reorganizando fuerzas republicanas españolas con una cierta protección de los norteamericanos. Carrillo, que tiene buena documentación, dinero y una excelente comunicación con la embajada de Uruguay en Lisboa, consigue el visado y llega a Casablanca en avión. Ormazábal, sin documentación, paga a unos pescadores del sur de Portugal para que lo lleven con su barca hasta la costa marroquí. Desembarca en la playa de Casablanca a pie, con los pantalones arremangados hasta los tobillos. Él y Carrillo cruzan la frontera con Argelia con el plan de llegar a Orán, donde se encuentra un núcleo comunista organizado. En Orán, Carrillo empieza a ejercer de secretario general del PCE sin serlo todavía. Da órdenes estrictas a los militantes comunistas refugiados en Argelia de no colaborar con los servicios de información norteamericanos. Una cosa es ser aliados contra el fascismo, y otra muy distinta ir juntos de la mano. El joven Carrillo empieza a organizar a un grupo guerrillero con la idea de desembarcar en las costas de Málaga. Comienzan a entrenarse en las montañas del Atlas, y allí Ramón Ormazábal está otra vez a punto de morir. Otro ataque de vértigo en la cima de una montaña que casi le provoca una caída por un acantilado. No estaba en condiciones de unirse a los guerrilleros en la serranía de Ronda. Carrillo tampoco desembarcó en Málaga, puesto que recibió instrucciones de Dolores Ibárruri desde Moscú de ir a Toulouse para intentar reorganizar un núcleo de dirección tan cercano como fuera posible a España.

La reorganización de fuerzas en el interior de España se había convertido en un quebradero de cabeza para la dirección comunista exiliada. La heroica aventura de Heriberto Quiñones había tenido un final trágico. ¿Quién era Quiñones? Bajo este nombre se ocultaba un dirigente de la Internacional Comunista nacido probablemente en Moldavia que se había quedado en España al final de la Guerra Civil. A duras penas pudo reorganizar un núcleo del PCE en Madrid que se constituyó en dirección del partido en el interior, sin poder establecer contacto con el exilio. Una historia trágica y kafkiana. Desde el exterior desconocían la existencia del grupo de Quiñones y enviaron a través de Lisboa una expedición clandestina para constituir un núcleo de dirección en Madrid. El grupo de Quiñones no entiende el pacto germano-soviético y sigue defendiendo una política de amplia unidad contra el franquismo que podría incluir a los monárquicos. El nuevo grupo trae las nuevas consignas, adaptadas al pacto germano-soviético, que proponen una delirante política de neutralidad ante la guerra mundial que está a punto de empezar. El partido que tanto había apoyado al presidente Negrín para conectar la guerra española con el conflicto mundial que todos veían venir, ahora propugna la neutralidad. Obedecen ciegamente al último movimiento táctico de Stalin, que busca ganar tiempo ante los alemanes para depurar y reorganizar su ejército. Los dos grupos entran en contacto en Madrid y al cabo de unas semanas la policía española da un golpe fenomenal a la organización comunista. Caen militantes de los dos grupos por culpa de una distracción de uno de los colaboradores del agente moldavo. Más de doscientos detenidos, entre ellos Quiñones. La policía franquista lo tortura hasta dejarlo paralítico y lo fusilan sentado en una silla. Ante el desastre, la dirección del PCE en el exilio acusa a Quiñones de «traidor» y de agente trotskista. La paranoia estalinista no tenía límites. Ormazábal había conocido a Quiñones en la prisión de Valencia en 1940 y tuvo que ir con mucho cuidado cuando hizo su informe al buró político. Instalado por fin en Toulouse, le habría gustado seguir junto a su amigo Carrillo, pero lo enviaron a Bayona a intentar reorganizar el Partido Comunista de Euskadi. El hijo del aduanero de Irún conocía bien los pasos de frontera. Entonces Orma tuvo vértigo de nuevo.

Mayo de 1947. Solo han pasado ocho años desde el final de la Guerra Civil y estalla una huelga en la ría del Nervión. El racionamiento, la disminución del valor de los salarios, el aumento de los precios y la atmósfera opresiva de la posguerra empujan a unos cuantos miles de trabajadores vascos a la huelga. Es un hecho casi impensable en aquellos momentos en ningún otro lugar de España. Aunque duramente golpeada, el alma de las organizaciones obreras no ha muerto y la voz del gobierno vasco en el exilio todavía se puede oír. Solo hay que sintonizar Radio Euskadi, estación de onda corta que emite desde San Juan de Luz, al otro lado de la frontera. Podríamos decir que Radio Euskadi es la verdadera «Pirenaica». La legendaria Radio España Independiente emitía en aquellos momentos desde Moscú. Radio Euskadi llama a la huelga. Convocan el sindicato nacionalista ELA, la UGT y la CNT. Será la primera huelga de carácter general que tendrá lugar durante el franquismo. A los comunistas vascos los pilla en un momento de mucha debilidad.

Unos veinte mil trabajadores van a la huelga. Los paros afectan a unas cuatrocientas empresas. La represión es inmediata y durísima: detenciones y despidos. El régimen sabe que está en peligro y se defiende. La huelga acaba mal y enrarece las relaciones entre los partidos vascos de oposición. Soplan vientos de Guerra Fría en todo el mundo. Nacionalistas y socialistas acusan al Partido Comunista de Euskadi de apropiarse de fondos de solidaridad con los huelguistas para pagar su propia propaganda. El EPK responde que son calumnias de los socialistas, que quieren acelerar la marginación de los comunistas en los organismos unitarios del exilio, con la complicidad de los nacionalistas, muy bien considerados por los gobiernos británico y estadounidense. La situación se degrada y un ambiente paranoico se apodera de las estructuras clandestinas. En diciembre de 1947, socialistas y nacionalistas pactan una estrategia de marginación de los comunistas para echarlos del gobierno vasco en el exilio. 1947 será un mal año para Ramón Ormazábal Tife. 1948 será todavía peor.

Mientras el cerrajero de Badalona, Manuel Moreno Mauricio, entra en la prisión de Burgos con la pena de muerte conmutada gracias a la intercesión de Eva Perón, Ramón Ormazábal se prepara para vivir uno de los momentos más ásperos de su vida.

Es un roble, Ormazábal. Es un hombre de frontera. Nacido en 1910 en Irún, es hijo de un empleado de aduanas. Su madre, de origen francés, era muy católica y estaba muy dedicada a los hijos. Ormazábal conoce la frontera. Le gusta la acción. Le gusta el riesgo. Y ya sabe cómo se vive en la cárcel. La primera vez que fue detenido se quería cargar el Gobierno Civil de San Sebastián. Después de la insurrección republicana de Jaca en 1930, hubo otros intentos de revuelta. El de Guipúzcoa fue importante. Huelga general en toda la provincia y ocupación de diferentes edificios oficiales en la capital. Muchos detenidos.

En la cárcel, el joven republicano de Irún conoció a Juan Astigarrabía Andotegui, presidente del Sindicato de Pescadores de Pasajes, pionero del comunismo vasco. Se hicieron amigos y Ormazábal participó en la fundación del Partido Comunista de Euskadi en 1935. Siempre será un hombre de acción y de disciplina. Un comunista de hierro a quien le gustan más las novelas de aventuras que los libros teóricos. Un hombre enérgico con una vida trepidante. Después de mil y una aventuras, el hombre que estuvo a punto de morir ahogado en el Río Grande se encarga ahora de los pasos de frontera. Ahora se trata de enviar a pequeños grupos de personas armadas al otro lado para poder tener una agrupación guerrillera en el País Vasco. Y aquí todo se tuerce. En 1948, la policía consigue una valiosa delación y una cadena de detenciones deja prácticamente desarticulada la débil organización comunista vasca. En un ambiente de paranoia, desconcierto y crispación, la dirección del PCE le retira la confianza. No lo acusan de nada, pero lo dejan fuera. Lo apartan. Las normas de la clandestinidad son durísimas. Vivirá diez años en París con su compañera Louise Perla, de nacionalidad francesa, hija de republicanos españoles, con total discreción. Consigue trabajar de aparejador con la ayuda de los comunistas franceses. Diez años de penitencia. Diez años esperando un aviso, una llamada.

EUGENIO PUIG, VENDEDOR DE HUEVOS Y GALLINAS

Eugenio Puig, vendedor de huevos y gallinas. Con esta identidad falsa, Manuel Moreno Mauricio llegó en barca a la costa vasca en enero de 1946, con la ayuda de la red de fronteras que ya controlaba Ramón Ormazábal. No se conocían. Quizá se habían cruzado en algún mitin en Toulouse, pero cuando Mediola llegó a Francia después de su trepidante aventura por medio mundo, Teo ya estaba en Perpiñán intentando reorganizar al PSUC en el departamento de los Pirineos Orientales. Eugenio Puig desembarcó en un punto poco vigilado de la costa vasca y en cuanto pudo cogió un tren hacia el este. Destino: Valencia. Una primera parada en Barcelona, después un contacto en Madrid y, por fin, la misión en Valencia.

Se detuvo un par de días en Barcelona. Quería ver a Maria. Alguien dejó una nota escrita en casa de ella. «M. te espera en un piso de Barcelona». Se reencontraron durante unas horas, siete años después de la salida hacia el exilio. Felip ya tenía ocho años, pero se quedó en casa. No era seguro ni conveniente que viera a su padre. MMM recordaba a su hijo por una foto que Maria le había enviado a París poco antes de la ocupación alemana. El chico y su abuelo retratados durante la fiesta mayor de Badalona. Un hombre grave y abrumado, y un niño de mirada triste. Detrás, las atracciones de la feria en la orilla del mar.

Manuel le propone a Maria que se vaya a Francia con el chico. En Francia encontrarán ayuda y se podrán reencontrar cuando él vuelva de su misión. Algún día volverá, le dice. Y si no vuelve, siempre estarán mejor en Francia, bajo la protección del partido. La Francia liberada ofrece esperanza. En España, ya veremos lo que pasa. Maria le responde que no. No quiere separarse de su padre. El exilio le da miedo. Entiende a Manuel, le quiere, pero la política no es su pasión. Vive en una pesadilla desde que empezó la guerra. Una cita dramática en un piso de Barcelona cuya dirección nunca conoceremos. Se despiden una tarde de invierno y no se volverán a ver sin rejas de por medio hasta dieciocho años más tarde.

Manuel Moreno Mauricio, mecánico de Badalona, hijo del pastelero de Vélez-Rubio, ha decidido meterse en la boca del lobo. Vista con la perspectiva actual era una misión suicida: reorganizar el comité regional de Valencia del Partido Comunista de España para garantizar la dirección política de la Agrupación Guerrillera de Levante y Aragón, el principal foco de resistencia armada al franquismo que en aquellos momentos operaba en España.

Orientar las actividades de un grupo guerrillero y reorganizar la UGT en Valencia. Establecer las bases para una revuelta popular para cuando el gobierno de la República en el exilio lograra el apoyo internacional necesario para hacer tambalear al régimen de Franco. Una quimera, sí, ahora que sabemos cómo acabó aquella historia. Una rendija posible, visto con los ojos de aquella gente que había combatido y derrotado al nazismo. El empuje antifascista era colosal en aquellos momentos en toda Europa. El prestigio de la Unión Soviética era enorme entre la mayoría de los trabajadores europeos. El Ejército Rojo era visto como el gran ganador de la guerra después de plantar la bandera roja en Berlín. La monumental celebración de la victoria en Moscú se proyectaba en las pequeñas salas de cine de las casas de pueblo, de los ateneos obreros y de los círculos sindicales de las grandes ciudades europeas. El mariscal Júkov montado en un caballo blanco desfilando ante la tribuna del Kremlin, presidida por el camarada Stalin. Detrás de él, una primera fila de soldados con los estandartes nazis boca abajo. En 1945, el 57 % de los franceses creían que la Unión Soviética era quien más había contribuido a la derrota de Hitler.

Una misión muy arriesgada. Ellos creen que hay una rendija. Una «ventana de oportunidad», dirían ahora en las escuelas de negocios. El rescoldo republicano todavía está vivo en Valencia. Las organizaciones obreras no están del todo muertas. Siete años después del final de la Guerra Civil, el general Franco todavía no ha visitado Valencia del Cid, nombre con el que el nuevo régimen la ha querido castellanizar. El nuevo régimen sabe que está en peligro, a pesar de que conoce las fuertes reticencias de ingleses y norteamericanos a forzar cambios en España. El triángulo mortal para Franco podría ser este: el gobierno Giral, la presión internacional y la presión interna propulsada por los focos de resistencia. El gobierno de la República en el exilio se ha instalado en París después de haber conseguido una cierta unidad, unidad muy precaria, de las principales fuerzas republicanas, diezmadas por la derrota y el exilio. El doctor José Giral, de Izquierda Republicana, hace lo que puede. Los socialistas, gravemente enfrentados después de la dramática caída de Madrid, parecen haber encontrado un punto de equilibrio entre los seguidores de Indalecio Prieto y Juan Negrín. Negrín reclama su legitimidad como jefe del gobierno republicano. Prieto no quiere saber nada de los comunistas, y se imagina un pacto con los monárquicos de don Juan de Borbón, que acaba de lanzar desde Lausana (Suiza) un manifiesto a favor de la restauración de la monarquía. Prieto, «socialista a fuer de liberal», juega todas las cartas: con mucha reticencia acaba apoyando al gobierno republicano en el exilio, y al mismo tiempo abre la puerta a que el restablecimiento de la democracia en España vaya acompañado de una restauración monárquica. La historia acabará dando la razón a Prieto, pero el gobierno Giral vive un momento dulce durante unos cuantos meses gracias al apoyo de los gobiernos mexicano y francés. El presidente mexicano Lázaro Cárdenas protege a los republicanos españoles. El giro a la izquierda del gobierno francés, después de la primera retirada del general De Gaulle, abre las puertas de París al gobierno de la República en el exilio. Oficinas en el número 45 de la avenida Foch, subvenciones oficiales y viviendas a disposición de los dirigentes españoles en la Ciudad Universitaria. El nuevo primer ministro francés, el socialista Félix Gouin, es un excombatiente de la resistencia que conoce España. El 1 de marzo de 1946, el gobierno de París cierra la frontera con España como protesta por el fusilamiento del guerrillero comunista Cristino García, destacado miembro de la resistencia francesa. La Asamblea Nacional Francesa se propone el reconocimiento oficial del gobierno Giral, que ensancha su mesa. En París, el consejo de ministros republicano incluye al católico conservador Rafael Sánchez Guerra y al comunista Santiago Carrillo. También está representada la CNT. Desde el primer día se sientan a la mesa de Giral el Partido Nacionalista Vasco, con Manuel Irujo como ministro de Industria y Comercio, y Esquerra Republicana, que con Miquel Santaló tiene asignada la cartera de Instrucción Pública. A Lluís Nicolau d'Olwer, intelectual de Acció Catalana, lo nombran ministro sin cartera. Un gobierno fantasma o un paso adelante para hacer caer a Franco. Todo dependerá de lo que pase en los siguientes meses.

El régimen está asustado. El traslado a París del gobierno de la República en el exilio puede ser un hecho mucho más grave para su estabilidad que el fracasado intento de invasión del Valle de Arán en 1944. La policía y la Guardia Civil tienen órdenes de desmantelar las organizaciones clandestinas y combatir a muerte las guerrillas que operan en varios lugares de España, impulsadas por los comunistas, pero también por los anarquistas. Los tienen que liquidar y los tienen que poder presentar como «bandoleros». La propaganda: como siempre, en la política moderna, este es el punto importante. Una de las misiones del nuevo comité que se formará en Valencia será evitar que la guerrilla derive abiertamente hacia el quijotismo y el bandolerismo.

Eugenio Puig se va en tren a Madrid, donde entra en contacto con César, que acaba de llegar de México con la orden de hacerse cargo de la secretaría de organización del nuevo comité de Levante. César es Alberto Sánchez Mascuñán, estudiante de Medicina en Barcelona en el momento de estallar la Guerra Civil. Militante de las Juventudes Socialistas Unificadas, César también está casado y tiene una hija pequeña. Un día, en Ciudad de México, recibió una llamada telefónica: «Tienes que ir a Valencia». Dejó atrás a su mujer, Blanca Luisa Jiménez Lozano, y a su hija Blanquita, para embarcarse hacia Buenos Aires en el mercante *Cabo de Hornos*, con documentación falsa a nombre de Carlos Martín Sánchez, representante comercial de la casa editorial Biblioteca Nueva y con el carné de socio del Real Madrid número 11.750. En Buenos Aires subirá a un avión hacia Madrid. Sánchez Mascuñán no volvió a ver a su mujer hasta diecinueve años después.

MMM, alias Eugenio Puig, alias Teo, alias Felipe, llega a la estación del Norte de Valencia con dos maletas. En una lleva su ropa, y en la otra un radiotransmisor de fabricación inglesa para comunicarse con los que están en las montañas. Se aloja en una pensión del barrio de Ruzafa y se hace pasar por vendedor de huevos y gallinas. Nunca llamará la atención de los demás huéspedes de la pensión. Solo en una ocasión, un tiempo después. Se encargará de la secretaría sindical. Reconstrucción de la UGT en los diferentes sectores de la industria y el comercio.

La secretaría política del comité recae en un trabajador del mármol, Mariano Ortega Galán, *Borrás*, con documentación a nombre de Vicente Ruiz Gómez, representante de comercio, vendedor de cerámica blanca, con un carné perfectamente falsificado de la Falange Española. Nacido en Toledo, pero bien aclimatado en la ciudad de Valencia, Ortega tenía experiencia militar. Fue comisario político de la 149 Brigada Mixta durante la batalla del Ebro y combatiente de las Fuerzas Francesas del Interior. Completaban el comité el comandante de la agrupación guerrillera Vicente Galarza Santana, *Andrés*, y Atilano Quintero Morales, jefe de uno de los cinco sectores en los que estaba dividida la agrupación. Galarza conocía bien el terreno. Era valenciano, nacido en Buñol, y evidentemente tenía experiencia militar: sargento del Ejército de la República durante la Guerra Civil y comandante de una brigada de las Fuerzas Francesas del Interior en Francia. Alternaba la montaña con una ficticia representación comercial de perfumes en la ciudad de Valencia. Atilano Quintero parecía un cantante cubano de boleros, pero era experto en explosivos. *Tomás el Cubano* era su apodo. Generación JSU. Nacido en la isla de El Hierro, en Canarias, su peripecia también era notable. Detenido poco después del golpe de estado, fue alistado en el Ejército de Franco. En la península logró pasar al bando republicano al final de la guerra, cuando ya todo estaba perdido. Su primera misión en Francia consistió en romper una botella de vino en la cabeza de un oficial alemán en un restaurante de París para quitarle la pistola. En Valencia, Atilano Quintero se transformó en Vicente Boix Boix, representante de la marca de aceitunas La Española. Cambió de nombre, pero continuaba pareciendo un cantante cubano de boleros.

Huevos y gallinas, libros, cerámica blanca, aceitunas, perfumes... Cinco representantes comerciales decididos a llevar a cabo una misión imposible.

¿Quiénes eran los guerrilleros? Fugitivos de la represión franquista y combatientes enviados desde Francia. Una vieja tradición española: resistir desde las montañas. «Echarse al monte» es todavía hoy una expresión popular para designar la voluntad de jugar fuerte y no dejarse dominar. La guerra de la Independencia y las tres guerras carlistas nos contemplan. La palabra *guerrillero* es el préstamo más valioso que el idioma castellano ha dado al lenguaje universal. *Guerrilla. Torero. Indignado.*

La Agrupación Guerrillera de Levante estaba formada por fugitivos que lograron huir de las prisiones y los campos de concentración en los primeros momentos caóticos de la represión franquista, soldados republicanos que se habían ocultado en las montañas ante la imposibilidad de huir en el último momento desde el puerto de Alicante, militares de las unidades guerrilleras formadas por el gobierno Negrín durante los últimos meses de la guerra, con asesoramiento soviético, y combatientes experimentados en el maquis francés que pasan la frontera para dirigir los focos de resistencia diseminados por el país. La agrupación más numerosa será la de las tierras valencianas y el sur de Aragón. El clima ayuda. En el norte no es fácil dormir en la montaña. Los bosques son muy frondosos, pero las noches muy frías. Hacen falta habitáculos. Es necesaria la ayuda desde las casas. Así sobrevivió el maquis asturiano durante años. En las cordilleras valencianas era más fácil sobrevivir en campamentos más o menos improvisados, lo que permitía estar en continuo movimiento. Podría decirse que la Agrupación Guerrillera de Levante y Aragón (AGLA) nació formalmente en la cueva del Regajo, cerca de Camarena de la Sierra, zona montañosa enmarcada por los límites administrativos de las provincias de Cuenca, Teruel, Castellón y Valencia. Teruel, antiguo territorio carlista, fue un gran foco guerrillero.

Llegaron a tener más de dos mil hombres repartidos en varios campamentos en una amplia zona geográfica dividida en cinco sectores. Acciones de sabotaje y de propaganda. Ocupación de pueblos durante unas horas. Ataques a algunos cuarteles de la Guardia Civil. El 17 de julio de 1946 llevaron a cabo uno de los golpes más audaces: atracaron el tren pagador que transportaba las nóminas de los trabajadores de Renfe en el

Bajo Aragón. Se cobraba en metálico, recordémoslo. No había tarjetas de crédito ni cajeros automáticos. Vagones de tren custodiados por la Guardia Civil transportaban las nóminas de los trabajadores de la compañía ferroviaria en todo el país. Paraban en cada estación y pagaban a los empleados. Cuando el tren de mercancías número 8.056 entró en la pequeña estación de Caudé, a diez kilómetros de Teruel, diez hombres armados entraron en el vagón pagador y desarmaron a los guardias. Obtuvieron un botín de 700.000 pesetas sin matar a nadie. La noticia no salió en los periódicos, pero corrió como la pólvora por los pueblos.

Escogían pueblos pequeños y los ocupaban durante unas horas. Reunían a la gente en la plaza, hacían un discurso a favor del gobierno Giral, izaban la bandera republicana y requisaban armas de caza. Escarnecían a los franquistas, pero la consigna era no matar a nadie. No siempre se cumplía esta orden. Durante la ocupación del pueblo de Losa del Obispo, en la comarca valenciana de Los Serranos, en enero de 1947, las cosas se torcieron. La guarnición de la Guardia Civil había sido reforzada y hubo un fuerte tiroteo en el que murieron ocho civiles. Los periódicos hicieron campaña: ¡bandoleros!

El comité de Valencia enviaba continuas orientaciones a la montaña para prevenirlos de las acusaciones de bandolerismo. Las instrucciones eran acentuar las acciones de propaganda —¡haced propaganda del gobierno Giral!— e intentar no perjudicar a la gente de los pueblos. Ganar simpatías. Ensanchar la base. En Valencia se editaba *El Guerrillero*, una publicación específica sobre las actividades de la AGLA. Cinco mil ejemplares repartidos por los pueblos. Publicaban también una edición mensual de *Mundo Obrero*, con páginas dedicadas a temas valencianos. Impresión tipográfica. Disponían de una buena estructura. MMM se dedicaba a la reorganización de la UGT, que seguía teniendo unos cuantos miles de cotizantes. Trabajo de aproximación a los simpatizantes socialistas, que se habían quedado sin partido. El PSOE, dividido dramáticamente en dos, estaba lejos. La Valencia republicana todavía no estaba muerta.

Hacia finales de 1946, el comandante Andrés ordena intensificar las acciones de sabotaje en las vías del tren. Tienen noticia de que se prepara un primer viaje de Franco a Valencia del Cid y quieren obstaculizarlo. En marzo conseguirán dejar aislada Valencia por tren después de haber colocado explosivos en diferentes puntos de la red, pero antes la policía descabezará al comité de Valencia. Entre el 19 y el 20 de enero son detenidos Mariano Ortega Galán, Vicente Galarza, Atilano Quintero, Alberto Sánchez Mascuñán y Manuel Moreno Mauricio. Solo consigue escapar Francisco Béjar, secretario de agitación y propaganda, que caerá pocas semanas después. Al mecánico de Badalona lo detienen en el puerto del Grao. Llevaba dos documentaciones en el bolsillo. La auténtica y la falsa. Entregó la falsa y resultó que la policía buscaba a Eugenio Puig, supuesto vendedor de huevos y gallinas que nunca había levantado ninguna sospecha en la pensión situada en el piso de arriba del número 46 de la calle Pedro III el Grande del barrio de Ruzafa de Valencia. «Era una buena persona», declaró la propietaria de la pensión al ser interrogada por la policía.

La operación fue dirigida por el joven comisario Roberto Conesa, un falangista que se había hecho pasar por simpatizante de las Juventudes Socialistas Unificadas. Un quintacolumnista que al acabar la guerra pudo ingresar en la policía franquista y se especializó en la persecución de los comunistas con tácticas de la Gestapo: buena información y brutalidad. Conesa consiguió una importante infiltración en la frágil estructura central del PCE en Madrid en 1946, con la cual fue tirando de los hilos. Y uno de los hilos lo llevó hasta el comité de Valencia. Los torturaron. Llegaron en muy mal estado físico a la prisión provincial. Galarza fue el único detenido a quien le encontraron armas: un revólver Smith & Wendson, una pistola Star y un fusil Tigre, copia española del Winchester 1892. Los torturaron, y a MMM no le sacaron nada. «Tenía que aguantar. Era muy importante aguantar», recordaba el mecánico de Badalona años después. Nunca quiso dar muchos detalles de lo que le pasó los días que estuvo en manos de la policía, pero vio una fotografía que le sobresaltó. Resistir, resistir, resistir. Esta fue la norma constante de su vida.

Los militares eran meticulosos instruyendo un consejo de guerra. En el Archivo Histórico de la Defensa, en los cuarteles de la Moncloa de Madrid, se conservan casi todos los sumarios de los tribunales militares de la posguerra. La causa 371/47 contiene toda la documentación del consejo de guerra a los cinco detenidos del comité regional de Valencia. Los instructores lo guardaban todo. Les intervinieron diferentes opúsculos con instrucciones sobre la colocación de explosivos en las vías del tren, encuadernados como reglamentos de las federaciones de fútbol, baloncesto y boxeo. Un cuadernillo titulado *25 curas para las plantas*, editado por la herboristería La Moderna, ocultaba el discurso de Stalin a los electores de la municipalidad de Moscú, el 9 de febrero de 1946. Un documento que podemos considerar importante: el balance político sobre el final de la Segunda Guerra Mundial. Bajo la cubierta de la novela *La gitanilla*, de Miguel de Cervantes, estaba el informe de Dolores Ibárruri al plenario del comité central del PCE, del 5 de diciembre de 1945. Les requisaron una imprenta tipográfica FM Wartfaw, una multicopista Gestetner, una máquina de escribir Underwoord y la emisora de radio de fabricación inglesa.

En la habitación de Moreno en la pensión solo encontraron papeles. Papeles del Banco de España: 9.900 pesetas. Papel cebolla con informes políticos y varios papeles ciclostilados. Un documento todavía hoy llama la atención, la publicación de un grupo prácticamente desconocido: *Evolución. Portavoz de la demarcación regional de Valencia del Partido Laborista de España*. ¿Un partido laborista español? Efectivamente, existió. Fue fundado al acabar la Segunda Guerra Mundial por antiguos militantes del Partido Sindicalista de Ángel Pestaña (sector moderado de la CNT) y miembros del ala más socializante de la Falange. Decía *Evolución*: «España acaba de pasar por dos ensayos revolucionarios violentos: uno, proletario, que se ha caracterizado por el alboroto y el intento de imponer utopías imposibles; el otro es el actual totalitarismo capitalista, cruel y opresor». Planteaban una tercera vía. Efectivamente, mucha gente hacía cálculos sobre cuánto podía durar el régimen de Franco. Había embriones de fórmulas nuevas. ¿Una España monárquica con un partido laborista? Hay quien sostiene que aquel fantasmagórico Partido Laborista contaba con cierta protección del ministro de Trabajo, el falangista José Antonio Girón de Velasco. Nadie sabía qué pasaría en un futuro próximo. Consolidada la situación con los primeros indicios de la Guerra Fría, a finales de 1947 fueron detenidos en Catalunya, Madrid, Valencia y Galicia unos setenta afiliados del incipiente *labour* español. MMM los estudiaba. La misión era suicida, pero nunca dejaron de hacer política. Nunca dejaron de estudiar.

El capitán general de la Tercera Región Militar convocó a todos los oficiales libres de servicio a estar presentes en el consejo de guerra a los cinco detenidos de Valencia. El juicio concluyó el 9 de junio de 1947 con la lectura de la sentencia. Cinco condenas de muerte. Los dos jefes de la guerrilla, Vicente Galarza y Atilano Quintero, condenados por rebelión. Los tres responsables políticos del comité, Mariano Ortega Galán, Alberto Sánchez Mascuñán y Manuel Moreno Mauricio, condenados también a la pena máxima por adhesión a la rebelión. La sentencia fue comunicada al Consejo de Ministros el 10 de junio.

El Cura Pitillo salvó la vida de su amigo Manuel aquel 16 de junio que encontró el valor para plantarse ante Eva Perón en Granada pidiendo clemencia. La mujer de Sánchez Mascuñán se movió a México con la ayuda de buenos contactos familiares. Vivía en la colonia Roma de Ciudad de México y conocía a algunas personas influyentes. Llegó a hablar con los embajadores de Cuba y Estados Unidos en México. A Sánchez Mascuñán quizá también lo ayudaron las cartas de dos militantes falangistas dirigidas al tribunal. José Griñán López y Alfredo San Miguel Arribas acreditaban que el comunista Sánchez Mascuñán los había ayudado a salir de Catalunya para evitar ser detenidos. Jugaban juntos en el equipo de aficionados del Espanyol, y el militante de las Juventudes Socialistas Unificadas hizo gestiones para que fueran incluidos en una selección que tenía que participar en la Olimpiada Popular de Amberes, sabiendo que desertarían. Una vez en París, pusieron tierra de por medio, con el propósito de volver a España para luchar con el Ejército de Franco. Les salvó la vida y ellos se comportaron honestamente con su antiguo compañero de equipo de fútbol. La carta del falangista San Miguel Arribas contiene un párrafo que describe lo que significa vivir en un mundo enamorado de las ideas: «Yo le dije que no podía defender la España roja y él [Sánchez Mascuñán] me respondió que defendiera mis ideas».

El gimnasta de Badalona y el futbolista del Espanyol salvaron la vida. El 28 de julio de 1947 les era comunicado que la pena de muerte quedaba conmutada por treinta años de cárcel, que cumplirían en la prisión de Burgos. El sexto miembro del comité, Francisco Béjar, capturado unos meses más tarde, fue directamente condenado a treinta años. Mariano Ortega, Vicente Galarza y Atilano Quintero fueron ejecutados el día 1 de agosto a las cinco y media de la mañana en el campo de tiro de Paterna. El pelotón estaba formado por guardias civiles.

CARTAS ENTRE EL MONTE Y LA CIUDAD

Dice el monte:

Queridos camaradas. Aunque hoy la prensa nos llega con bastante irregularidad y escasez, hemos podido apreciar que vuestros puntos de vista sobre la situación internacional coinciden con los nuestros, y que todos los obreros del mundo [...] saben que el problema de España sigue siendo uno de los principales y urgentes. En lo que respecta a la política nacional, nos esforzamos por hacer comprender a los campesinos, la población con la cual tenemos más contacto, la importancia de la unidad, base de partida para el derrumbamiento de Franco y la Falange, predicando con el ejemplo de nuestra unidad, insistiendo en el punto de vista de que nuestras armas no perderán las posiciones conquistadas hasta no ver dentro de España al legítimo gobierno de la República, popularizando en todo momento el gobierno del doctor Giral, poniéndolos en guardia contra las maniobras o pasteleos a espaldas del pueblo. Dándonos perfecta cuenta del alcance de nuestra vida apartada, no podemos pulsar tan al vivo como vosotros la importancia de nuestras acciones y sus efectos en las masas. Procuramos no hacer nada que vaya en desdoro del prestigio de nuestra Agrupación, y a pesar del bajo nivel político por falta de preparación de los elementos en general que componen la Agrupación, su voluntad y su disciplina suplen en parte esta deficiencia. A pesar de nuestras acciones, lejos de ser vanidosos, no nos consideramos satisfechos del todo, puesto que dada la amplitud que ya ha tomado nuestra Agrupación nos creemos en condiciones de realizar golpes de más envergadura, lo cual procuraremos cumplir en lo sucesivo.

Ni subestimamos vuestro trabajo, ni lo consideramos inferior al nuestro. Sin considerarnos los campeones de la lucha, nos damos cuenta de que además de vuestro sacrificio físico, vuestras tareas son mucho más penosas y en parte más peligrosas que las nuestras, según lo demuestra la diferencia numérica de camaradas que han caído en manos del enemigo. Estamos en la creencia, y numerosas veces lo hemos expuesto, que la lucha guerrillera del monte y de la capital tendrían que ser paralelas, existiendo actualmente en nuestra región un gran desnivel en la cantidad de acciones de ambas partes. Por este motivo veríamos con agrado que numerosos camaradas, no cuadros de la dirección sino de la base, pasaran a formar parte de la guerrilla en la capital. De esta manera lograríamos que la simpatía de la que hoy gozamos nosotros se extendiera a las unidades que operasen desde la capital y, por lo tanto, la organización política del PC se reforzaría y se popularizaría enormemente. En cuanto al reclutamiento de futuros guerrilleros, esperamos que pongáis especial cuidado en no enviar elementos que desprestigien nuestra Agrupación al estar reclamados por la policía solo y exclusivamente por hechos delictivos de carácter común, así como aquellos que por su edad o por defectos físicos no estén en condiciones de resistir la dureza de nuestra vida, sirviéndonos solamente de lastre. Consideramos también que aquellos camaradas quemados y que disponen del tiempo necesario para ponerse a salvo de las redadas de la policía deberían incorporarse en la primera ocasión a las guerrillas del monte para evitar caer en manos de nuestro enemigo. En lo que se refiere a la propaganda, habéis de tener en cuenta las enormes dificultades con que tropezamos en el monte y aunque consideramos de mucha más efectividad el golpe publicado y popularizado que el golpe a secas, a veces no siempre tenemos medios para poder hacerlo, y por eso veríamos con muy buenos ojos que nos imprimierais en la ciudad nuestra publicación [*El Guerrillero*]. Teniendo en cuenta que las guerrillas sin información están condenadas a ejecutar golpes de poca monta, consideramos insuficiente la ayuda que el PC nos presta en este sentido. Creemos que el partido tendría que emprender una campaña de recuperación de efectos militares muy necesarios para la Agrupación. También creemos que las mujeres tendrían que hacer una campaña para enviarnos ropa de invierno, teniendo en cuenta la dureza de estas tierras. Los comunistas de la Agrupación Guerrillera de Levante esperamos que de la estrecha colaboración entre el llano y la montaña saldrá reforzada la dicha política guerrillera que precipitará la caída del odioso régimen que padecemos. Venceremos.

Sentidos saludos comunistas de la Agrupación Guerrillera de Levante.

Responde la ciudad:

Queridos camaradas. No es nuestro propósito al escribiros esta carta el enviaros un simple saludo de combate que sirva para justificar nuestra preocupación por vuestros múltiples problemas en la diaria y dura lucha que sostenéis contra el maldito régimen falangista, sino el de aconsejaros y orientaros en vuestras tareas, al mismo tiempo que os hacemos un resumen de la situación nacional e internacional.

Situación internacional. Después de la victoria de los ejércitos aliados frente a las fuerzas del nazifascismo, victoria que devuelve a los pueblos invadidos su libertad y soberanía y que coloca a la clase obrera, como consecuencia de su participación en la lucha, a la cabeza de la dirección de los pueblos de dichos países, las fuerzas de la reacción internacional y los restos del fascismo que aún perduran se alinean y se esfuerzan por provocar una nueva guerra que les dé la ocasión de recuperar sus privilegios perdidos y tomar la revancha sobre los pueblos victoriosos, y en particular sobre el gran pueblo de la URSS. Es por ese motivo que sus criminales propósitos se esfuerzan desde el exterior por mantener a Franco en el poder y levantar con él la bandera hitleriana del anticomunismo. En esta política no se puede decir que tomen parte los gobiernos de Inglaterra y de Estados Unidos, pero su complacencia para con esta política les hace cómplices. Pero frente a la reacción internacional se encuentran decididamente los gobiernos de muchos países de Europa y América, y como siempre, a la cabeza de ellos, el primer país del socialismo, la URSS, junto con los pueblos y los hombres progresistas del mundo que diariamente y en múltiples formas rechazan la política reaccionaria y expresan su simpatía hacia nuestro pueblo. No hay ninguna duda de que, a no ser por la presión de estos gobiernos y pueblos, el «caso de España» hace ya tiempo que hubiese dejado de ser un problema internacional, como lo es hoy.

Situación nacional. Se han dado grandes pasos sobre todo en la primera y fundamental tarea de la unidad, paso que debemos saber calibrar para conocer su importancia. Nuestros enemigos de dentro y de fuera de nuestro país, para justificar su política de abandono al pueblo español, especulaban con la división de las fuerzas democráticas dentro y fuera del país, pero el partido, como dice el camarada Carrillo, no ha querido dejar en manos de nuestros enemigo esa arma, y ha sacrificado el trabajo de varios años, y ha conseguido la autodisolución de la Junta Suprema de la Unión Nacional [organismo unitario creado por el PCE en 1942 con poco éxito, que fue el impulsor de la fracasada invasión del Valle de Arán en 1944] y nuestra entrada en la Alianza Nacional de Fuerzas Democráticas [organismo unitario impulsado desde 1944 por socialistas, republicanos y anarquistas] y poco después nuestra participación en el gobierno del doctor Giral. Los frutos de esta unidad no se hacen esperar, y observamos que las fuerzas reaccionarias ya no dicen nada o casi nada de la desunión de los republicanos españoles y el prestigio de las fuerzas de nuestro gobierno es hoy inmenso. Como fruto de esta unidad, el gobierno republicano ya ha sido reconocido por una docena de gobiernos de Europa y América, y en torno a él y por su reconocimiento se encuentran movilizados la clase obrera y los hombres progresistas de todo el mundo. El franquismo y sus amigos han comprendido enseguida que el gobierno Giral es un serio obstáculo para sus planes y manejos. Y como consecuencia, una firme y seria garantía de nuestras libertades. Por eso están intentando desarrollar una gran maniobra tendente a romper con la unidad republicana en torno al gobierno Giral y buscan atraerse hacia su política de compromiso con el franquismo a algunos líderes obreros o republicanos que han hecho de la política una sucia profesión y que han perdido la fe en el pueblo y en la victoria de la democracia en nuestro país. La política de compromiso con el franquismo no solamente dejaría insatisfechas las aspiraciones de libertad de nuestro pueblo, sino que perpetuaría el estado actual de hambre, miseria y terror, y haría más agudo aún el estado actual de guerra civil. Frente a las maniobras de la reacción pronazi y para destrozarla en sus comienzos, es necesario reforzar la autoridad y el prestigio del gobierno Giral, popularizarlo en las zonas campesinas por donde paséis y haciendo que los campesinos manden por conducto de los consulados aliados cartas de adhesión a nuestro gobierno para estrechar más la unidad combativa de todas las fuerzas antifranquistas del interior; en este sentido trabajamos nosotros con algunos y notables éxitos. No hay ninguna duda de que si todas las fuerzas nacionales antifranquistas comprenden la necesidad de la unidad y la lucha, las medidas enérgicas de los gobiernos aliados contra Franco no se harán esperar y los plazos de permanencia de Franco en el poder serán muy cortos.

Sois el orgullo del partido y del pueblo. No podíamos dejar de manifestaros nuestra admiración por vuestro comportamiento bolchevique, del cual el partido se encuentra orgulloso, pero es necesario que esto no os haga vanidosos, sino por el contrario que refuerce vuestra sencillez. Aun así, no hay duda de que persistirán en vosotros algunas debilidades que tenéis que examinar y corregir, debilidades que son producto del abandono político en que habéis vivido mucho tiempo, abandono que nos esforzamos en corregir inspirados en vuestro magnífico ejemplo. [...] Queremos aprovechar esta ocasión para enviar un caluroso saludo a vuestros compañeros de la Agrupación que militan en otros partidos y organizaciones, que, aunque en escaso número, son el ejemplo vivo del espíritu indomable de la clase obrera.

La unidad combativa de la Agrupación. Esta tiene que ser vuestra mayor preocupación. No tenéis que olvidar que al franquismo empieza a preocuparle seriamente el incremento de vuestras acciones, no solamente por su importancia material, que tiene mucha, sino también porque vuestros ejemplos empiezan a despertar en el pueblo una gran ola de simpatía hacia vosotros; prueba de esto es el creciente número de militantes del partido y otras organizaciones que están entrando en las filas de vuestra Agrupación. Para frenar vuestra lucha, el enemigo está recurriendo a nuevas tácticas. Hace poco os poníamos en alerta sobre el envío a la zona guerrillera de guardias civiles vestidos de paisano para convertirse en «falsos maquis», como ellos dicen. Esta no será la última forma que van a emplear. Cuando queden convencidos de que no sois «quintos» en esta materia, emplearán el método (lo están tratando de emplear ya) de introducir en vuestras unidades a sus agentes provocadores, agentes que no serán escogidos entre los falangistas, sino entre elementos de las organizaciones y los partidos antifascistas con un buen historial revolucionario, pero que han perdido la fe en el pueblo y que por unas causas u otras se han vendido al enemigo, aunque su pasado no lo justifique. La misión de estos agentes no será la de combatiros abiertamente, sino de una manera solapada y hostil, tratando de romper vuestra unidad y de castrar vuestro espíritu combativo. Por eso el partido tiene que hacer vida política y permanecer vigilante contra la provocación y cortarla con mano dura allá donde se presente.

Sois un ejército político. Al señalaros esta característica, que es la que da el sentido popular que hoy tenéis en nuestra región, no suponemos ni mucho menos que lo hayáis olvidado, puesto que vuestras acciones hablan muy claro sobre esta calidad vuestra. Pero sí que queremos recordaros la importancia que tiene el que sigáis manteniendo esta conducta y recomendaros que no hagáis nada que atente contra los intereses de los campesinos o del pueblo. No hagáis nada que resulte impopular. Recientemente el gobernador civil de Valencia, comentando los últimos controles del sector número 5 de la Agrupación, dijo: «El mayor obstáculo para combatir a los guerrilleros es su buen comportamiento con la población civil, tanto con los de izquierdas como con los de derechas, con lo cual se han ganado la simpatía de la gente y han encontrado nuevos colaboradores. Para nosotros sería mucho mejor que hicieran todo lo contrario, pero no hay duda de que saben lo que hacen. Cuando matan a alguien este siempre es un falangista o alguien que ha facilitado informes a la Guardia Civil, lo que hace que nadie se preste a facilitar informes». Estas manifestaciones las hacía el gobernador civil en una reunión con jerarcas falangistas. Estas palabras marcan vuestro camino.

Propaganda. Esta es una tarea de la que tenéis que cuidar y tenemos la impresión de que está un poco abandonada. Por todos los puntos por donde pasáis escribid con tiza o pintura consignas en tres sentidos fundamentales. Primero, popularizar la Agrupación Guerrillera y sus acciones. Segundo, reforzar el prestigio del gobierno Giral. Tercero, llamar a todo el pueblo a la unidad y la lucha. Ahora contáis con vuestro propio aparato de propaganda, que no debe parar de hacer materiales. Por nuestra parte mejoraremos el mal trabajo anterior. Creemos que ya están en vuestro poder algunos materiales nuestros. Pero tened la seguridad [...] de que nos esforzaremos por superar la situación que nos ha creado la detención de algunos camaradas nuestros del aparato de propaganda. Es posible que no tarde en salir de la imprenta el próximo número de *Mundo Obrero*. Vuestra lucha intransigente contra Franco os hace merecedores del afecto de todo el pueblo.

Recibid un saludo comunista del Comité Regional de Levante del PC de España.

(Documentación intervenida por la policía a los cinco detenidos del comité regional de Valencia del Partido Comunista de España incorporada como prueba acusatoria en el sumario del consejo de guerra. La ciudad orientaba políticamente a la montaña. La informaba de la situación internacional y nacional y le advertía contra el quijotismo y el bandolerismo: «No hagáis nada contra los intereses del pueblo». La montaña consideraba que la ciudad daba muchos consejos y no se movía lo bastante. La montaña y la ciudad suelen tener este tipo de discusiones en todas las épocas, sobre todo cuando pintan bastos).

«TIENES QUE IR A VALENCIA»

Dos supervivientes. Los dos hombres que están a punto de empezar la discusión política más tensa que recuerdan los muros del penal de Burgos han aguantado en pie los años más duros de la posguerra.

Ormazábal, dando tumbos por el mundo. Fugitivo de la prisión de Valencia hacia Madrid, después hacia Portugal, después hacia Nueva York, la aventura de llegar a México cruzando el Río Grande, donde por poco muere ahogado, después a Buenos Aires y otra vez a Lisboa. El barco de pesca que lo lleva a Marruecos, el paso de la frontera con Argelia, para llegar a Orán, y de allí hacia el sur de Francia. El fugitivo. Un hombre de hierro que se afana por tener la confianza del partido y que vivirá como un verdadero tormento la pérdida de confianza durante diez años que se le harán eternos.

La aventura de Ulises del cerrajero de Badalona también será muy intensa, durísima, pero con un radio geográfico más limitado. El hijo del pastelero de Vélez-Rubio no era un bolchevique de primera hora. Cuando estalló la Revolución rusa apenas tenía seis años. Cuando llegó a Badalona era un adolescente con una enorme curiosidad. Aprendió un oficio y se interesó por el deporte. Ajustador mecánico, tornero y gimnasta. Precisión y disciplina. Vivía en el centro de la ciudad, cerca del mar, donde casi todo el mundo hablaba catalán. No muy lejos de su casa, un señor con pipa y ademán británico, Pompeu Fabra, terminaba el primer *Diccionari general de la llengua catalana.* Cerca del mar conoció a Maria, la hija del pescador Sarriera. Aprendió la lengua de los catalanes, fundó la asociación Esport i Cultura, la fusionó después con la Unió Gimnàstica i Esportiva, y se afilió a la CNT sin ser anarquista. No hacía falta, la CNT era el hogar de los trabajadores en Catalunya. Al estallar la guerra, MMM tomó partido por el concepto *organización.* La vida de la fábrica invitaba a dos actitudes contrapuestas: la sublimación de la organización o el rechazo frontal de la disciplina. Los comunistas soñaban con una sociedad igualitaria perfectamente organizada, una fábrica perfecta. Los anarquistas luchaban contra todo tipo de jerarquía. Los anarquistas más puros querían recuperar el mito de la libertad que el engranaje industrial había negado al campesino pobre obligado a buscar trabajo en la gran ciudad, negándole el contacto con la tierra. El organizador MMM acabó en el primer grupo empujado por una idea: había que ganar la guerra. Y se perdió. Quizás estaba perdida desde el primer día. Poco antes de que los soldados italianos de la División Littorio entraran en Badalona el 26 de enero de 1939, el cerrajero MMM, organizador de la industria de guerra en su ciudad, se marchó en dirección a la frontera como tantos otros miles de republicanos comprometidos.

Un hombre de treinta años, habituado al deporte, en el campo de concentración de Argelès. Un hombre lo bastante fuerte para soportar las noches al raso en la playa. Después lo llevaron al campo de Bram, comuna del Languedoc situada entre los Pirineos y la Montaña Negra, lugar de reverberaciones medievales, donde por las noches todavía se podían oír las almas en pena de los cátaros. De campo en campo iba recorriendo el Midi francés. De Bram lo condujeron a Septfonds, donde las autoridades francesas empezaron a concentrar a obreros especializados para destinarlos a su industria de guerra. Así es como el ajustador mecánico MMM fue enviado a trabajar a la principal fábrica de motores de Francia, la Gnome-Rhone, cerca de París. El pacto germano-soviético, aquel perverso movimiento táctico que dejó a tantos comunistas europeos con la boca abierta, pilló a MMM ajustando motores para el avión de caza Bloch MB que el Ejército francés no estuvo a tiempo de poder usar ante la rapidísima invasión alemana. 1940 fue un año extraño.

Las tardes del domingo Moreno paseaba por las calles de París, esperando lo que todo el mundo sabía que estaba a punto de estallar. Había dejado a Maria y a su hijo Felip en Badalona. Maria no quiso marchar al exilio. El niño era muy pequeño y ella se sentía muy unida a sus padres. La política no era su pasión. Ella vivía cerca del taller donde trabajaba Manuel. Se habían conocido con un juego de miradas. Él la miraba cuando pasaba ante el taller, y ella también se fijó en él. El mecánico y la hija del pescador. Gente del pueblo. Un joven enamorado del deporte y una chica interesada por la vida. Él, delgado, atlético, muy puesto, con el bigote de Jorge Negrete (Jorge Sepúlveda vino después). Ella, pequeña y alegre, cabello corto con rizos *Gran Gatsby*. Se casaron en la iglesia de Santa Maria de Badalona en medio de aquel estallido republicano en el que todo parecía posible. Como tantas familias de la época vivían con sus padres, los padres de ella. En 1940, Maria recibió un día una postal de la Ópera de París: «Te mando este recuerdo, estoy bien». En París Manuel aprendió a bailar tangos y a vivir intensamente.

Manuel y Maria se verían varios años después, en circunstancias muy especiales. Tenía que pasar aún otra guerra. Cuando los alemanes entran en París, MMM se escabulle hacia Orleans, donde entrará en contacto con los grupos de resistencia. Empieza otra vida. El organizador de los talleres colectivizados de Badalona se convierte en el jefe de las Fuerzas Francesas del Interior en una de las regiones centrales del país. Ahora se trata de limar la fuerza de los ocupantes nazis, sobre todo con acciones de sabotaje. Noches en los bosques esperando que la aviación aliada deje caer cajas de armas en paracaídas. Moreno contaba que había que tener mucho cuidado con los aviadores norteamericanos. Los ingleses eran mucho más precisos; los norteamericanos apretaban rápido la ametralladora si veían algún movimiento extraño en tierra. En mayo de 1944, cuando ya se prepara el desembarco de Normandía, en la Orleans ocupada por los alemanes asistió a un bombardeo dantesco de los norteamericanos, que lanzaron explosivos incendiarios. Tres mil bombas cayeron sobre la ciudad en pocos días. «Junto a la estación había una cortina de fuego que no se apagaba nunca», contaba. Siempre la organización: MMM coordinaba la actividad de los grupos de resistencia en ocho departamentos. En Francia, Teo, el primer nombre falso que adquirió, vivió intensamente y conoció el mundo: el riesgo, la aventura, gente diferente. En Francia se familiarizó con el peligro.

La organización, siempre la organización. Apenas acabada la guerra, ayuda al doctor Josep Bonifaci a organizar el Hospital Varsovia en Toulouse. Situado en la calle Varsovie de la capital del Midi, este centro hospitalario fue pensado para curar y cuidar a los guerrilleros heridos en la fracasada invasión del Valle de Arán en otoño de 1944. Con la ayuda del Partido Comunista Francés, de antiguos combatientes norteamericanos del Batallón Abraham Lincoln y de una importante fundación de la izquierda norteamericana, el Hospital Varsovia se convirtió en un verdadero centro de referencia, pionero en el uso de la penicilina, que les proporcionaban los mecenas norteamericanos. Tres médicos catalanes, Josep Bonifaci, formado en el Hospital de Sant Pau, Joaquim Vinyes y Josep Bosch, tuvieron un papel muy relevante en el Hospital Varsovia. El hospital del exilio republicano.

El empuje era extraordinario. Los comunistas habían estado en primera línea de la resistencia francesa. Al PCF lo llamaban el partido de los «75.000 fusilados». Algunos de los artistas más prestigiosos de la Francia recién liberada tenían o habían tenido el carné del PCF: Pablo Picasso, Paul Éluard, Louis Aragon, André Breton, Henri Lefebvre... Una fuerza sindical enorme. Recién acabada la Segunda Guerra Mundial, la Unión Soviética gozaba de un prestigio inmenso en las fábricas. Con más de medio millón de afiliados, el PCF fue el más votado en las primeras elecciones democráticas después de la ocupación, en 1945: la primera fuerza de la Asamblea Nacional Constituyente. El secretario de Estado norteamericano Dean Acheson estaba convencido de que los comunistas no tardarían mucho en hacerse con todo el poder en Francia. De Gaulle los integró en el primer gobierno provisional de la República. Paul Ramadier los echó en 1947, al iniciarse la guerra de bloques. Frase lapidaria de De Gaulle en aquellos años: «No se puede ir a ninguna parte con los comunistas, pero no se puede ir a ninguna parte sin los comunistas».

Queda claro que de 1945 a 1947 son años muy especiales en la historia europea. Truman, Churchill y Stalin se han repartido las zonas de influencia, pero los mapas todavía se están ajustando. Los comunistas españoles creen que es posible derrocar a Franco. Otras corrientes del exilio, también, pero con menos entusiasmo. MMM participa activamente en la reorganización del PSUC en el sur de Francia y es elegido secretario político de la región de los Pirineos Orientales. Un día de principios de 1946 lo convoca Santiago Carrillo a una reunión en Toulouse.

Carrillo ha conseguido llegar a Francia desde Orán, después del periplo portugués y marroquí con su amigo vasco Ramón Ormazábal. El joven dirigente socialista que se hizo comunista en 1936 ha tomado el control del PCE en Francia tras la fallida invasión del Valle de Arán, impulsada por Jesús Monzón, un valiente dirigente navarro que se había quedado en Francia durante la ocupación nazi creando una organización de guerrilleros con exiliados que habían participado muy directamente en las actividades de resistencia en Francia. Monzón fue uno de los principales animadores de la Unión Nacional. Comunistas, militares republicanos, nacionalistas vascos y gente de otras tendencias. Personaje garibaldino, Monzón creía posible la invasión de una pequeña parte del territorio español para encender la mecha de una revuelta general contra Franco con el apoyo de los aliados.

En octubre de 1944, cuatro meses después del desembarco aliado en Normandía, dos mil hombres armados cruzaron los Pirineos con el objetivo de ocupar el Valle de Arán y desde allí promover el levantamiento popular contra el aliado de Hitler y Mussolini. Sin embargo, las bases del levantamiento popular no existían —el país estaba materialmente y psicológicamente devastado— y el régimen franquista, previendo la posibilidad de una invasión desde Francia, había desplazado a un gran número de fuerzas militares a las regiones del norte, comandadas por los generales Moscardó y Yagüe. La Operación Reconquista de España fracasó estrepitosamente. Monzón fue depurado con graves acusaciones de traición que años más tarde se demostrarían falsas e injustas.

(Después de ser expulsado del PCE, Monzón sería detenido en Barcelona y condenado a treinta años de cárcel, de los que cumplió trece en el penal del Dueso. El organizador de la invasión del Valle de Arán culminó su vida de aventura con un episodio casi increíble: tras salir de la cárcel, se dedicó a dar clases de mercadotecnia en Ciudad de México en una escuela de dirección de empresas vinculada al Opus Dei. Años más tarde sería el primer director de la filial del IESE en Palma de Mallorca. Hijo de una familia acomodada de Pamplona, Monzón había estudiado en los jesuitas. En la prisión del Dueso acabó redactando los sermones del cura. Un tipo brillante, culto, valiente e imprevisible. Santiago Carrillo lo consideraba un aventurero. El PCE lo rehabilitó en 1986. Y Manuel Vázquez Montalbán, para quien era un personaje fascinante, escribió: «Jesús Monzón merece figurar entre los atletas morales del siglo XX»).

Después del fracaso del Valle de Arán, Carrillo quiso reorientar la táctica guerrillera. Los comunistas seguían creyendo posible forzar la caída de la dictadura con la combinación de tres factores: la existencia de un sólido gobierno de la República en el exilio que obtuviera el máximo apoyo internacional posible, una mayor determinación de las fuerzas aliadas y la existencia de focos de resistencia en el interior del país capaces de ir generando un clima de hostilidad al régimen. No se trataba de invadir España desde los Pirineos, sino de crear focos guerrilleros en las principales regiones del país, siguiendo el ejemplo de los partisanos yugoslavos durante la Segunda Guerra Mundial. Presión internacional y manchas de aceite. Mandaron a Ormazábal a Bayona a organizar el paso de guerrilleros hacia el País Vasco. Un día Santiago Carrillo Solares, ministro sin cartera del gobierno de la República en el exilio presidido por José Giral, llamó a Toulouse al secretario político del PSUC en la región de los Pirineos Orientales y le dijo al mecánico de Badalona: «Tienes que ir a Valencia».

«*TERPENIE, TERPENIE*»

A mediados de 1948 recibimos una invitación para ir a Moscú a entrevistarnos con el PCUS. Hicimos el viaje Santiago Carrillo, Francisco Antón y yo. Estábamos impacientes por conocer el tema de la discusión. En Moscú nos informaron de que nos recibiría el propio Stalin, lo cual acrecentó nuestra expectación aún más. Carrillo y Antón hablarían por primera vez con Stalin. Nos recibieron en un despacho del Kremlin Stalin, Molótov y Súslov [Viacheslav Skryabin, *Molótov*, ministro de Asuntos Exteriores y en aquellos momentos miembro de la troica dirigente, Mijaíl Súslov, miembro del secretariado del PCUS y principal responsable del trabajo ideológico]. Los saludos fueron muy cordiales. Y pasaron a preguntarnos cómo marchaban las cosas en nuestro partido.

Después de nuestra explicación, Stalin nos pidió que le aclaráramos por qué no trabajábamos dentro de las organizaciones de masas franquistas, fundamentalmente en el frente sindical. Le referimos la hostilidad que sentían los trabajadores hacia los sindicatos verticales. Le hablamos también de la heroica lucha guerrillera. Stalin —que como es obvio tenía mucha más información que nosotros sobre la verdadera determinación de los gobiernos occidentales para «democratizar» el régimen de Franco y mantenerlo como base de apoyo de sus intereses— nos ilustró sobre la experiencia de los bolcheviques en la larga lucha contra el zarismo. Incluso en los momentos de mayor represión stolipiana [Piotr Stolipin, primer ministro y ministro del Interior del zar Nicolás II entre 1906 y 1911], los bolcheviques no dejaron de actuar nunca en el interior de las organizaciones de masas de la reacción. Con tales ejemplos nos hacía ver que nuestro combate sería largo y que teníamos que estar preparados para ello.

Nosotros no estábamos totalmente de acuerdo; hablamos otra vez de las guerrillas. Dijimos que en España las cosas eran diferentes y que los obreros no nos comprenderían si el partido emprendía el trabajo en el interior de los sindicatos verticales.

Stalin, muy tranquilo —tenía delante un bloc y nos escuchaba haciendo dibujos—, dijo que nuestra posición era izquierdista. Nos aconsejó que usáramos las guerrillas como apoyo para la dirección política, para reforzar la seguridad de los camaradas.

Viéndonos no muy convencidos, nos empezó a preguntar por Vicente Uribe, por Antonio Mije y por otros dirigentes del PCE. La discusión se generalizó. Nos invitaron a té, pastas y bombones. Al despedirse, Stalin, mientras nos estrechaba la mano nos iba recomendando *terpenie*, es decir, paciencia. «*Terpenie, terpenie*», repetía. «¡Ah! —añadió, cuando nos íbamos—. Si necesitáis ayuda para la guerrilla os la daremos, porque, todo hay que decirlo, los españoles sois muy orgullosos».

De vuelta a nuestra residencia en Moscú, proseguimos la discusión, analizando con mucho detalle las palabras de Stalin. Discutimos hasta la madrugada sobre lo que nos había dicho, y al final llegamos a una conclusión: Stalin tenía razón. Era archisabido que los comunistas tenían que trabajar allí donde estaban los trabajadores, aunque los dirigentes fueran fascistas reaccionarios. Así lo había aprobado el VII Congreso de la Internacional Comunista. Conocíamos bien el trabajo de Lenin sobre «el izquierdismo». Empezamos a autoconvencernos de que se imponía un cambio de táctica.

Que el tema no era fácil lo comprobamos al volver a París, cuando reunimos al buró político. Una vez oído nuestro informe, los camaradas manifestaron sus dudas. Hubo un debate largo y tenso. No era sencillo el cambio de táctica. ¿Y las guerrillas? Si la lucha se presentaba larga, si la teníamos que proseguir con «paciencia», forzoso era plantearse el problema de ir disminuyendo las guerrillas y de retirar de la montaña a los compañeros más amenazados. Se logró finalmente llegar a un acuerdo y se decidió discutir el problema en el partido.

Tenemos aquí, narrada por Dolores Ibárruri en sus memorias, la explicación del final del maquis comunista en España. En 1948, Stalin desaconseja proseguir con la táctica guerrillera en España, perfectamente informado de que no habrá ningún movimiento de los aliados occidentales destinado a hacer caer el régimen de Franco. En la conferencia de Potsdam (1945) ya quedó claro que ni ingleses ni norteamericanos querían movimientos bruscos en la península ibérica. El frío ahora es mayor. La URSS está trabajando para obtener lo antes posible la bomba atómica. Lo conseguirá el 22 de agosto de 1949 en el polígono de pruebas de Semipalátinsk, en el nordeste de la república de Kazajistán. Los comunistas chinos están ganando la batalla al tenaz y corrupto Kuomintang. Lo conseguirán el 1 de octubre de 1949. Algo muy gordo está a punto de pasar en el mundo. Más gordo quizá que la Revolución de 1917. La bandera roja es cada vez mayor. Desde Berlín hasta el puerto de Shanghái, desde el Ártico hasta las montañas del Himalaya, los comunistas están a punto de controlar más de tres cuartas partes de la inmensa plataforma continental euroasiática. En el Asia central solo les falta controlar el estratégico pedregal de Afganistán, donde muchos años después serán derrotados. Proyectan mucha fuerza política e ideológica sobre los países de la Europa occidental, donde muchos consideran a la URSS como la principal ganadora de la Segunda Guerra Mundial. Trabajan en la India. Tratarán de derrocar al sah de Persia, que los perseguirá duramente y mandará construir muchas mezquitas para reorientar a la juventud. (Y con estas mezquitas un día será derrotado el sah de Persia). Alentarán la revuelta contra los franceses en Indochina y querrán gobernar toda la península de Corea, tan cerca de Japón. Si los comunistas controlan toda la plataforma continental euroasiática, nadie podrá frenar la revolución mundial.

En la Biblioteca del Congreso en Washington han sacado el polvo a los primeros tratados de geopolítica del geógrafo y político inglés Halford John Mackinder, creador del concepto

Isla Mundial: Europa, Asia y África, sin ningún océano que las separe, articulan la mayor unidad geográfica del planeta. Fascinado por el poder ruso, Mackinder fundamentó así su teoría sobre el *Heartland*, el área pivote que va del río Volga al río Yangtsé y del Ártico hasta el Himalaya. «Quien gobierne la Europa del Este controlará el *Heartland*, quien gobierne el *Heartland* controlará la *Isla Mundial*, y quien gobierne la *Isla Mundial* controlará el mundo», escribió Mackinder en 1919. La URSS controla la Europa del Este después de la derrota hitleriana. Stalin orienta a Mao. La URSS controla el *Heartland*, y por lo tanto puede ser la fuerza dominante de la *Isla Mundial* y hacerse con el mundo. Solo necesita la bomba atómica. La obtiene en verano de 1949. Los estrategas militares norteamericanos están horrorizados.

Una nueva guerra mundial está a punto de empezar. Una guerra fría. Una larga partida de ajedrez en el tablero mundial basada en el desarrollo del arma nuclear con batallas regionales de gran intensidad. Reina blanca y reina roja con ojiva nuclear. La primera de las batallas regionales empezará en 1950 en la península de Corea. Después vendrá la lucha por el control de la península de Indochina, que todos conoceremos como Guerra de Vietnam. Después vendrá la protección soviética de la Revolución cubana, que dejará al mundo a cinco minutos de la guerra nuclear en 1962. La gran matanza de comunistas en Yakarta (Indonesia) en 1965. El golpe de Estado contra el gobierno del presidente socialista Salvador Allende en Chile en 1973. Y la fulminante caída del vetusto imperio colonial portugués en 1974, cuando al general Franco le queda solo un año de vida.

Pero no nos precipitemos. Estamos en el año 1948 y Stalin acaba de comunicar a la plana mayor del desvalido Partido Comunista Español que la dictadura de Franco va para largo. «*Terpenie, terpenie*». Paciencia, paciencia. Trabajad en el interior de los sindicatos franquistas. Se podría decir que en aquella reunión en el Kremlin se inició la gestación de Comisiones Obreras, pero esta afirmación parece demasiado arriesgada. Las primeras comisiones obreras se formaron en 1960 en el interior de varios conflictos laborales no conectados entre sí pero que tuvieron como novedad la elección directa de representantes de los trabajadores para negociar con las empresas al margen de los jurados de empresa. Una cierta espontaneidad, un notable protagonismo de sindicalistas católicos y la mirada atenta del PCE y el PSUC, dudosos ante la posibilidad de promocionar una organización sindical comunista estrictamente clandestina. Stalin ha muerto ya cuando los mineros de La Camocha, en Asturias, deciden elegir a sus propios delegados. Se podría decir, con más fundamento, que Comisiones Obreras es un hijo del Plan de Estabilización de 1959. Comisiones Obreras será la más genuina construcción social del pueblo español durante el franquismo. El primer gran sujeto colectivo opuesto a la dictadura que no lleva el sello de la República y de los tiempos anteriores. Comisiones Obreras es una realidad tan nueva como el Seat 600.

No vayamos tan deprisa. Estamos en 1948 y Stalin acaba de comunicar a los comunistas españoles que la dictadura va para largo. La Pasionaria tomará muy buena nota de ello, y lo dejará escrito en su libro de memorias publicado legalmente en España en 1984, cuando el PCE está a punto de ser borrado de la historia, con una representación parlamentaria mínima.

En otro memorial publicado en los años ochenta, Fernando Claudín nos ofrece una versión más matizada de la reunión del año 1948 en el Kremlin. Fernando Claudín Pontes, madrileño, miembro destacado de las Juventudes Comunistas en los años treinta, fundador de las Juventudes Socialistas Unificadas en 1936. El principal colaborador de Santiago Carrillo en la dirección del PCE hasta que, a principios de los años sesenta, empieza a pensar por su cuenta sobre los efectos del Plan de Estabilización en la sociedad española. Retengamos el nombre de Claudín porque lo volveremos a encontrar en esta historia.

Esto es lo que cuenta Claudín de la reunión con Stalin en el Kremlin:

> En la primavera de 1948 Carrillo visitó a Tito en Yugoslavia con la misión de conseguir armas para los guerrilleros. ¿No podrían los aviones yugoslavos arrojarlas con paracaídas sobre la zona de operaciones de la Agrupación Guerrillera de Levante? Tito inquirió si la dirección del PCE había consultado este asunto con «la casa» (así se denominaba en las altas esferas del Komintern a Moscú) y ante la respuesta negativa de Carrillo dijo que era cosa muy delicada y debía examinarse antes con los «camaradas soviéticos». En ese momento la gestación del conflicto Stalin-Tito estaba ya muy avanzada —estallaría a la luz pública un mes más tarde, aproximadamente—, pero Carrillo no sabía nada. ¿Temió Tito que la petición del PCE fuera una trampa de Stalin? ¿Temió complicaciones en el oeste, sabiendo la tempestad que se le venía encima por el este? En todo caso se negó.
>
> Poco después de esa infructuosa gestión con Tito, el PCE recibió una inesperada y sorprendente invitación: el «camarada Stalin» deseaba recibir una delegación de los «camaradas españoles». No era frecuente que Stalin recibiese a comunistas extranjeros, y menos aún sin haber litigios pendientes, como al parecer era el caso con el PCE. En un momento, además, en que a Stalin no le faltaban preocupaciones: la situación internacional era delicada y acababa de iniciarse el duelo con Tito. Pero probablemente fue esta última circunstancia la que explicaría aquel extraordinario acontecimiento. Tan extraordinario que en toda la historia del PCE es la única vez que Stalin participa en una reunión sobre España, con los dirigentes comunistas españoles: ni siquiera la hubo durante la Guerra Civil. Y sucede en 1948, cuando tanto la cuestión española como el propio PCE habían perdido casi toda la relevancia en el panorama europeo.
>
> La delegación española estuvo integrada por Dolores Ibárruri, Santiago Carrillo y Francisco Antón. Yo me encontraba ya en Moscú, representando allí al PCE, y confieso que me sentó como un tiro no ser incluido en la delegación. [...] Según me contó Santiago [Carrillo], los tres afortunados estaban muy conmovidos —solo la Pasionaria había hablado en una ocasión con el

personaje— cuando entraron en el gran despacho rectangular con una mesa al fondo, que Stalin ocupaba en uno de los palacios del Kremlin. Estaba acompañado de Molótov, Voroshílov [Kliment Voroshílov, miembro del Estado Mayor del Ejército Rojo] y Súslov. Portaba botas militares y su habitual guerrera, sin grados ni condecoraciones. Tenía un aspecto «sencillo» y parecía en buen estado físico a sus sesenta y ocho años. [...]

La reunión se abrió con un informe de la Pasionaria sobre la situación en España y la política del PCE. Kolomiets [Maksim Kolomiets], un modesto funcionario del PCUS encargado de las relaciones permanentes con el PCE, había advertido a la delegación que sus jefes pensaban plantear la cuestión de por qué los comunistas españoles no trabajaban en las organizaciones franquistas donde se agrupaban masas, especialmente en las sindicales, pero Pasionaria rehuyó el tema. Stalin, sin mostrar mucho interés por el informe, lo sacó a relucir inmediatamente y toda la reunión giró en torno a este punto. «Ustedes organizan guerrillas. Está bien. ¿Pero por qué no trabajan en las organizaciones de masas legales? La experiencia bolchevique prueba que debe hacerse. Lenin nos enseñó que hay que aprovechar las posibilidades legales, por mínimas que sean. Hay que tener paciencia —y Stalin repetía: "*Terpenie, terpenie*"—; luego, sean fuertes, ¡golpeen!». [...] Pasionaria y Carrillo argumentaron respetuosamente que los sindicatos verticales estaban desprestigiados, los obreros los repudiaban, trabajar en ellos era desacreditarse, pero Stalin repetía: «Lenin nos ha enseñado...». Y claro está, para tan devotos discípulos españoles del gran partido soviético era demasiado llevar la contraria a Stalin, a Lenin y a la «experiencia bolchevique». Al cabo de hora y media la reunión terminó sin que los españoles estuvieran muy convencidos, pero sí dispuestos a aplicar disciplinadamente los sabios consejos del gran jefe. En cuanto a la lucha guerrillera, Stalin no propuso en ningún momento abandonarla (contrariamente a una versión extendida), aunque sugirió que debía servir de elemento auxiliar a otras formas de acción del partido y para proteger sus organismos clandestinos. Incluso ofreció ayuda en armas, que no llegó a concretarse porque poco tiempo después la dirección del PCE decidió renunciar a la lucha guerrillera. También ofreció ayuda económica, que, esta sí, se concretó pronto en una suma de dólares bastante respetable para la época [los soviéticos entregaron a los dirigentes del PCE un cheque de 600.000 dólares].

Curiosamente, no se habló para nada sobre la situación internacional y, más curioso aún, no se tocó el tema yugoslavo, no se aludió a la reciente entrevista de Carrillo con Tito. Cuesta creerlo, pero según Carrillo así fue. No obstante, opino —es mi hipótesis actual, reflexionando sobre aquella extraña reunión— que la inopinada iniciativa de Stalin fue debida a la petición de armas que el PCE había hecho a Tito. A ello aludía, probablemente, la enigmática frase de Stalin: «Sois muy orgullosos los españoles, nunca nos pedís ayuda». Dada la pobre opinión que le merecían al astuto georgiano los «partidos hermanos» y sus dirigentes, es plausible suponer que, desde su punto de vista, la sustancial ayuda económica ofrecida representaba una gratificación para que nos portáramos bien y no tuviéramos que recurrir a ningún Tito. Precaución innecesaria, puesto que nuestra fidelidad a Moscú era a toda prueba. El tema del trabajo en las organizaciones legales franquistas fue, probablemente, el pretexto para la reunión, sugerido por alguno de los funcionarios del PCUS que seguían de cerca los problemas de España. Stalin no mostró el menor interés por estos problemas, limitándose a poner sobre la mesa su autoridad y la de Lenin en relación con el punto que le habían sugerido sus colaboradores.

La renuncia a la lucha guerrillera fue una decisión autónoma de la dirección del PCE. Carrillo planteó la cuestión en el buró político basándose en consideraciones factuales: aislamiento creciente de las guerrillas, duros golpes asestados por el dispositivo antiguerrilla de la dictadura, síntomas de descomposición interna... [...]

En realidad, se abría paso a una nueva estrategia sin tener clara conciencia de ello. De una estrategia orientada hacia la insurrección armada, fundamentada en un análisis de la situación nacional e internacional que ya no correspondía a la realidad —y que probablemente no había correspondido nunca a ella—, pasábamos a una estrategia de lenta acumulación de fuerzas: pequeñas luchas parciales, objetivos muy limitados.

(*Santiago Carrillo. Crónica de un secretario general.* FERNANDO CLAUDÍN, 1983).

El final de los focos guerrilleros fue dramático, puesto que no existían posibilidades materiales de evacuar fuera de España a todos los combatientes, sobre todo en las zonas más alejadas de la costa y de la frontera con Francia. La Guardia Civil iba recuperando el control de bosques y montañas. Objetivo principal: aislar a los núcleos guerrilleros de las personas que los ayudaban en los pueblos o en casas aisladas. Los guardias tratan con mucha brutalidad a los sospechosos de colaborar con la guerrilla, con el objetivo de sembrar el miedo. Detenciones, torturas y suicidios. Cada vez resulta más difícil encontrar comida y refugio. Después del asalto de la Guardia Civil a su campamento principal, en el Cerro Moreno, provincia de Cuenca, la Agrupación Guerrillera de Levante y Aragón todavía se mantuvo activa hasta 1950, el año de la guerra de Corea, el año en que la ONU autorizó la reanudación de las relaciones diplomáticas con la España de Franco, el año en que el dirigente socialista Indalecio Prieto, el enterrador del gobierno de la República en el exilio, reconoció que se había equivocado: «Mi fracaso es total. Soy responsable de haber inducido a nuestro partido a fiarse de las potencias democráticas, que no merecían esta confianza, como acaban de demostrar. Por mi culpa, el partido ha sido víctima de una ilusión que me ha deslumbrado».

De los doscientos combatientes que llegó a tener la Agrupación Guerrillera de Levante en su momento más álgido, en 1950 solo quedaban poco más de treinta. Dos hombres con experiencia en el maquis, Josep Gros y Adelino Pérez Salvat, fueron enviados desde Francia para evacuar al último grupo. Desde Cofrentes, perseguidos por la Guardia Civil, pudieron llegar hasta Beseit y después hasta las cercanías de Tarragona, donde dos guías los ayudaron a cruzar Catalunya hasta la frontera. Veintisiete guerrilleros de Levante llegaron vivos en Francia.

TITO SE REBELA

«Ya los tenemos a todos». El general Rankovic, ministro del Interior y jefe de la policía secreta yugoslava, informa a su superior de que los conspiradores estalinistas acaban de ser detenidos en Belgrado. Septiembre de 1948. La OZNA yugoslava acaba de detener a un puñado de agentes del MVD soviético que planeaban el asesinato del mariscal Tito. Ha caído el pez gordo de los rusos en Belgrado, el general Evgeny Júkov.

Un personaje muy singular, Júkov. Antiguo oficial de la guardia del zar Nicolás II, llegó a Belgrado poco después de la Revolución de Octubre como refugiado. Exhibía una adhesión religiosa a la dinastía Romanov y proclamaba odio eterno a los bolcheviques. La embajada zarista en Belgrado fue la única que siguió abierta en el mundo cuando el reconocimiento de la Unión de Repúblicas Socialistas Soviéticas era ya unánime. Júkov dirigía la embajada irreductible y publicaba un periódico monárquico mientras Yugoslavia era invadida por los alemanes. Entonces se convirtió en el mayor amigo de los oficiales nazis. Cuando el 20 de octubre de 1944 el Ejército Rojo entra en Belgrado, ¡oh sorpresa!, el zarista Júkov es uno de los primeros en saludar al mariscal Tolbujin, jefe de las fuerzas soviéticas en los Balcanes. Cuando aparece en público con el uniforme de general soviético, entonces se descubre todo: el apasionado militante zarista es uno de los agentes más valiosos de la policía secreta bolchevique, el eficiente NKVD (Comisariado del Pueblo para los Asuntos Internos), que ahora lleva las siglas MVD (policía secreta del Ministerio del Interior) y más adelante será conocido como KGB (Comité de Seguridad del Estado).

Cuando las cosas se tuercen entre Stalin y Tito, Júkov recibe la orden de preparar el asesinato del dirigente yugoslavo. El mensaje de Moscú es interceptado por la OZNA y los yugoslavos no interfieren, hasta que una noche pillan a todos los conspiradores. La policía secreta yugoslava, entrenada años atrás en Moscú, es tan eficiente como el NKVD. Todo el grupo ha sido infiltrado por supuestos renegados del autonomismo yugoslavo. El joven teniente partisano que tenía que disparar al mariscal Tito resulta ser un agente del Ministerio del Interior. Gran victoria de Aleksandar Rankovic, hombre de confianza de Tito durante la lucha partisana.

Desbaratado el complot, la ruptura entre Moscú y Belgrado es ya irreversible. El 28 de junio de 1948, el Partido Comunista de Yugoslavia es expulsado del Kominform, el organismo de coordinación entre Moscú y los partidos comunistas de todo el mundo, que ha sustituido al Komintern (Internacional Comunista) en el nuevo marco político derivado de las conferencias de Teherán, Yalta y Potsdam. El mundo ha quedado dividido en dos bloques y la fortificación de la URSS pasa a ser la principal prioridad. Los partisanos yugoslavos que han expulsado a los alemanes con sus propias fuerzas no quieren ser peones de esta fortificación. Quieren su propia fortaleza entre las montañas de los Cárpatos y el mar Adriático.

Después de la lucha colosal contra los alemanes, Tito no quiere ser dominado por los soviéticos. Conoce bastante bien a los rusos. Ha estudiado en Moscú y sabe cómo funciona la Lubianka, sede de la policía política. Respeta a Stalin, seguramente le teme, pero no quiere que el impetuoso georgiano de quien desconfiaba Lenin sea su amo. La discusión empieza sobre la política económica a seguir en la nueva Yugoslavia socialista después de la derrota de los nazis, de los fascistas croatas y de las milicias serbias que querían restaurar la monarquía. El nuevo grupo dirigente yugoslavo quiere impulsar una política económica flexible con la pequeña propiedad privada y abierta al comercio con el exterior. El Programa Bihatch enfurece a Moscú (Bihatch es el lugar donde empezó a ser redactado el programa económico de los comunistas yugoslavos en 1942, en plena guerra contra los alemanes). Stalin acusa a Tito de querer restaurar la antigua NEP soviética, que ya da por superada. (NEP, la Nueva Política Económica impulsada durante los años veinte por Lenin, que autorizaba el funcionamiento de empresas privadas). El principal mentor de Tito es un viejo teórico marxista llamado Moshe Piyade, de origen judío, que se niega a situar a Stalin al mismo nivel que Lenin. Discrepancias teóricas apoyadas por la autonomía militar. Cuando el Ejército Rojo entra en Belgrado en 1944, los partisanos, armados por los ingleses, ya han expulsado a la Wehrmacht de casi todo el país. Los comunistas yugoslavos controlan la situación y han desarrollado su propio aparato de seguridad, siguiendo los patrones de la policía política soviética. Las discrepancias son continuas. Los yugoslavos reclaman a Italia la ciudad de Trieste (bajo administración internacional acabada la guerra) y su aviación llega a atacar a algunos barcos norteamericanos en el Adriático. Stalin se sube por las paredes, porque ahora no quiere tensiones con Estados Unidos. Las tensiones fuertes ya llegarán más adelante, cuando la URSS haya conseguido la bomba atómica. Los yugoslavos apoyan durante un tiempo a la guerrilla comunista griega que lucha contra los ingleses inmediatamente después de la Segunda Guerra Mundial, contra la voluntad de Stalin, que no ve con mucho interés la Guerra Civil griega. De acuerdo con el tratado de Yalta, el líder soviético sabe que Inglaterra y Estados Unidos harán lo que haga falta para mantener en pie a la monarquía griega. Los yugoslavos envían tropas a Albania para protegerla de la Guerra Civil griega. A Moscú eso tampoco le gusta, porque sabe cuál es la idea que Tito tiene en mente. El cerrajero Tito, ese fue su primer oficio, quiere controlar la cerradura de los Balcanes.

Los yugoslavos empiezan a actuar como un poder regional autónomo en el sur de Europa. Esto es lo que más irrita a Stalin. Efectivamente, Tito propone crear una gran confederación balcánica socialista que, además de las nacionalidades y las regiones autónomas yugoslavas, incluiría a Albania, la Macedonia griega y Bulgaria. El dirigente comunista búlgaro Gueorgui Dimitrov, legendario secretario general de la Internacional Comunista en los años treinta, se deja tentar. Una Gran Eslavia del Sur podría convertirse en un pivote estratégico de primer orden en el Mediterráneo oriental, con el control de la costa adriática y acceso directo al mar Negro. Un contrapoder geopolítico dentro de la nueva área de influencia socialista. Recordemos el principio geopolítico de Mackinder: «Quién controle la Europa del Este puede llegar a controlar Eurasia, y después puede llegar a controlar el mundo». Una gran confederación socialista balcánica con capital en Belgrado puede romper el dominio estratégico soviético en la Europa del Este. Una gran confederación balcánica socialista y autónoma desafía a Moscú y también a Londres, que ha enviado a sus soldados a las montañas griegas para impedir que Atenas caiga en manos de los comunistas.

La Gran Eslavia del Sur es del todo inaceptable para los soviéticos, que consideran primordiales los intereses estratégicos de la URSS. Todo lo que pueda debilitar a la Unión Soviética es contrario a la causa del proletariado mundial. Esta es su doctrina. Cuando Tito se niega a coordinar su política de defensa con Moscú, la ruptura está servida. Stalin pierde contacto con el Adriático. Solo le queda la fidelidad absoluta de la pequeña Albania de Enver Hoxha.

En 1948, la OZNA empieza a perseguir a estalinistas yugoslavos con la misma eficacia con la que la policía política soviética depura disidentes y traidores de todo tipo. Aleksandar Rankovic desafía a Lavrenti Béria, jefe de la seguridad interna soviética. Simpatizar con Stalin en Yugoslavia puede llevar a la cárcel o a un campo de internamiento en la isla de Goli Otok, en el Adriático. El cineasta Emir Kusturica rodará una película muchos años más tarde: *Papá está en viaje de negocios*, la historia de un comunista yugoslavo fiel a Moscú. Simpatizar con Stalin en Belgrado, Zagreb, Sarajevo o Liubliana se convierte en un tormento. Simpatizar con Tito lleva automáticamente a la expulsión en el movimiento comunista internacional. Empieza una nueva paranoia. Después de los traidores trotskistas, ahora llega la hora de los traidores titistas, acusados de deslealtad y de nacionalismo pequeñoburgués. Empieza una depuración de titistas en todo el mundo, que servirá para purgar a algunos dirigentes comunistas del Este de Europa demasiado «autónomos»: Gomulka en Polonia, Rajk en Hungría, Clementis en Checoslovaquia...

Tito. Nadie sabe muy bien por qué el cerrajero croata Josip Broz eligió este sobrenombre. La versión popular dice que se lo pusieron irónicamente sus compañeros al ver que le gustaba mandar. En serbocroata, la expresión coloquial «¡Ti-to!» significa: «Tú haz esto, tú haz aquello». La versión culta dice que el líder comunista yugoslavo tomó el nombre de un poeta satírico croata del siglo XVIII llamado Tito Brezovački. Quedémonos con la primera versión. A un hombre que le gusta mucho mandar, nunca le gustará ser mandado. Pasados los años, Tito dijo esto del hombre que en 1948 mandó matarlo: «A Stalin le faltaba coraje para confiar en la gente».

Un día llegará un titista a la prisión de Burgos.

OPERACIÓN BOLERO-PAPRIKA

El tornero de Badalona y el roble de Euskadi viven el inicio de la Guerra Fría sin saber que empieza un tiempo denominado Guerra Fría, del mismo modo que Fabrizio del Dongo participó en la batalla de Waterloo sin saber que estaba en la batalla de Waterloo, tal como nos cuenta Stendhal en *La cartuja de Parma*. En 1947, MMM intenta reconstruir las redes de afiliación a la UGT en la ciudad de Valencia, mientras envía mensajes a los guerrilleros de la montaña aconsejándoles que no roben a los campesinos y que hagan propaganda del gobierno de la República en el exilio. Desde la ciudad de Bayona, Orma envía militantes comunistas al País Vasco con la esperanza de formar un núcleo guerrillero que no acaba de cuajar. No cuaja porque el País Vasco es pequeño y todo el mundo vive, más o menos, cerca de la frontera. Los *gudaris* nacionalistas y los combatientes de los partidos y sindicatos republicanos que no han sido detenidos por los franquistas han huido a Francia. En Euskadi hay poca gente que haya quedado atrapada por la geografía, como en otros lugares de España.

La geografía siempre manda. En la España interior es más difícil huir. En las cordilleras valencianas hay muchos fugitivos que no han podido embarcarse en Alicante en el momento final de la República, hay soldados del Ejército del Centro, entrenados en el combate de guerrillas por asesores soviéticos antes de la derrota, hay personas perseguidas que prefieren ir con la guerrilla que vivir escondidas en su casa con el temor de que un día se presente la Guardia Civil. La guerrilla es una opción estratégica, una aventura, una desesperación y también un refugio para los que no pueden huir. En Euskadi es más fácil huir: por mar o por la *muga*, que tan bien conoce Ormazábal. No se llega a crear la Agrupación Guerrillera del País Vasco. El Partido Nacionalista Vasco no aprueba esta estrategia y lo que decide el Euzkadi Buru Batzar siempre es determinante en tierras vascas. Desde 1946, el PNV dispone en San Juan de Luz de una potente emisora de radio en onda corta que se oye muy bien en el País Vasco, tan bien que incluso emiten señales de interferencia de la Radio Nacional española. Radio Euskadi no llama a los vascos a formar guerrillas. El PNV tiene buena comunicación con el gobierno de Londres y con el Departamento de Estado norteamericano. Cada vez hace más frío, desde el Atlántico a los Urales.

Empieza la Guerra Fría. ¿Qué día?

Desde el punto de vista soviético, la Guerra Fría empieza en 1945, cuando constatan que la cooperación entre los aliados no continuará una vez acabe la guerra. Cuando Alemania todavía no ha sido derrotada, la Unión Soviética reconoce como legítimo gobierno de Polonia al comité de liberación nacional formado en la ciudad de Lublin, contra el parecer de los norteamericanos. Roosevelt y Stalin intercambian cartas de tono muy áspero. El presidente Roosevelt le pide que no reconozca al comité de Lublin, donde tienen un gran peso los comunistas polacos, antes de que se celebre la conferencia de Yalta, que ya ha sido convocada. Estados Unidos solo reconoce como legítimo gobierno de Polonia al gabinete en el exilio con domicilio en Londres. Están en juego las futuras fronteras del país católico que hace de colchón entre la Alemania luterana y la Gran

Rusia ortodoxa. Stalin responde que Polonia no es un asunto norteamericano. 5 de agosto de 1945. Para los servicios de inteligencia norteamericanos esta es la fecha exacta del inicio de la larga partida de ajedrez que el mundo conocerá como Guerra Fría. En la conferencia de Yalta se hacen los movimientos de apertura. La Pax Americana se confronta con la Pax Rusa con muchos movimientos en zigzag. En Yalta, Stalin se compromete a participar en la guerra del Pacífico contra Japón y a repensar la enrevesada situación polaca fomentando un precario entendimiento entre el comité de liberación nacional y el gobierno en el exilio en Londres.

En el campo anglosajón hay división de opiniones. Churchill ve claro que el nuevo enemigo a batir es la Unión Soviética. Por indicación del primer ministro, el Estado Mayor británico estudia un plan secreto de ataque sorpresa a las tropas soviéticas desplegadas en Europa para forzar un nuevo reparto de las zonas de influencia. El Ministerio de Asuntos Exteriores británico no está de acuerdo, y advierte a Churchill de que si el plan secreto llega a oídos de los soviéticos, la fantasía de una tercera guerra mundial puede convertirse en realidad. El general George Patton, jefe del Tercer Ejército norteamericano en Francia, quiere adelantar líneas antes de que los soviéticos lleguen a Berlín y a Praga, pero el alto mando le tiene que recordar que en Yalta se ha decidido que la URSS conquistará el centro de Europa. Patton, héroe de la campaña en el norte de África y artífice de la decisiva victoria aliada en la batalla de las Ardenas, considera que los soviéticos son ahora el principal enemigo, y no se lo calla. Patton cree que Roosevelt es un traidor por su política de conciliación con Stalin. En Washington hay quién piensa que Patton está algo mal de la cabeza, y lo nombran gobernador de Baviera para alejarlo del mando militar. La posición norteamericana se irá endureciendo después de la muerte del presidente Roosevelt. En 1946, el presidente Truman sustituye al secretario de Estado Byrne por el general George Marshall.

Stalin, en sentido contrario, cree que los norteamericanos le han ocultado la existencia de la bomba atómica para no usarla contra Alemania, con el consiguiente desgaste humano y material de las tropas soviéticas, carne de cañón de la ofensiva final contra los hitlerianos. Las pérdidas humanas de la Unión Soviética en la Segunda Guerra Mundial triplican las de sus aliados occidentales. Los soviéticos reciben como un duro golpe la repentina cancelación en 1945 de la ley norteamericana de Préstamos y Arrendamientos que regula el suministro de alimentos, petróleo y material militar a la Unión Soviética y a los demás aliados para poder ganar la guerra. 14.795 aviones. 7.537 carros de combate. 8.218 cañones antiaéreos. 131.633 ametralladoras. 345.735 toneladas de explosivos. 51.300 jeeps. 35.170 motos. 375.888 camiones. 3,7 millones de neumáticos. 1.981 locomotoras. Un millón de kilómetros de cable telefónico. Alimentos por valor de 1.312 millones de dólares. 2,6 millones de toneladas de petróleo. 15 millones de pares de botas militares para los soldados soviéticos. En total, una ayuda valorada en 11.260 millones de dólares. Sin estas transferencias de material norteamericano, la URSS difícilmente hubiera podido derrotar a la fenomenal máquina militar alemana. Pero la Unión Soviética ha invertido la vida de millones de hombres y mujeres en ello. Casi la mitad de los 55 millones de personas, militares y civiles, que perdieron la vida durante la Segunda Guerra Mundial eran soviéticos. Más de ocho millones de soldados caídos en el frente. Más de doce millones de civiles muertos por el enemigo, el frío y el hambre. La mayor tragedia de la historia de la humanidad. No cuesta nada entender el motivo por el que, en 1945, millones de trabajadores europeos consideraban que el país que más había hecho para derrotar al nazifascismo era la Unión Soviética. Hollywood tardó más de veinte años en modificar esta percepción. La URSS, que tuvo a Einsestein, no pudo crear un Hollywood, ni se lo planteó. Un gran proyecto de hegemonía cultural necesita el sueño de la libertad. La vida no es un plan quinquenal.

Entre 1945 y 1949, año en el que la URSS consigue la bomba atómica, en Europa la política oscila entre los ecos de la alianza antifascista y la glaciación. En estos años pasan cosas irrepetibles, como el acuerdo entre democristianos y comunistas para la Constitución italiana de 1947, una de las más adelantadas de Europa en cuanto al equilibrio entre poderes. Ejecutivo bajo control constante de las dos cámaras parlamentarias, primer ministro sin capacidad para disolver las cámaras parlamentarias, presidencia de la República arbitral con capacidad para disolver las cámaras, bicameralismo perfecto, poder judicial muy autónomo, derecho al referéndum abrogativo de las leyes aprobadas por el Parlamento, previsión de autonomía para las regiones... Los demócratas italianos se ponen de acuerdo en que Italia nunca más tiene que ser dominada por un «hombre fuerte». El artículo primero de la Constitución dice: «Italia es una república democrática fundada sobre el trabajo». Año 1947. Dos años más tarde ya no hubiera habido acuerdo para aprobar esta Constitución. Las tensiones son cada vez mayores. La noche de Navidad de 1946, meses antes de la aprobación de la Constitución, el papa Pío XII lanza un grito de advertencia en la basílica de San Pedro: «¡O con Cristo o contra Cristo!». En septiembre de 1947, el Papa ya convoca a los católicos a pasar a la acción: «El tiempo de la reflexión y de los proyectos ya ha pasado; es la hora de la acción. ¿Estáis preparados? Los frentes contrarios en el campo religioso y moral se están dibujando cada vez con más claridad: es la hora de la prueba. La dura carrera de la que nos habla San Pablo».

La prueba llega con las elecciones legislativas de 1948 que enfrentan a la Democracia Cristiana y el Frente Democrático Popular, coalición de comunistas y socialistas. Alcide de Gasperi contra Palmiro Togliatti, el comisario de la Internacional Comunista más influyente en la guerra de España. Una campaña electoral colosal que muchos italianos viven como el fin del mundo. La CIA subvenciona la campaña de los democristianos con un millón de dólares y moviliza a miles de familias de origen italiano residentes en Estados Unidos para que escriban cartas a sus parientes advirtiéndoles del peligro del comunismo. Se envían millones de cartas. La foto de De Gasperi sale en la portada de la revista *Time*. El Frente Democrático Popular usa la imagen de Giuseppe Garibaldi en sus estandartes electorales. Garibaldi, el héroe nacional-popular de la unificación italiana. Los adversarios propagan la consigna de poner aquella imagen de Garibaldi boca abajo: las barbas del héroe parecen los bigotes de Stalin. La Unión Soviética también ayuda económicamente a la campaña del frente de izquierdas. 18 de abril de 1948: gana la Democracia Cristiana con el 48 % de los votos, diecisiete puntos por encima del Frente Democrático Popular, que se acerca al 31 %. La votación es masiva: el 92 % de los electores censados. San Pedro y Estados Unidos ganan las elecciones con contundencia. El Partido Comunista Italiano se convierte en la principal fuerza de oposición y el Partido Socialista pasa a una posición subordinada desde la que nunca más volverá a levantar cabeza. La Democracia Cristiana se asegura el control de las dos cámaras parlamentarias. Las elecciones italianas de 1948 tendrán un gran impacto en toda la Europa occidental. En la España de Franco no se vota. En Portugal, Oliveira Salazar permite unas elecciones fantasmagóricas bajo un estricto control. En España y Portugal las cosas ya están bien como están, opinan en Washington y Londres. La premonición de Potsdam era correcta.

El 12 de diciembre de 1946, la Asamblea General de las Naciones Unidas ha rechazado el régimen de Franco con palabras durísimas. «El gobierno fascista de Franco en España fue impuesto al pueblo español con la fuerza y con la ayuda de las potencias del Eje, a las cuales dio ayuda material durante la guerra, no respeta al pueblo español y por su continuo dominio de España está haciendo imposible la participación del pueblo español en los asuntos internacionales junto a todos los demás pueblos de las Naciones Unidas», dice el encabezamiento de la resolución 39 (I) de la Asamblea General. El texto aprobado pide a las naciones democráticas que excluyan el régimen de Franco de todos los organismos internacionales y rompan relaciones diplomáticas con Madrid. Es una resolución muy dura, pero no da un apoyo explícito al gobierno republicano en el exilio radicado en París. Sobre el futuro, dice lo siguiente: «La Asamblea General recomienda que si dentro de un tiempo razonable no se ha establecido en España un Gobierno que reciba su autoridad del consentimiento de los gobernados, y se consiga el respeto a la libertad de palabra, religión y asamblea y la pronta celebración de elecciones, en las que el pueblo español, libre de fuerza e intimidación y sin consideraciones de partido, pueda expresar su voluntad, el Consejo de Seguridad considerará las medidas adecuadas que deban ser tomadas a fin de remediar esta situación».

Ninguna referencia al gobierno en el exilio. Franco convoca una manifestación de adhesión al régimen en la plaza de Oriente de Madrid. La Falange pone en marcha una campaña de locura nacionalista reclamando la devolución de Gibraltar. El Ejército se enroca. Los generales monárquicos callan. Franco programa una serie de viajes por España para dejar muy claro que domina la situación interior. Una de las ciudades que quiere visitar es Valencia del Cid. Se incrementa la lucha contra las guerrillas. La última semana de enero de 1947 es detenido en Valencia el Comité de Levante del Partido Comunista de España. Mientras torturan a MMM y a sus compañeros, en París cae el gobierno Giral. Franco visita Valencia del Cid el 13 de mayo de 1947 con motivo de la festividad de la Virgen de los Desamparados. Después de una triunfal procesión por las calles de la ciudad, impone el fajín de capitana general a la Geperudeta. La ONU ya puede decir misa.

En pocas palabras, las Naciones Unidas apuestan por una imposible vía gradualista que solo hubiera sido posible con una retirada voluntaria de Franco del poder y un acuerdo entre generales del Ejército ganador de la Guerra Civil para formar un gobierno de transición que convocara elecciones libres. Este era el sueño de Indalecio Prieto. Un sueño que no se cumplirá nunca. La resolución 39 (I) empezará a aplicarse, treinta años más tarde, cuando la dictadura se ha convertido ya en un armatoste completamente inservible para las clases dirigentes españolas. La resolución de la ONU la aplicará el heredero de Franco. Don Juan Carlos de Borbón, proclamado rey de España después de la muerte del dictador —y por designación del dictador—, nombra presidente del gobierno al falangista descreído Adolfo Suárez, con el encargo de convocar elecciones democráticas lo antes posible, sin consulta sobre la forma de Estado. 1946-1976. Treinta años. En estos treinta años, el Consejo de Seguridad de las Naciones Unidas no tomará una sola resolución coactiva contra el régimen de Franco. Es la Guerra Fría. En 1955, cuando la glaciación ya es total, la dictadura obtiene el ingreso de España en la ONU.

La resolución de la ONU deja noqueado al doctor Giral, químico y farmacéutico valenciano y hombre de confianza de Manuel Azaña, que todavía creía posible reimplantar la República en España. Prieto reúne a las ejecutivas del PSOE y la UGT y hace jaque: los ministros socialistas se retiran del gabinete. Cae Giral y se forma un nuevo gobierno republicano en el exilio presidido por el socialista Rodolfo Llopis, pedagogo valenciano, masón apasionado, adversario declarado de Juan Negrín y anticomunista sin manías. Un valenciano sustituye a otro valenciano en el número 45 de la avenida Foch de París. Prieto mueve los hilos, pero Llopis, antiguo director general de Instrucción Primaria, un hombre que trabajó a fondo por la extensión de la escolarización pública en España, elegido secretario general del PSOE dos años antes, quiere tener su propia línea mientras reorganiza logias masónicas en París y Toulouse. A pesar de su anticomunismo y contra el criterio de Prieto, Llopis no expulsa al PCE del gobierno republicano en el exilio. Mantiene la unidad y hace otra cosa: intenta entrar en contacto con Juan de Borbón, sin éxito. Prieto también lo intenta. Se reúne con José María Gil Robles, antiguo líder de la CEDA, también exiliado, que ahora forma parte del sector «no colaboracionista» del grupo de consejeros del heredero de Alfonso XIII. Prieto y Gil Robles negocian un acuerdo, el pacto de San Juan de Luz, pero don Juan los deja plantados cuando recibe la invitación de Franco para entrevistarse a bordo del yate *Azor*. Gana el colaboracionismo monárquico. En alta mar, en el golfo de Vizcaya, don Juan confía la educación de su hijo Juan Carlos a Franco, que ya ha aprobado la Ley de Sucesión. El gobierno Llopis dura pocos meses y el PSOE abandona el gobierno republicano. El PCE también lo abandona en 1948, cuando constata que aquella estructura ya no sirve para nada y que las guerrillas, como les ha aconsejado Stalin, tienen que ser desmovilizadas. Prieto, hundido, se retira de la política y deja al PSOE en manos de Llopis, que lo colocará en el interior de una nevera esperando tiempos mejores. La nevera de la Guerra Fría.

Glaciación. Plan Marshall, que la Unión Soviética se niega a aceptar para mantener su independencia económica, forzando a sus aliados de la Europa oriental a hacer lo mismo (1948). Bomba atómica soviética (25 de agosto de 1949). Victoria definitiva de los comunistas chinos sobre el Kuomintang y proclamación de la República Popular China en Pekín (1 de octubre de 1949). Firma del Tratado del Atlántico Norte en Washington (24 de octubre de 1949). Inicio de la guerra de Corea (25 de junio de 1950).

Día 7 de septiembre de 1950. El gobierno francés, presidido por René Pleven, antiguo ayudante del general De Gaulle en el Comité Nacional Francés de Londres, pone en marcha la operación Bolero-Paprika. En menos de veinticuatro horas, la policía francesa detiene a más de doscientos comunistas españoles bajo la acusación de colaborar en los planes de una supuesta invasión soviética de Francia. La mayoría de los detenidos son deportados inmediatamente a Córcega, Argelia, Hungría, Polonia, Checoslovaquia y la República Democrática Alemana. El gobierno Pleven declara ilegales las organizaciones del PCE y el PSUC en Francia. El detonante de la operación es un depósito de armas descubierto por la gendarmería en el pueblo de Barbasan, en el Alto Garona, muy cerca de la frontera con España.

Operación Bolero-Paprika. «Bolero», por los españoles. «Paprika», pimienta roja húngara, por los comunistas del este de Europa. Las autoridades francesas consideran que los comunistas españoles forman un contingente armado peligroso en caso de agresión militar de la URSS. El gobierno Pleven está formado por aliados de la llamada «tercera fuerza»: democristianos del MRP, independientes moderados, Partido Radical, socialistas de la SFIO y socialistas liberales de la USDR (formación en la que en aquellos años militaba François Mitterrand). La «tercera fuerza» se interponía entre los gaullistas y los comunistas, que habían sido expulsados del gobierno de la IV República unos años atrás.

El Partido Comunista Francés, marginado, pero legal y fuerte gracias a la altísima afiliación sindical a la CGT, ofrece protección a los comunistas españoles, con algunas reservas, para salvaguardar su seguridad. El PCF, partido en el que milita el pintor Pablo Picasso, recomienda que ningún extranjero sea elegido para ocupar cargos de una cierta responsabilidad en sus estructuras.

MMM estrena la Guerra Fría fregando el suelo de la gélida prisión central de Burgos. En la caverna de Platón hace frío. Orma empieza el nuevo periodo rigurosamente apartado del partido comunista por razones de seguridad, aislado con su familia en un piso de la periferia de París, intentando ganarse la vida como aparejador. En la periferia de París los días sin causa son tristes.

6.587 BALDOSAS

En la prisión de Burgos se fregaba de rodillas. Los presos estaban obligados a frotar a mano el pavimento con tiras de neumáticos viejos atadas en las rodillas. Arrodillados, hasta que el pavimento relucía. En los tiempos más duros, si alguien se distraía o no iba lo bastante deprisa, le podía caer un cubo de agua encima. Los veteranos explicaban a los recién llegados una historia muy dura sobre el arte de fregar de rodillas: una tarde de invierno, en las cocinas, los vigilantes se desahogaron lanzando cubos de agua a los presos de la brigada de limpieza, que acabaron arrodillados en un charco de agua helada. «En Burgos solo hay dos estaciones: el invierno y la estación del tren», dicen todavía hoy los viejos castellanos.

La prisión central de Burgos inició su construcción durante la dictadura del general Primo de Rivera y fue inaugurada en 1933 por Victoria Kent, directora general de Prisiones de la República, una de las grandes propulsoras del feminismo en España. El 18 de julio de 1936, la ciudad de Burgos se convirtió de manera casi inmediata en la capital de la España llamada nacional, y en las celdas inauguradas por la señora Kent, Franco hizo encerrar al general Domingo Batet Mestres, jefe de la VI División Orgánica de la República (la región militar de Burgos), uno de los militares de alta graduación que permaneció fiel al orden constitucional, a pesar de saber que aquella decisión le costaría la vida. Franco odiaba a Batet por no haber aniquilado el Palau de la Generalitat la noche del 6 al 7 de octubre de 1934, después del pronunciamiento de Lluís Companys. Entonces capitán general de Catalunya, el general Batet, hijo de Tarragona, colocó unas piezas de artillería en la plaza Sant Jaume, y unos cuantos cañonazos que agujerearon la fachada del palacio, sin provocar ninguna víctima, le bastaron para obtener la rendición del gobierno de Catalunya. Batet reprimió el pronunciamiento de Companys, medio independentista, medio federalista («el Estado catalán dentro de la República Federal Española»), sin provocar un gran baño de sangre. En Asturias las cosas ocurrieron de otro modo. Los mineros no se quisieron rendir y el general Franco los reprimió con la misma furia con la que la Legión combatía a los rifeños en el norte de África. Batet estuvo encerrado en la prisión de Burgos durante siete meses. El general Queipo de Llano pidió a Franco que le perdonara la vida, pero no hubo piedad. Meses atrás, Queipo había fusilado en Sevilla al general Miguel Campins, antiguo director de la Academia Militar de Zaragoza, que también se había mantenido leal a la República, a quien Franco quería salvar la vida en nombre de una vieja amistad. El hombre que sofocó el Seis de Octubre fue ejecutado el 18 de febrero de 1937.

> Antes de llegar a Burgos, los que conocían la situación del penal nos lo señalaron. El edificio que veíamos iluminado daba la sensación de ser grande. Lo inauguró Victoria Kent, directora general de Prisiones de la República. Se levantó a cinco kilómetros de la capital en una zona pantanosa. Muy pronto comprobaríamos lo que significaba este error. La humedad era espantosa. El suelo y las paredes de las brigadas chorreaban agua por todas partes. Quien pudo, sacó las puertas de los váteres para poner el jergón encima y pudo dormir sin quedar empapado. Pero solo había cinco puertas en cada brigada. El recurso de las puertas obligó a hacer

> nuestras necesidades ante los demás, a lo cual muy pronto nos acostumbramos. [...] Para compensar la saturación de humedad, las fuentes de los primeros pisos de las brigadas solo daban un chorrito de agua. Quizá cuando se construyó el penal, con poca población reclusa, aquello podía parecer un palacio, pero con más de dos mil presos en su interior, y los que irían llegando, la humedad y la dureza del clima la hacían inhabitable.

Esta es la descripción de la prisión de Burgos que dejó escrita en sus memorias el militante vasco Cecilio Arregui, colaborador de Jesús Monzón, el hombre que ideó la invasión del Valle de Arán.

Inicialmente la prisión de Burgos tenía que alojar entre cuatrocientos y quinientos presos. Al acabar la guerra llegaron a meter a cuatro mil. Militantes y simpatizantes republicanos de Burgos y de los más diversos lugares de Castilla, detenidos en las primeras razias posteriores al golpe de estado, mineros asturianos, socialistas, comunistas, anarquistas, maestros de Izquierda Republicana... Los presos estaban divididos en tres categorías: comunes, republicanos detenidos en territorio «nacional» inmediatamente después del 18 de julio de 1936, y prisioneros de guerra, trasladados a Burgos desde otros lugares de la península.

> La prisión de Burgos era un gran conjunto arquitectónico de aspecto inofensivamente urbano. Fue construida en las afueras de la ciudad. Detrás de los edificios administrativos y los pabellones para funcionarios que dan a la fachada, hay un gran patio encuadrado por unas galerías que presentan una pseudofachada: una cárcel dentro de la cárcel, con los tres brazos de prisión modelo, tres brigadas [galerías], de dos pisos cada una, donde están las celdas ordinarias, unas ciento cincuenta en total, más la reserva disciplinaria para los presos rebeldes.

Esta es la descripción de la prisión de Burgos que hizo el catedrático de Literatura Comparada de la Universidad de Barcelona Ernesto Carratalá en su libro de memorias de joven soldado republicano capturado por los franquistas. El patio era la plaza mayor de la prisión. La plaza obsesiva. En el patio, los presos formaban: formaban mañana, tarde y noche. En el patio se paseaba. En el patio se pasaba frío durante horas y horas. En el patio se leían las cartas de la familia. En el patio se aprendió a tener discusiones políticas. En el patio, paseando en pareja, la organización comunista de la prisión interrogaba a los presos recién llegados para conocer todos los detalles de su detención. En el patio se depuraba. En el patio un gran reloj marcaba las horas. El poeta Marcos Ana contó, una por una, las baldosas del patio de la prisión de Burgos: 6.587.

El lugar más siniestro era un pequeño patio interior, conocido como «el patio de las cuatro acacias», en el cual centenares de presos murieron fusilados durante la Guerra Civil y los años inmediatamente posteriores. A medida que se iban dictando sentencias, los liquidaban. En Burgos se fusiló con ametralladora para ir más rápido. Abrieron una aspillera en el muro de una de las celdas y desde allí se ametrallaba a los condenados a muerte, situados en la pared del pequeño patio interior. Años más tarde, unos ladrillos más oscuros recordaban a los presos donde había estado la aspillera de la máquina de matar. Años más tarde, en aquellos ladrillos más oscuros, un funcionario cruel pintó el símbolo de la muerte representado por una calavera.

Un infierno helado. Un refugio, también. Algunos empleados de la prisión habían conseguido huir de la zona republicana por miedo a represalias, o movidos por la decisión de no hacer la guerra como soldados de la República. Este era el caso del pastelero catalán Francesc Puigdemont, que trabajó de proveedor de la prisión de Burgos, entre 1938 y 1940, después de huir de Amer cuando estaba a punto de ser alistado por el Ejército republicano. Hijo de una familia de tradición carlista, profundamente católico, el pastelero Puigdemont había visto con horror cómo los milicianos quemaban la iglesia mayor de Santa Maria de Amer, transformada después en garaje de camiones. En su casa habían tenido ocultos a dos curas y a un militar de Madrid que veraneaba en la Costa Brava al estallar la guerra. El caso Puigdemont no es una historia insólita en la Catalunya republicana. Otros jóvenes catalanes siguieron su mismo camino. No quería ir a la guerra. En lugar de esconderse, contactó con un grupo de Olot que pasaba gente por las montañas. Un grupo comandado por una mujer, Blanca de Carbonell. Francesc Puigdemont dejó a su esposa unas cartas escritas como si estuviera en el frente del Ebro y subió a las montañas. Pasada la frontera, los gendarmes franceses lo interceptaron y le dieron a escoger: podía volver por donde había venido, o ir a la zona «nacional» por el paso fronterizo de Irún, que ya había sido ocupado por el Ejército de Franco. El pastelero de Amer eligió Irún, para ir después hacia Pamplona, donde tenía algún conocido. Desde Pamplona, bajando por Castilla y Extremadura, consiguió llegar a Ubrique, en la cordillera de Cádiz, donde decía misa su cuñado, el cura Joan Oliveras Galcerán, que también había conseguido huir al otro bando. Vivió unos cuantos meses como refugiado en el pueblecito de Benaocaz, junto a Ubrique, hasta que su cuñado cura, moviendo hilos, le encontró trabajo en Burgos como abastecedor de la prisión. Acarreando cestas de comida se ahorró la batalla del Ebro. Su trabajo consistía en ir a comprar los víveres para el director, los funcionarios y los guardias, y los ingredientes para el rancho de los presos. Una vez hecha la comida, ayudaba a repartirla. Patatas, algunas verduras y pan. «Comíamos un par de cucharones de rancho diario con un trozo de pan», cuenta Carratalá en su libro de recuerdos de joven soldado republicano prisionero en Burgos.

Se pasaba hambre en las prisiones durante la Guerra Civil. En las prisiones de Franco y en las de la República. Se pasaba hambre en todo el país. En la posguerra, cuando las prisiones estaban a rebosar, en los patios carcelarios se llegaron a subastar pedazos de pan. Los mendrugos que habían estado en contacto con una tortilla o con un arenque eran los más cotizados. La cuestión de la alimentación fue una de las primeras preocupaciones de la organización comunista en la prisión de Burgos. Lo primero que hicieron fue cargarse el mercado negro de alimentos ofreciéndolos a precio más bajo en las subastas que los presos comunes organizaban en el patio. Reventados los precios, comenzaron a organizar una red de solidaridad basada en el reparto comunal de los alimentos que conseguían hacerles llegar las familias.

El pastelero de Amer volvió a casa en 1940 con un uniforme de falangista en la maleta, cuentan en el pueblo, mientras el hijo del pastelero de Vélez-Rubio marchaba de París hacia Orleans para combatir contra los nazis con las Fuerzas Francesas del Interior. MMM tuvo a su cargo la coordinación de siete departamentos y asistió a la liberación de París, junto a otros republicanos españoles. Francesc Puigdemont i Padrosa volvió a Catalunya a cuidar a su familia y sacar adelante la pastelería. Los «caprichos de Amer» son hoy el producto más preciado del establecimiento fundado en 1927 por el abuelo de Carles Puigdemont i Casamajó. Mucho tiempo atrás. La era de la propaganda política digitalizada nos presenta cada día un mundo de buenos y malos perfectamente delimitado. Catalunya es hoy una sociedad impregnada por los relatos morales. La narración pausada del pasado analógico nos muestra, sin embargo, toda la gama de los grises, tanto en Amer, como en Badalona, como en Vélez-Rubio. El Cura Pitillo y el cura de Ubrique. Un hombre que no quiere ir a la guerra y un hombre que no se quiere rendir. Fue un hecho bárbaro la Guerra Civil. Su complejidad quizá no la hemos digerido del todo todavía. La hemos estudiado, la hemos discutido, la hemos interpretado mil y una veces, nos la hemos arrojado a la cabeza, pero quizás todavía no la hemos digerido del todo.

En la prisión de Burgos se fregaba de rodillas hasta que llegó un contingente de presos comunistas de Alcalá de Henares.

En la primera mitad de los años cuarenta, pasada la primera tanda de consejos de guerra sumarios y de las ejecuciones con ametralladora, el régimen quiso concentrar en Burgos a los condenados a muerte a quienes se les había conmutado la pena y a los detenidos por intentar reorganizar partidos y sindicatos. Los presos de la guerra eran enviados a otros centros penitenciarios, y Burgos pasaba a concentrar a los condenados de la resistencia que no eran ejecutados. El núcleo más combativo de los presos políticos del franquismo queda concentrado en la capital moral de la España franquista. Cuando llega a Burgos la primera expedición de Alcalá de Henares, los recién llegados se niegan a fregar de rodillas. Año 1942.

> —Quién se niega a fregar de rodillas? —preguntó el funcionario Matías, encargado de la brigada de limpieza.
>
> —Todos —respondieron los presos.
>
> —Miren, ustedes han llegado al penal de Burgos, a Burgos, repito, y aquí se friega de rodillas —respondió el funcionario.
>
> —Se equivoca, don Matías, no nos pondremos las rodilleras y no fregaremos de rodillas. Podemos hacer unas crucetas de madera para que corra la bayeta —respondió un preso.

Este episodio acabó con unos cuantos hombres en las celdas de aislamiento. Sin embargo, pasados unos días el director se lo repensó. Eran doscientos y parecían organizados. En el año 1942 se dejó de fregar de rodillas en la prisión de Burgos. Empezaba una larga lucha para mejorar las condiciones de vida en aquel glaciar.

Primera misión: sobrevivir. Las comunas de presos fueron determinantes para salvar la vida de mucha gente que habría podido morir o enfermar como consecuencia de una alimentación deficiente. La comuna alimentaba y protegía. *Común* y *comunista* son palabras de la misma familia, pero en las comunas participaban prisioneros de otras filiaciones políticas. Cada brigada, es decir, cada galería, tenía varias comunas, formadas por siete u ocho presos con diferentes niveles de abastecimiento exterior. Los que podían recibir ayuda de sus familias se reunían con presos que no recibían nada o muy poco. Muchas veces la comuna reunía a gente de la misma ciudad o región. Las eternas identidades hispánicas, que sobrevivirán hasta el final de los tiempos. La comida y el dinero que recibían de sus familias se ponían en común y se redistribuían de manera igualitaria. Quien recibía treinta kilos de comida en el mes, porque su familia lo podía pagar —harina, patatas y legumbres, principalmente—, tenía a su disposición tres kilos. Quien no recibía nada, porque estaba solo o su familia había quedado en la más absoluta miseria, también recibía tres kilos de comida. El dinero se depositaba en una caja común y todos recibían una paga mensual que solía ser de 25 pesetas. Había quien ahorraba. Los fumadores se lo gastaban en tabaco del economato. Los gourmets compraban una lata de sardinas o de atún. Las latas grandes de bonito servían para cocinar en las brigadas, como si fueran pequeños fogones de carbón. No estaba permitido, pero fue tolerado. La prisión es una pelea constante entre carceleros y detenidos. Puesto que la cena de la prisión era infame, después había una colación en las brigadas. Los días festivos se cocinaban platos especiales o se encargaban en el economato. MMM, hijo del pastelero de Vélez-Rubio, inventó en Burgos la *coca de patata*, una coca muy dulce hecha con una masa de patata. En algunas casas de Badalona, todavía hoy, de vez en cuando se cocina la *coca Moreno*, que él enseñó a hacer a sus amigos. Sobrevivir, sobrevivir, sobrevivir.

Los médicos presos —siempre hubo médicos presos en Burgos— calculaban las calorías mínimas que se necesitaban, y cada anochecer había una comida suplementaria. Los enfermos recibían una alimentación reforzada y adaptada a su enfermedad si se conocían las causas. Lo más difícil era hacer llegar una alimentación suplementaria a los presos en celdas de aislamiento. Por eso se intentaba contar con la complicidad de los comunes que repartían el rancho a los castigados. A cambio de comida, los repartidores pasaban a escondidas algún bocadillo o dejaban caer una tortilla en el caldero del rancho, que después acababa en el plato de algunos de los presos en aislamiento. Comunismo de guerra.

El responsable de administrar el fondo comunal recibía un nombre muy significativo en un mundo formado exclusivamente por hombres: *madre*. Si lo hubieran sabido los obispos, les hubiera reconfortado la vigencia histórica de la sagrada familia en una prisión llena de ateos. Los hombres *madre* eran los más respetados. En los libros de memorias de los prisioneros políticos siempre encontraremos un recuerdo muy vivo de las comunas. La comuna garantizaba la supervivencia. La comuna guardaba la ropa que enviaban las familias y la distribuía. Cuando llegaba el día de la libertad provisional, siempre había un traje y una camisa a punto para poder salir dignamente a la calle. La comuna cuidaba en caso de enfermedad. La comuna ayudaba a no enloquecer, a pesar de que no fueron pocos los presos que algún día cayeron en el agujero negro de la depresión o la psicosis.

La disciplina de partido provocó trastornos mentales. El partido protegía y también exigía. El partido interrogaba a todos los presos que llegaban a Burgos, con el fin de conocer con pelos y señales las circunstancias de su caída. Además de la cuarentena de la cárcel, estaba la cuarentena del partido. Hasta que no había pasado un periodo de «depuración», el preso no se podía incorporar a la organización clandestina en el penal. Era una forma de intentar evitar infiltraciones de la policía, de descubrir los fallos organizativos y de evaluar las debilidades durante los interrogatorios policiales. La tortura: este fue durante cuarenta años el principal tormento psicológico de toda militancia clandestina, sin distinción de siglas. El miedo a no resistir la tortura. El temor a hablar como consecuencia de la violencia física. El partido quería saber lo que pasaba en los interrogatorios policiales para preservar sus estructuras. Y para saber de qué material estaban hechos sus militantes. La debilidad ante la policía no estaba castigada con la expulsión, pero había advertencias y sanciones temporales. La expulsión quedaba reservada para casos flagrantes de traición. La pena psicológica más grande era para los que acababan coincidiendo en la prisión con compañeros detenidos como consecuencia de los nombres que ellos habían dado a la policía. El remordimiento es una carcoma imbatible y, a veces, el remordimiento hace enloquecer.

Lo acabamos de explicar. Los recién llegados no pueden incorporarse a la estructura clandestina del partido en el penal sin haber pasado un examen. Tienen que contar los detalles de su detención a un «instructor». Su explicación será contrastada con la información aportada por otros presos del mismo sumario. Es una criba para evitar infiltraciones de la policía. Burgos, donde el régimen ha decidido concentrar la mayor parte de los presos comunistas, se ha convertido en un condensador de información y no es ningún delirio sospechar que la policía pueda enviar a uno de los suyos con uniforme de presidiario. También es un tribunal moral. Los que han sucumbido como consecuencia de la tortura lo tienen que confesar. La debilidad es sancionada con el apartamiento temporal o con una amonestación si las consecuencias han sido leves. Solo la delación intencionada es castigada con la expulsión. Los interrogatorios suelen durar días, mientras se pasea por el patio. Una vez finalizado el periodo de «depuración», las conclusiones se ponen en común con los presos de un mismo expediente. Crítica y autocrítica. Sanciones leves y sanciones más graves. Todos los sancionados tienen derecho a seguir participando en la vida comunal: nadie queda a la intemperie. Hay hombres que no resisten la presión y se hunden. En Burgos todos recordaban la noche en que un preso que había cedido a la tortura se despertó delirando. Lloraba y pedía a gritos que el partido lo matara por haberse comportado como un traidor.

Enfermar en la prisión era la peor de las experiencias. No era difícil ponerse enfermo en aquellas condiciones. Siempre hubo médicos presos dispuestos a ayudar a los enfermos, pero la última palabra la tenían el médico de la prisión y las monjas de la enfermería. Hubo un médico muy siniestro en Burgos, bautizado por los presos con el apodo de *Manolete* por su peligrosa habilidad con el bisturí. Caer en manos del doctor Gustavo Ceballos, alias Manolete, te podía dejar lisiado. Manolete dejó morir de mala manera a uno de los médicos presos, el doctor José Bartrina. Los dos se habían enfrentado más de una vez por el tratamiento de los enfermos. Bartrina le había llegado a coger el bisturí de las manos antes de que hiciera alguna barbaridad.

Hijo de una familia de médicos valencianos, formado en Alemania, Bartrina presenta un caso muy singular. Un profesional que lo arriesga todo para combatir al franquismo en el momento más duro. Mientras ejercía la medicina en Galicia pasó a la clandestinidad para reorganizar el Partido Comunista. Las palizas durante su detención lo dejaron maltrecho. Llevaba más de diez años de cárcel cuando no pudo más. Enfermo de arteriosclerosis, el doctor Bartrina fue encerrado en una celda de aislamiento, acusado de indisciplina. Tenía que dormir en el suelo y pasar el día de pie en un habitáculo totalmente vacío, con una pésima alimentación. Salió del periodo de aislamiento gravemente enfermo y no lo llevaron a la enfermería hasta que ya no hubo nada que hacer. Su muerte provocó una gran consternación en la prisión. Marcos Ana, el rapsoda de Burgos, le escribió un poema: «No caía hoja a hoja su sangre. La estrujaron. / Retorcieron con rabia su agonía...». La esposa del médico quiso que su marido fuera enterrado con el uniforme de presidiario. Manolete fue trasladado a otro centro.

Cuando MMM y Alberto Sánchez Mascuñán llegan a Burgos en agosto de 1947, después de haber salvado la vida en Valencia, ya no tienen que fregar suelos arrodillados. Esta batalla ya está ganada. Llegarán otras. Mejorar la alimentación, conseguir más plazas de trabajo en los talleres, mejorar los jornales por el trabajo en los talleres, aprender, poder ir a clase y poder dar clase, conseguir libros y diarios, mejorar el locutorio para no tener que hablar a gritos con las familias, liberarse de la obligación de ir a misa, poder enterrar a los muertos con funerales civiles, ser reconocidos como presos políticos...

Les espera una larga y tortuosa escalera hacia la dignidad de la persona, que comienza con los cubos de agua helada sobre la espalda de los presos que fregaban de rodillas en la cocina y culmina con la ley de amnistía en 1977. De la ametralladora en el patio de las cuatro acacias hasta el programa sobre el penal de Burgos que emitía cada semana la Pirenaica. De las comunicaciones escritas a mano con letra muy pequeña que en los años cuarenta se hacen llegar a la dirección del partido a los largos informes mecanografiados que llegan a París en los sesenta. De la muerte salvaje del doctor Bartrina a las medicinas que los monjes de Montserrat hacían llegar a Burgos a través de algunas monjas de la enfermería. De las notas que muchos presos se tuvieron que tragar antes de que cayeran en manos de los funcionarios a los cursos de formación política bajo la tapadera de la escuela de la prisión. De las novelas de aventuras a los libros prohibidos que consiguieron introducir. De la incomunicación más absoluta a los boletines de noticias que cada noche se leían en las brigadas antes de ir a dormir. De las visitas muy controladas en el locutorio a los encuentros con los familiares en el patio de la prisión el día de la Virgen del Carmen (16 de julio), gracia concedida en honor a doña Carmen Polo de Franco y a la amistad indestructible con los Estados Unidos de América. De los funcionarios falangistas más agresivos a los cuatro funcionarios que llegó a cooptar el Partido Comunista, cuyo nombre solo conocía el secretario de organización, Manuel Moreno Mauricio.

La historia de la prisión de Burgos es la historia del franquismo. Ametralladora en el patio de las cuatro acacias durante la Guerra Civil y la más inmediata posguerra. Palizas y fregar de rodillas mientras parece que Alemania va ganando la guerra mundial. Dudas, contradicciones y una cierta flexibilidad entre los años 1946 y 1947, cuando parece que Franco puede caer si los aliados deciden dar un puñetazo sobre la mesa ibérica. Retorno a la mano dura cuando empieza la Guerra Fría y el régimen de Franco se consolida. Alternancia de directores falangistas y católicos. Funcionarios sádicos, funcionarios cínicos y funcionarios con humanidad. Administradores que roban y administradores honestos que siguen creyendo en la virtud de la austeridad castellana. Funcionarios maquiavélicos que tratan de enfrentar a los presos anarquistas y socialistas con los comunistas. (Los libertarios controlaban la cocina. Los socialistas formaban una minoría selecta que procuraba mantenerse alejada de los comunistas, a quienes consideraban una secta. Anarquistas y comunistas alguna vez estuvieron a punto de llegar a las manos, también en Burgos). Disciplina graduada cuando España quiere ser reconocida por los organismos internacionales. Momentos de histeria cuando la Pirenaica empieza a emitir el programa *Hora de Burgos* con información muy detallada sobre lo que pasa en el interior de la prisión, denunciando con nombres y apellidos a los funcionarios más agresivos. El cacheo general con policías llegados de Madrid buscando una emisora de radio que no existía. (Los guiones del programa *Hora de Burgos* se escribían a mano en papel cebolla y salían de la cárcel en el interior de objetos con doble fondo. Primero llegaban a París y después eran reenviados a Bucarest, ciudad desde la que emitía Radio España Independiente). Firmeza, momentos de desesperación y pocos intentos de fuga. En 1960, poco antes de la elección del papa Juan XXIII, había más de mil presos políticos en Burgos. La «Universidad de Burgos» se convirtió en una leyenda. Y vivió una discusión que traería cola: aquí hemos venido a estudiar; aquí no hemos venido a estudiar. Ya vamos acercándonos.

LA «UNIVERSIDAD DE BURGOS»

El perito químico José María Laso es el bibliotecario de Burgos. Habla inglés y francés, chapurrea el ruso y el alemán; de pequeño se cayó a la marmita de la literatura y la filosofía, mientras devoraba los libros de la biblioteca de su padre. Cumple doce años de condena en la prisión más fría de España después de haber sido detenido y torturado por la policía de Bilbao mientras preparaba una jornada de movilización contra la dictadura.

Impresionados y sorprendidos por la huelga de tranvías de 1951 en Barcelona, de la que no fueron los principales promotores, a pesar de que así lo quiso presentar la policía, los comunistas creían posible promover jornadas de movilización general que sumaran varias reivindicaciones materiales concretas bajo un paraguas político. Abandonadas las guerrillas, habían gritado solemnemente a la reconciliación nacional de los españoles. Declaración de 1956, de notable repercusión histórica, pues fueron los primeros en plantear con total claridad que había que colaborar con los sectores disidentes o dudosos del bloque franquista. Un frente democrático amplio para debilitar a una dictadura que suspiraba por romper el aislamiento internacional que le había impuesto la ONU. Para los comunistas la política de «reconciliación nacional» era también una forma de intentar romper el aislamiento que les imponía la Guerra Fría.

La idea era muy buena, pero acabó provocando una gran discusión en el interior de la organización comunista cuando el régimen consiguió el reconocimiento de las Naciones Unidas, y lo que es más importante, empezó a superar el riesgo de quiebra económica. La idea era muy buena, pero planteaba una cuestión difícil de resolver en una organización que pretendía ser revolucionaria: ¿cómo te puedes reconciliar con parte de tus adversarios si no modificas aspectos sustantivos de tu política? La cuestión la va a empezar a plantear Fernando Claudín, número dos del PCE después de la elección de Carrillo como secretario general y la elevación de Ibárruri a los altares de la presidencia del partido. Con motivo de un informe sobre la cuestión agraria defendido por Tomás García (Juan Gómez), abogado del Estado a los veintitrés años, hornada de las JSU, responsable de las tesis económicas del partido, Claudín planteó una duda: ¿cómo podemos promover una reconciliación con los ganadores de la Guerra Civil si mantenemos la política de choque frontal con los terratenientes? Ya llegaremos a ese punto, porque aquí hemos venido a estudiar.

El voluntarismo era el rasgo más característico de las organizaciones comunistas clandestinas. Sin una fuerte dosis de subjetividad era imposible hacer nada. El subjetivismo podía cegar. El objetivismo podía congelar. PCE y PSUC convocaron una Jornada de Reconciliación Nacional para el día 5 de mayo de 1958, y la policía actuó. En Vizcaya se trataba de relacionar el malestar de la gente, sobre todo de las mujeres, por el encarecimiento del precio del huevos, la harina y el aceite, con la nueva consigna de frente amplio contra el franquismo. No pasó casi nada y hubo caídas. Aquella fue la tercera detención de Laso; la más dura. Aguantó tres semanas de tortura en una comisaría de Bilbao sin delatar a nadie, heroicidad que le daría gran autoridad moral entre sus compañeros. Laso aguantó. Como MMM había aguantado en Valencia. Como aguantó Miguel Núñez en Barcelona. Un hombre de libros y cine, amigo de poetas y pintores, miembro de la tertulia bilbaína del Café Mauri, resistiendo durante tres semanas los varapalos y las vejaciones de la Brigada Político-Social. Ya en Burgos, el perito químico de Bilbao hizo tándem muy pronto con el cerrajero de Badalona. Manuel Moreno Mauricio se encargaba de la organización y José María Laso Prieto de los cursos de formación. El obrero y el intelectual. Aquí hemos venido a estudiar.

Para poder organizar cursos de formación política se necesitaban libros, y los de la prisión eran pocos y censurados. Había que conquistar la biblioteca y Laso lo consiguió con la colaboración de Marcos Ana, el gran símbolo de los presos políticos durante la dictadura. Marcos Ana, que ahora tendría cien años, es el mito de Burgos al que llegaron a conocer, hace pocos años, los jóvenes del 15-M y que fue un gran propagandista contra la dictadura. Marcos Ana era el nombre con el que el preso Fernando Macarro Castillo firmaba sus poemas sencillos y muy efectivos, que fueron ganando calidad artística con el paso del tiempo. Marcos y Ana eran los nombres de los padres de un jovencísimo miliciano de las Juventudes Socialistas Unificadas (siempre las JSU). Condenado a muerte a los diecisiete años, Macarro también había salvado la vida de milagro. En el patio de la prisión madrileña de Porlier conoció a un aristócrata húngaro fugitivo de los nazis que había sido detenido en la capital de España al final de la guerra. Impresionado por la condena a muerte de un hombre tan joven, el húngaro le contó que tenía amigos en el gobierno de Estados Unidos y que si podía salir pronto de la cárcel franquista haría gestiones en Washington para salvarlo. El aristócrata cumplió su palabra.

Laso y Marcos Ana, destinados a la brigada de limpieza, se ganan la confianza del maestro titular de la prisión, don Leopoldo, conocido con el apodo de Paja Larga, quién sabe por qué, parece que era una persona larguirucha. Le limpian los libros, quitan el polvo del despacho, le preparan el té y poco a poco se convierten en los bibliotecarios de Burgos.

La biblioteca empezará a tener muy pronto un doble fondo. Todos los libros tienen que llevar una tarjeta con la autorización del cura, con la rúbrica del director y del maestro. Queda claro que el control ideológico está en manos de la Iglesia católica. Si el sacerdote firma la tarjeta, el director y el maestro nunca pondrán ningún problema. El cura de Burgos no es Torquemada, pero aunque hayan sido publicados legalmente, hay libros que nunca tendrán el *nihil obstat* de don Mateo si huelen a azufre político. Don Mateo es un cura vagaroso que procura no estar en malas relaciones con los presos. Tiene a su lado a un sacristán llamado Estrada que es el individuo más curioso del penal. Combatiente del maquis en Francia, guerrillero durante unos meses en España, condenado a muerte, fingió una repentina y fervorosa conversión al catolicismo para poder salvar la vida. Otros hicieron lo mismo y no les sirvió de nada. A él, sí. Le conmutaron la pena por treinta años de cárcel y se convirtió tan bien a la religión de Cristo que continuó manifestándose como católico. Indro Montanelli se habría reído un rato con el sacristán Estrada. El periodista Montanelli tuvo su gran éxito literario con la historia de un preso común que, por orden de los alemanes, se hace pasar por el general Della Rovere, héroe de la resistencia antifascista, para poder descubrir las identidades reales de los dirigentes de la resistencia detenidos en la prisión milanesa de San Vittore. El impostor se identifica tanto con el personaje del general Della Rovere que acaba fusilado, gritando: «*Viva l'Italia!*». Montanelli quiso escribir una novela sarcástica sobre el carácter de sus compatriotas y se molestó mucho cuando el cineasta Vittorio De Sica transformó su historia en una memorable película del neorrealismo italiano en la que el transformismo se transforma en heroicidad nacional-popular.

Estrada lo hizo tan bien que acabó católico de verdad, de forma que el Partido Comunista lo expulsó, puesto que en los años cuarenta el anticlericalismo continuaba siendo una de sus divisas y Alfonso Carlos Comín todavía no había fundado la corriente Cristianos por el Socialismo. Al neocatólico lo expulsaron, pero le dejaban participar en el movimiento comunal y escuchar el boletín de noticias que a diario confeccionaba la organización comunista. A cambio, Estrada quiso seguir ayudando a sus antiguos camaradas, sin renunciar a la fe católica y a la estimable función de sacristán, que tantas incomodidades le ahorraba. El sacristán manipulaba a escondidas las tarjetas que había firmado don Mateo, el cura. Los libros de economía, por ejemplo, estaban permitidos, pero no los de economía política. El sacristán preparaba una ficha especificando que el libro hablaba de economía, sin aditivos. El cura firmaba y después él añadía la palabra *política*. En los registros, los guardias solo se fijaban en la firma del cura. «El régimen zarista era una tiranía atenuada por la vagancia y la incuria de sus funcionarios», escribió Trotski. En Burgos, con un clima siberiano, pasaba algo parecido. Los libros que el sacristán Estrada no podía legalizar haciendo trampa, iban a un pequeño taller de encuadernación situado en los talleres generales de la prisión. Artes y oficios. Allí el libro era desencuadernado y sus pliegos pasaban a formar parte de otro libro, en forma de sándwich. Podías estar leyendo la historia de los Reyes Católicos y en la página 57 empezaba un tratado de marxismo. Los libros que no podían ser camuflados se troceaban y los fascículos, más fáciles de esconder, pasaban de mano en mano. Las publicaciones del partido tenían que estar muy escondidas: la tenencia de propaganda comunista en la prisión tenía el tratamiento de delito de rebelión y podía suponer unos cuántos años más de reclusión.

La segunda condena de Marcos Ana fue a consecuencia de una publicación clandestina en los años más duros de la posguerra. Conmutada la pena de muerte gracias a las autoridades norteamericanas, movilizadas por aquel misterioso aristócrata húngaro que había sido detenido en la prisión de Porlier, al futuro poeta de Burgos lo acusaron de haber confeccionado a mano un ejemplar de la revista *Juventud*, de las Juventudes Socialistas Unificadas (siempre las JSU), y un consejo de guerra presidido por el temible coronel Eymar lo condenó a treinta años de cárcel adicionales. Fernando Macarro Castillo cumplió veintitrés, que hubiesen sido más si no se hubiera puesto en marcha una campaña internacional en favor de la amnistía de los presos españoles encabezada por Pablo Picasso, Rafael Alberti y otros artistas e intelectuales de las izquierdas europeas. Los gobiernos europeos empezaban a tener tratos con el régimen de Franco, Francia especialmente, pero favorecían que en sus opiniones públicas funcionara un mecanismo de balanceo. Las campañas de solidaridad con los presos españoles llegaron a ser populares a Europa, y en 1961, cuando el cardenal Giuseppe Roncalli fue elegido papa con el nombre de Juan XXIII, el régimen concedió una rebaja de penas que hizo disminuir la plantilla de Burgos por debajo de los mil presos. En 1961, Marcos Ana pudo salir a la calle después de veintitrés años encarcelado. Había entrado en la prisión con diecisiete años y salía con cuarenta. Para él todo era nuevo. Solo sabía hacer versos.

Oídme, amigos. He
visto con los ojos soñolientos
algo que quiero contaros.
Es la madrugada. Un preso
frente de mí despierta.
Se incorpora sobre un codo.
Lía un cigarro. Se sienta.
Mientras fuma, tiene
ausente la mirada,
como dormida la frente
(Sueña el viento en la ventana).

Tira el cigarro. Se inclina.
Saca un pedazo de pan,
se lo come lentamente,
y después... rompe a llorar.

(Quizás no tenga importancia.
Yo os lo cuento...).

Pero estamos todavía en los años cincuenta, una década de transición entre la dureza de la posguerra y unos cambios económicos y sociales que removerán muchas cosas. La primera década de la Guerra Fría. Años muy duros. Años de reajuste de fuerzas. En 1953 muere Stalin. La noticia conmociona a todas las fábricas de la Europa Occidental. La URSS era admirada por muchos trabajadores europeos que seguían viendo al Ejército soviético como la fuerza decisiva en la derrota hitleriana. Los partidos comunistas de todo el mundo quedan traumatizados por la muerte del hombre que les ha hecho creer que la fortificación estatal de la URSS es la causa primordial del socialismo a la que se tiene que subordinar cualquier otro combate. Yevgueni Yevtushenko, gran poeta de la desestalinización, escribirá un relato muy crudo de los funerales de Stalin:

> Rusia lloraba. Lloraba con lágrimas auténticas; quizá con lágrimas de temor por el futuro. Miles de hombres y mujeres salieron de todos los rincones de Moscú para ir hacia la Casa de los Sóviets, donde se exponía el cuerpo de Stalin. Aquella procesión que avanzaba por todas partes muy pronto se convirtió en un terrible alud humano. Mucha gente sería aplastada por aquel torrente. De golpe sentí explotar en mí mismo un odio salvaje contra aquella estupidez. Por primera vez en mi vida odié a aquel hombre al que íbamos a enterrar, porque comprendí que él era el responsable de aquel caos, que era él quien había inculcado en muchos seres humanos una obediencia mecánica y ciega a las órdenes superiores.

Los presos de Burgos también lloraron la muerte de Stalin. Y la lloró Rafael Alberti, con un poema titulado «Redoble lento por la muerte de Stalin». Y la lloró Jorge Semprún, el atractivo dirigente comunista clandestino en el interior, que consiguió seducir intelectualmente a muchos hijos de los ganadores de la Guerra Civil, embelesados ante el temple y la clarividencia de Federico Sánchez. Semprún, nieto de don Antonio Maura, futuro ministro de Cultura de Felipe González, escribirá un poema épico con motivo de la muerte de Stalin:

La clase obrera es huérfana,
son huérfanos
los cargadores de Bilbao,
los que trabajan en Éibar el acero,
los marinos de Ondárroa y de Laredo,
los mineros de Mieres, de Langreo,
las mujeres de Murcia en el mercado,
los pastores de Gredos, las muchachas
que lavaban la ropa en el arroyo,
y el albañil es huérfano y su duelo
brilla en la negra cal de los andamios.
La clase obrera es huérfana en Manresa
y en Sabadell. Por toda Barcelona
corre un rumor de llanto y de promesa:
«¡Se nos ha muerto Stalin! ¡Su bandera
levantaremos hasta la victoria!».
Madrid se ha estremecido.
No habla nadie en el camino
triste hacia el trabajo.
Madrid calla y recuerda.
«¡Se nos ha muerto Stalin!
¡Su Partido proseguirá la ruta que él abriera!»

Era mejor poeta Marcos Ana.

Muere Stalin, pero la «Universidad de Burgos» no descansa. Los engranajes organizativos cada vez están más perfeccionados. En la biblioteca de la prisión, el maestro Paja Larga llegó a tolerar la presencia de libros sin el *nihil obstat* eclesiástico. «Laso, mañana habrá un registro, supongo que usted no me meterá en ningún problema», le decía el maestro al bibliotecario, y Laso sabía lo que había que hacer: esconder los libros hasta después del registro reglamentario.

Los buenos escondrijos eran decisivos: agujeros en la pared, baldosas que se levantaban, colchones... Las prisiones tienen muchos rincones. El papel cebolla también era importante. Todas las comunicaciones con el exterior se escribían en papel cebolla, fácil de esconder o de tragarse en caso de urgencia. Periódicamente salían al exterior informes dirigidos a la dirección del partido. Los sacaban los cuatro funcionarios cooptados o salían escondidos en el doble fondo de los objetos de artesanía que los presos mandaban a sus familias como recuerdo, como regalo o para organizar rifas solidarias.

En la ciudad de Burgos llegó a funcionar una red solidaria con los presos de notable importancia. La ciudad recibía constantemente a gente que iba a visitar los reclusos. Imaginémonos aquellos inviernos helados de Castilla. Gente pobre que llegaba en tren desde distintos lugares de España para visitar a los prisioneros, a los que quizá solo podían ver una vez al año. Gente que solo se podía pagar la más sencilla de las pensiones. El contacto humano favoreció la solidaridad. No pocas mujeres de presos acabaron residiendo a Burgos trabajando como criadas en casas de la ciudad. Contratar en Burgos como criada a la mujer de un preso comunista era ya un gesto. Algunas servían en casas muy ricas, como los Moliner o los Díaz Reig. La costurera Florentina Villanueva organizó una red de chicas que iban a visitar a los presos sin familia. Las hojas de papel cebolla salían escritas, en Burgos se pasaban a máquina y después se mandaban a París. En los informes no aparecía ningún nombre.

Veamos este fragmento:

> (19) desea saber qué es lo que le pasa a su mujer, que desde hace dos años no le escribe y parece que está dispuesta a romper con él, según le comunica su hermano. Y por este motivo está preocupado por su hija. (19) desearía que hicierais lo que fuera necesario para que la hija estudie, para que pueda seguir el camino de su padre y tenga el afecto que se merece.

¿Quién era 19? en los informes no figuraba ningún nombre, y en un correo aparte se mandaba una lista con el nombre que correspondía a cada cifra. Un preso estaba a punto de perder a su mujer y la organización de Burgos pedía al partido que velara por su hija. Comunas, estudios, socorros mutuos. Un monasterio.

El tornero de Badalona y sus compañeros acaban creando una estructura verdaderamente compleja: los comunistas se organizan en células en cada brigada, cada brigada tiene un comité y por encima está el comité central de la prisión con un secretario político, un secretario de organización, un secretario de información y propaganda, un secretario de formación, un secretario del movimiento comunal, un secretario de solidaridad y un secretario del movimiento obrero, puesto que en aquella época todo comité comunista, por muy lejos que estuvieran las fábricas, tenía que tener un secretario del movimiento obrero. El comité central tenía comisiones. La comisión jurídica, formada por abogados presos, se encargaba de vigilar las cuestiones reglamentarias y las libertades provisionales. Estaba la comisión de debates, que preparaba discusiones sobre temas muy especiales, y una comisión unitaria se encargaba de las relaciones con los presos socialistas y libertarios, relaciones que nunca fueron fáciles.

Actividades de la organización: discusión política, campañas de protesta para conseguir mejorar las condiciones de vida en el penal, cartas al exterior pidiendo la libertad de los presos políticos en España, depuración de los detenidos después de una operación policial, promoción del movimiento comunal y cursos de formación.

La «Universidad de Burgos», un mito difundido por la prensa comunista y por Radio España Independiente. Los cursos de formación llegaron a ser la ocupación central de los presidiarios. «Tenía todas las horas ocupadas: estudiaba idiomas, estudiaba contabilidad, organizaba, discutía y paseaba por el patio con los presos nuevos para saber cómo había ido su detención», recordaría años más tarde MMM. A medida que los engranajes organizativos se fueron perfeccionando, fue posible movilizar a todo el potencial humano de la prisión. La mayoría de los detenidos eran obreros y campesinos pobres, pero también había médicos, maestros, profesores, artistas, gente con formación profesional y autodidactas muy cualificados. Estos profesionales se ofrecieron a dar clases de idiomas, matemáticas, contabilidad y otras materias en la escuela de la prisión. La dirección lo acoge bien. Los católicos han sustituido a los falangistas al frente de la gestión penitenciaria. La redención del preso es su consigna. Al régimen le interesa reducir la presión ante las campañas internacionales de solidaridad. El régimen niega que haya presos políticos en España con el argumento de que a todos los condenados se les ha aplicado el Código Penal. Oficialmente no hay prisioneros políticos en España, pero periódicamente se dan campañas desde París, Londres y otras ciudades europeas pidiendo la liberación de determinados presos. Amnistía Internacional se crea en Londres a raíz de una campaña de solidaridad con los presos políticos españoles. Picasso ha pintado una paloma de la paz ante los barrotes de una prisión como símbolo de las campañas de solidaridad. Algunos países europeos envían comisiones parlamentarias a España a visitar los centros de internamiento. El régimen necesita reducir la presión. Tres días al año, los familiares podrán visitar a los detenidos en los patios de las prisiones: el día de la Virgen del Carmen, el día de la Virgen de la Merced y el día de Navidad. Mujeres, niños y otros visitantes se podrán hacer fotos con sus familiares presos. Estos podrán ser fotografiados en grupo. Esas fotos, sin embargo, serán prohibidas a partir del año 1959, cuando empiezan a ser utilizadas para ilustrar los materiales de las campañas de solidaridad. El ofrecimiento de dar clases encaja con la imagen que quiere dar la dictadura. Los comunistas entonces aprovechan la escuela para crear otra escuela clandestina en su interior. La estructura escolar sirve para potenciar los cursos de formación política. A finales de los años cincuenta, los cursos de formación son el alma de la prisión de Burgos. Un motivo de orgullo. Y una leyenda: la «Universidad de Burgos», repite la Pirenaica. Se estudia por la mañana, después de desayunar, antes de que cierren las brigadas y los presos vayan al patio o a los talleres. Se estudia en la escuela. Se estudia al atardecer antes de ir a dormir. Se estudia y se discute en pequeños grupos reunidos entre las literas y protegidos visualmente por una manta, mientras otros presos vigilan que no aparezca ningún funcionario. Cada noche se lee en las galerías un boletín de noticias hecho con todo aquello que se puede recoger: resúmenes de Radio España Independiente, noticias espigadas de los diarios que pueden entrar en penal, noticias que el partido transmite con informes escritos en papel cebolla. Gracias al boletín de noticias, los presos se enteran de la Revolución cubana, del lanzamiento del Sputnik y del primer vuelo tripulado al espacio. El nombre del cosmonauta Yuri Gagarin recorre la prisión. Los comunistas hinchan el pecho. La Unión Soviética consigue presentarse como una potencia moderna. Igualdad y ciencia. Después del lanzamiento del Sputnik, algunos presos se pasan horas mirando al cielo desde los ventanucos de sus celdas por si ven pasar un artefacto soviético por el cielo estrellado de Castilla. Hay fe. Hay fe en el futuro. Un día llegará a Burgos un hombre con mucha fe.

En 1958, Ramón Ormazábal recibe la llamada que tanto tiempo ha esperado. Lo citan en París. Ya no está apartado. Nunca ha sido acusado de nada y tampoco ahora le dan una explicación de los motivos por los que han recuperado la confianza en él. Lo necesitan. Tiene que ir al País Vasco. No se lo piensa dos veces. Es un hombre de acción y hace diez años que se está oxidando. Vuelve y se quiere comer el mundo.

SOCIALISTAS Y LIBERTARIOS

No todos los presos políticos de Burgos eran comunistas. Había una minoría de presos libertarios y socialistas. Los libertarios tenían una alergia especial a los comunistas, y los socialistas no querían ser mandados por personas obsesivamente disciplinadas, a quienes consideraban cismáticas doctrinarias. Para los comunistas, los libertarios eran volubles, indisciplinados y propensos a la equivocación radical en los momentos más complicados. La relación con los socialistas todavía era más complicada, puesto que los comunistas eran los hijos de la rama socialdemócrata entusiasmada por la Revolución de Octubre. La obra maestra del PCE había sido la creación de las Juventudes Socialistas Unificadas, organización que había aunado a las juventudes comunistas y a las socialistas al empezar la guerra. Santiago Carrillo, innegable figura ascendente del partido comunista, venía de las juventudes socialistas. Carrillo había sido uno de los jóvenes lugartenientes de Francisco Largo Caballero, el jefe del ala revolucionaria del PSOE en los años treinta. Acabada la guerra, los cuadros de las JSU eran el germen de la fatigosa reorganización comunista. Poco a poco, los hombres y las mujeres de las JSU pasaron a primera línea: Santiago Carrillo, Tomás García, Federico Melchor, Ignacio

Gallego, Manuel Tagüeña, Gregorio López Raimundo, Josep Serradell, Margarida Abril...

Teresa Pàmies retrató muy bien el espíritu de las JSU en la novela *Cuando éramos capitanes*. En Catalunya el PSUC se había comido a la federación catalana del PSOE en julio de 1936, un hecho de notable trascendencia con consecuencias muy importantes que todavía hoy persisten. El PSOE dejó de existir en Catalunya hace más de ochenta años y no ha reaparecido como fuerza autónoma: un hecho de gran transcendencia en la actual morfología política de España. Los socialistas se dividieron al final de la Guerra Civil como consecuencia de su relación con los comunistas, una relación defendida por el doctor Juan Negrín y combatida por Indalecio Prieto. Los dramáticos enfrentamientos en Madrid durante las últimas semanas de la Guerra Civil. La expulsión de Negrín, las maniobras de Prieto contra la colaboración con el PCE en el precario gobierno de la República en el exilio, los socialistas del PSUC que abandonaron el partido después de la guerra disconformes con una unificación estalinista, la decantación de antiguos militantes del POUM hacia la socialdemocracia, el alineamiento del PSOE de Llopis con los imperativos de la Guerra Fría, la repetida acusación a los socialistas de movilizarse poco contra Franco, la quietud de Llopis en París, convencido de que la dictadura solo podía caer si los militares echaban a Franco... Una relación muy complicada.

Entre los presos anarquistas destacaban Juan Gómez Casas, hombre de gran cultura, condenado a treinta años de prisión, que fue secretario general de la CNT durante el intento de reconstrucción del sindicato anarcosindicalista en la transición, y Enrique Marco Nadal, que había sido secretario general del sindicato entre 1946 y 1947. Muy anticomunista, Marco Nadal fue sondeado por funcionarios del régimen para promover una versión descafeinada de la CNT que parara los pies a Comisiones Obreras. Funcionarios enviados desde Madrid lo fueron a ver a la prisión de Burgos para sondearlo sobre una posible reavivación controlada de la CNT. Una maniobra de Pepe Solís, el ministro sindical, más conocido como «la sonrisa del Régimen». Año 1966. Marco Nadal se negó a colaborar, pero en algunas ciudades, por ejemplo en Barcelona, antiguos militantes cenetistas se incorporaron al sindicato vertical para tratar de frenar la infiltración comunista. En los años cuarenta, antiguos cenetistas del Partido Sindicalista de Ángel Pestaña promovieron un embrión de Partido Laborista con la complicidad de sectores de la Falange temerosos de que los aliados hicieran caer a Franco. Manuel Moreno los conoció en Valencia. El breve Partido Laborista murió estrangulado cuando quedó claro que Franco no caía.

El socialista Ángel Nombela, un abnegado militante encarcelado durante mucho tiempo y que finalmente se uniría al grupo de Enrique Tierno Galván, pasó muchos años en la prisión más fría de España. También pasó por Burgos Antonio Amat Guridi, un hombre que hubiera podido ser muy importante en el PSOE y que podría haber ocupado el lugar de Felipe González si sus ideas hubiesen triunfado en el congreso socialista de Toulouse de 1961. Amat se enfrentó con la dirección de Llopis, proponiendo una alianza de los socialistas con los monárquicos y los comunistas para poner en marcha un bloque democrático contra Franco que acelerara la caída de la dictadura. Rodolfo Llopis, un hombre perfectamente alineado con el sentido profundo de la Guerra Fría, que no consideraba necesario el activismo en España, esperando que algún día los militares echaran a Franco, se opuso en nombre del anticomunismo y el republicanismo. Amat Guridi, nacido en Vitoria, abogado, vitalista, aventurero, fue muy admirado por la periodista italiana Rossana Rossanda, que lo entrevistó presentándolo como la figura más interesante de la resistencia al general Franco. Podríamos decir que Amat fue el principal reorganizador del PSOE en el interior. Al perder la batalla con Llopis, pasó a un segundo plano. Víctima de una enfermedad terminal, se lanzó por la borda de un barco que hacía la ruta entre Barcelona y Palma, en 1979, después de despedirse de sus amigos.

En Burgos también había tres presos políticos «independientes». Tres personajes muy interesantes: Paul Keller, Pedro García Gutiérrez y Zwi Aldoubi. Keller era un alemán que había luchado contra los nazis en la resistencia francesa y que después se había unido al maquis español sin aceptar nunca carné de partido alguno. García Gutiérrez era K., el desafortunado protagonista de la novela *El proceso*, de Franz Kafka. Había formado parte de un grupo de guerrilleros y después de cumplir condena en Valencia se casó con su prometida, dispuesto a hacer vida de familia lejos de la política. La policía creía que era uno de los nuevos responsables del PCE en Valencia y lo volvió a detener. Bajo tortura firmó una declaración de culpabilidad que le costó una nueva condena de veinte años. Su tormento era conseguir que le revisaran el sumario. Zwi Aldoubi era judío. Formaba parte de un grupo armado que entró en España intentando secuestrar a un nazi acusado de graves crímenes. Querían repetir en España el secuestro de Adolf Eichmann en Buenos Aires, pero la eficaz policía franquista los detuvo. En Burgos todos estaban convencidos de que Aldoubi formaba parte del Mossad, el servicio de inteligencia israelí, del que por entonces empezaba ya a sonar. En la caverna de Platón también había dos presos marroquíes que habían sido detenidos por colaborar con los insurgentes de Ifni mientras formaban parte del Ejército español.

UN DÍA EN LA VIDA DE IVÁN DENÍSOVICH

Aquí, detrás del campo, el viento arrecia y el frío muerde cruelmente el rostro ya acostumbrado a todo de Sujov. Como él ya había barruntado que el viento les soplaría en plena cara durante todo el camino hasta la central eléctrica, se cubre con el trapo. Precisamente lo llevaba encima —él como otros muchos— para el caso de que se levantara el viento. Los forzados sabían por experiencia que esos trapos ayudan. Sujov se envolvió el rostro hasta los ojos, pasó las tiras por debajo de las orejas y se lo anudó con fuerza en la nuca. Después se cubrió la nuca con las orejeras del gorro y se levantó el cuello de la chaqueta de guata. Además estiró el ala delantera del amplio gorro sobre la frente. Y de este modo sólo quedaban sus ojos al descubierto. Se apretó la chaqueta, firmemente, con un cordel. Ahora estaba todo en regla, aunque las manoplas no valían nada, porque las manos están ya heladas. Se las frotó una contra otra y se golpeó con ellas todo el cuerpo porque sabía que pronto tendría que ponérselas a la espalda y mantenerlas así durante toda la marcha.

El jefe de la escolta de acompañamiento canturreaba el «sermón» cotidiano del preso, del que todos estaban hasta la coronilla:

—¡Atención, reclusos! ¡Durante la marcha hay que respetar la formación en columna! ¡Caminad sin dejar demasiada distancia, no marchéis demasiado juntos, no cambiéis de una fila de cinco a otra, no habléis, no miréis a los lados, las manos siempre detrás de la espalda! ¡Un paso hacia la derecha o hacia la izquierda será considerado como intento de evasión; el cuerpo de guardia dispara sin previo aviso! ¡Jefe de columna, marchen!

Como estaba indicado, dos de la escolta abrían la marcha por la carretera. La columna avanzaba vacilante, balanceando los cuerpos de un lado para otro, mientras la escolta marchaba a derecha e izquierda, a unos veinte pasos de la columna, guardando entre sí unos diez pasos de diferencia, con las ametralladoras siempre a punto.

Un día en la vida de Iván Denísovich,
ALEKSANDR SOLZHENITSYN, 1962

Los presos comunistas de Burgos no leyeron *Un día en la vida de Iván Denísovich*, la segunda novela de Aleksandr Isáievych Solzhenitsyn sobre la durísima vida en el gulag soviético, a pesar de que fue traducida inmediatamente en España después de que el original llegara a Occidente. En la portada de la primera edición española aparecían la hoz y el martillo encima de un línea de alambre de espino para que quedara claro de qué iba la cosa: el terror soviético.

La novela, esto ya es menos conocido, también fue publicada en la URSS durante el primer deshielo, después de la muerte de Stalin. El nuevo secretario general, Nikita Jrushchov, autorizó que *Un día en la vida de Iván Denísovich* fuera publicada por capítulos en la revista literaria *Novy Mir*, órgano de la Unión de Escritores, con una tirada de muchos miles de ejemplares. Una parte cualificada del público soviético tuvo conocimiento de las durísimas condiciones de vida en los campos de internamiento durante el periodo estalinista. Una novela similar sobre las prisiones franquistas nunca fue autorizada por la dictadura española. No existía. Todavía hoy, los relatos sobre las condiciones de vida en las prisiones de Franco en la más inmediata posguerra son muy fragmentarios. La compilación de relatos sobre la represión en Rusia realizada por Solzhenitsyn durante su carrera literaria no la ha hecho ningún escritor en

España. Ha costado mucho, por ejemplo, reconstruir la dramática experiencia de los republicanos que acabaron en los campos de exterminio alemanes durante la Segunda Guerra Mundial. En la transición, la consigna era mirar hacia delante, y cuando llegó el momento de mirar un poco hacia atrás, muchos de los presos de primera hora ya habían muerto o eran ya demasiado mayores. La mayoría no escribió memorias: la consigna era mirar hacia delante. Otros lo hicieron tarde. El deseo dominante era el de dejar atrás el pasado. Un partido que llegó a la muerte de Franco defendiendo una política de «reconciliación nacional», difícilmente podía convertir el ejercicio intenso de la memoria en el eje principal de su política en el momento del cambio. Nadie escribió *Un día en la vida de Manuel Moreno Mauricio*. Pero no vayamos tan deprisa, porque después de un primer deshielo, *Un día en la vida de Ivan Denísovich* fue prohibida de nuevo en Rusia. A pesar de ser galardonado con el premio Nobel de Literatura, Solzhenitsyn acabó siendo expulsado de la URSS. Fue acogido rápidamente por Estados Unidos. En 1976 visitó España y escandalizó a mucha gente al afirmar que la dictadura de Franco había sido «blanda» comparada con lo que había pasado y seguía pasando en la Unión Soviética.

Los presos de Burgos no leyeron a Solzhenitsyn, pero sí a Pasternak. Lo leyeron y lo comentaron, puesto que durante unos cuantos años funcionó, en uno de los patios de la prisión, una tertulia literaria denominada La Aldaba que reunía a los presos comunistas, socialistas y libertarios más interesados en el arte y la literatura. Leían libros y los comentaban. En las reuniones de La Aldaba, el anarcosindicalista Juan Gómez Casas dio a conocer a Albert Camus a sus compañeros de tertulia. También estudiaron a Jean-Paul Sartre. Un día cayó en sus manos la novela de Borís Pasternak *Doctor Zhivago*, publicada por primera vez en Occidente por el editor italiano Giangiacomo Feltrinelli, hombre de gran refinamiento cultural. Un as de la edición. Feltrinelli fue el primero en publicar en Europa la historia del pobre doctor Zhivago y su amada Lara, la pasión que se entrelaza con la historia, la aventura individual que tropieza con una revolución colectivista. Aquella frase de Pável Antípov, el joven menchevique desencantado del amor por Lara, que se ha convertido en el bolchevique Strelnikov, terrible jefe militar de una unidad blindada del Ejército Rojo: «¡La vida privada ha muerto en Rusia!».

Los presos comunistas de Burgos pudieron leer *Doctor Zhivago* mucho antes de que la novela estuviera al alcance de los ciudadanos soviéticos. A diferencia de lo sucedido, de forma sorprendente, con *Un día en la vida de Iván Denísovich*, el aparato de poder soviético no autorizó la publicación de la novela de Pasternak hasta muchos años después, puesto que la consideró nociva y decadente. Una cosa era poner en evidencia los crímenes de Stalin después del célebre XX Congreso del PCUS, y otra publicar una bellísima apología de la vida privada en Rusia. Pasternak había hecho llegar la novela a la revista *Novy Mir* y no tuvo suerte. No les interesó. Nadie se interesaba por la vida privada del doctor Zhivago, hasta que el manuscrito llegó a manos del editor Feltrinelli a través de un periodista italiano miembro del PCI que trabajaba en Radio Moscú. El éxito fue fulgurante y Pasternak se vio obligado a renunciar al premio Nobel de Literatura. La novela no fue publicada en la URSS hasta el año 1988, en pleno periodo de la *perestroika* de Mijaíl Gorbachov. Feltrinelli murió en 1972 de un modo muy dramático y sorprendente. El editor con más prestigio de Italia encontró la muerte al pie de una torre de alta tensión de Milán en la que intentaba colocar una carga explosiva. Feltrinelli fue radicalizando su posición política hasta el punto de adherirse a un grupo armado, convencido de que el fascismo estaba volviendo a su país.

En la prisión de Burgos debatieron sobre *Doctor Zhivago* antes de que lo hicieran los lectores de *Novy Mir*. Los miembros de la tertulia La Aldaba se carteaban con Rafael Alberti y el dramaturgo Antonio Buero Vallejo, maestro del teatro social, que había trabajado en la reorganización del Partido Comunista inmediatamente después de la guerra, motivo por el cual fue condenado a muerte. En su caso no intervino Eva Perón, pero también le conmutaron la pena. Pasó cerca de diez años en la cárcel. Buero dibujaba muy bien —suyo es el retrato más conocido del poeta Miguel Hernández— y escribía teatro. *Historia de una escalera* fue su primer gran éxito. Consiguió ser un autor famoso a pesar de los problemas con la censura y el boicot de algunos empresarios teatrales a consecuencia de sus ideas políticas. Buero Vallejo y el posibilismo: actuar desde dentro aunque no se pudiera decir todo lo que se deseaba decir. José María Laso, el bibliotecario de la prisión, era un gran admirador de Buero Vallejo y el posibilismo.

El posibilista Laso también consiguió que el cine entrara en la prisión. Primero documentales y después películas. Primero con un proyector de 16 mm, después con una máquina de 35 mm en la sala de la escuela. Los documentales, servidos por algunas embajadas e institutos culturales extranjeros, eran gratuitos. Para las películas se tenía que pagar una entrada de 1,5 pesetas, puesto que los lotes de las productoras costaban dinero. El director de la prisión lo toleraba. Consiguió proyectar las películas de Berlanga y Bardem. *Bienvenido Mr. Marshall* gustó, pero el público pedía películas donde salieran señoras guapas. Todavía no había llegado el *destape*, pero los presos querían más entretenimiento y alegría.

Laso solo oyó protestar al público el día en que proyectó *Orfeo*, la película existencialista de Jean Cocteau, con María Casares interpretando el papel de la muerte. Hombre paciente, el abnegado Laso explicó que aquella chica era hija de don Santiago Casares Quiroga, jefe del gobierno de la República bajo la presidencia de Manuel Azaña. *Orfeo*, una historia entre onírica y surrealista sobre la muerte provocó división de opiniones. Demasiado enrevesada. Demasiado introvertida. En la caverna de Platón también había deseo de alegría.

NOSTALGIA

Cuando José María Laso proyectó *Orfeo* en las sesiones de cine de la prisión hubo murmullos en la sala. El intelectualismo es vicioso por naturaleza. Aquello era insoportable, aunque la protagonista, María Casares, fuera hija del cuarto presidente de gobierno del Frente Popular de la República. Los presos querían otro tipo de distracción. Aventuras y chicas. Más de cuatrocientos hombres encerrados durante años y años, con contactos esporádicos y dramáticos con sus familias al otro lado del mostrador de un locutorio ruidoso. Un abrazo al año en aquellas visitas del día de la Virgen del Carmen, por gracia de doña Carmen Polo de Franco. La disciplina de partido embridaba muchas pulsiones, el debate político canalizaba no pocas pasiones, el frío constante de Burgos era una nevera para la libido, pero el sexo jamás se puede anular del todo.

El sexo es el gran ausente en todos los libros de memorias de los prisioneros políticos de Burgos. Ni una palabra. Ni una referencia. Ni una concesión a la debilidad. El Partido Comunista fue siempre conservador en esta y en otras materias. Aceptaba el divorcio, pero prefería siempre la estabilidad de las parejas. No se declaraba abiertamente contra la homosexualidad, pero no le gustaba nada la homosexualidad. Los comunistas de los tiempos del metal impuro veían el divorcio como un problema y la homosexualidad como una debilidad. En Burgos no se hablaba de ello, pero sí se hablaba. Muchos años después de salir en libertad, MMM contó, al menos una vez, la discusión que tuvieron cuando uno de los camaradas planteó que la homosexualidad era un hecho natural y una práctica muy habitual en las sociedades griega y romana, y que por lo tanto no había problema si en las comunas de Burgos se rememoraban alguna vez las glorias de Roma y Atenas. Por el tono de sus palabras se podía deducir que la excursión nocturna al mundo clásico no tuvo la aprobación del comité central del Partido Comunista en la prisión de Burgos. Moreno Mauricio nunca dio el nombre del autor de la propuesta, sin duda un hombre leído.

El partido era conservador. La estabilidad familiar ayudaba a las familias obreras a sobrevivir, por lo tanto el partido de la clase obrera no podía ser un factor de disgregación familiar. No es difícil de entender. Después de la Segunda Guerra Mundial, los comunistas italianos tuvieron grandes debates sobre los cambios de pareja. Algunos dirigentes de la lucha partisana, como Luigi Longo, empezaron a tener mucho éxito entre el público femenino y sus compañeras reclamaron disciplina. Cuando Palmiro Togliatti se separó de su primera mujer, perdidamente enamorado de la joven diputada Nilde Iotti, la cuestión fue formalmente tratada por el secretariado del PCI. La vida privada del secretario general afectaba a todo el partido y como tal debía ser enfocada. El secretariado decidió que Togliatti e Iotti vivirían durante al menos un año en un sobreático de la sede central del PCI, en la Via Botteghe Oscure de Roma, con la máxima discreción posible. Transcurrido aquel tiempo, podrían empezar a hacer vida pública juntos, procurando no llamar mucho la atención hasta normalizar del todo su nueva vida. ¿Hipocresía? Tal vez sí. Otro concepto de la política y la vida colectiva. Y otro concepto de liderazgo, también. El secretario general del PCI, un verdadero partido de masas, con más de un millón de afiliados, mandaba mucho, pero no lo controlaba todo, empezando por la proyección pública de su nuevo amor. La vida privada todavía no se había convertido en material de exhibición política. Los comunistas eran pudorosos. Cuando empezó la batalla por la ley del divorcio en Italia, una gran batalla contra la Iglesia y la Democracia Cristiana, el PCI fue a remolque, hasta que vio la oportunidad de batir a la Democracia Cristiana en las urnas. «Somos contrarios a todos los problemas que puedan debilitar o romper la unidad familiar», había proclamado Togliatti en la inmediata posguerra, con el país en la miseria, años antes de separarse de su primera mujer. Durante el debate constitucional, el PCI se manifestó a favor de la continuación del concordato con la Iglesia católica. Fue la Unión de Mujeres Comunistas la que empezó a plantear una reorientación política en los años sesenta y exigió cambios en la concepción de la familia bajo la divisa de la igualdad y la libertad. La homosexualidad era rechazada. El poeta Pier Paolo Pasolini fue expulsado de manera fulminante del PCI después de ser detenido bajo la acusación de «corrupción moral» por un asunto con alumnos de su instituto. Al poeta Jaime Gil de Biedma le fue denegado el ingreso al PSUC en los años sesenta al considerar que su condición de homosexual podía ser una debilidad en caso de detención y poner en peligro la seguridad de la organización ante la policía franquista. Pasaron años hasta que estas ideas comenzaron a ser modificadas por los cambios de mentalidad y costumbres derivados del Mayo del 68.

En 1953, año de la muerte de Stalin, en Burgos el sexo entre dos hombres —si lo había— era un asunto totalmente clandestino dentro de una red clandestina en el interior de un mundo cerrado.

MMM, siempre pudoroso, recordaba un momento platónico en Valencia. En la pensión de Valencia donde se hacía pasar por vendedor de huevos y gallinas, Eugenio Puig conoció a una viuda de guerra refugiada provisionalmente en aquella casa de huéspedes del barrio de Ruzafa. Trabaron cierta amistad y un domingo por la tarde fueron juntos al cine. Mientras veían la película, ella puso una mano encima de su rodilla, esperando su mano. Él le cogió la mano con toda la delicadeza que pudo y la volvió a su lugar. Al cabo de un rato se giró levemente y vio cómo las lágrimas caían de los ojos de aquella joven viuda, iluminados por la luz de la pantalla. MMM lo contaba con precisión de ajustador mecánico y con la tierna dureza del neorrealismo. «Yo no podía tener una historia con aquella mujer, era demasiado arriesgado», decía. Años más tarde, cuando ya estaba encerrado en Burgos, a MMM le comunicaron que tenía una visita en el locutorio. Era ella. «Me dio ánimos y me contó que el día que me detuvieron lo entendió todo». Vittorio De Sica, ¡supérala, esta!

Recuerdos y nostalgia. En el taller, los presos podían cortar objetos de madera que después enviaban como regalo a sus familias. En los momentos más difíciles algunos de estos objetos eran sorteados por los familiares entre amigos y conocidos para poder comprar comida para el prisionero o enviarle algún dinero. MMM fabricó con sus manos una cajita con un pequeño espejo en el interior que tenía forma de libro. En la portada del libro, una pareja bailando, una pareja fantástica, ella con un traje blanco largo, él con esmoquin negro. Título: *Nostalgia*. En el lomo del libro: *Nostalgia (novela). Tomo I. Burgos 1950*. En la parte de atrás, esta inscripción: «A mi Maria, de Manolo». Llevaba tres años en la cárcel. Llevaba once años fuera de casa. Todavía le faltaban catorce.

El mejor amigo de MMM en la prisión, Alberto Sánchez Mascuñán, *César*, dedicó horas y horas a escribir cuentos para su hija Blanquita, que vivía en México y que nunca había conocido a su padre, puesto que él volvió clandestinamente a España cuando ella era aún muy pequeña. Eran cuentos ilustrados por otros presos que dibujaban bien. Se los iba mandando periódicamente por correo a México. Su hija los consiguió editar, hace pocos años, con una caja de cartón que reproduce la que le envió su padre. Esa caja es uno de los testimonios más sobrecogedores de la vida en Burgos. Recordar, recordar, recordar.

MMM supo muy pronto que Maria no se encontraba bien. Se deprimía y tuvieron que internarla. Electrochoques en el sanatorio de Santa Coloma de Gramanet. Su vida había sufrido una sacudida superior a sus fuerzas. Seguía en este mundo, pero empezó a vivir en otro, que solo ella conocía. Año tras año, ella se adentraba en su mundo. Y él no podía hacer nada para evitarlo. Suerte tenía de la familia. En vez de hundirse, el mecánico de Badalona acabó de forjar una disciplina de hierro. Se levantaba algo más temprano por las mañanas para hacer ejercicios de gimnasia y se convirtió en el principal organizador del comité de la prisión. Método y engranajes. Cada pieza en su sitio. Cada cosa a su tiempo. Un lema que fue esculpiendo con el paso de los días sin fin: «Nunca tengas prisa, haz lo que tengas que hacer, las cosas siempre llegan». Organización, paciencia y pasión por el estudio. Aquí hemos venido a estudiar.

Mientras Manolo cortaba la madera de la nostalgia, Ormazábal intentaba escapar a la amargura en la periferia de París. No lo acusaban de traidor porque no había ninguna prueba contra él, pero nadie había podido aclarar cómo la policía iba deteniendo a los hombres que Orma enviaba al País Vasco. En 1947 fueron detenidos centenares de comunistas en España y no fue una casualidad. La policía había conseguido una importante infiltración en el aparato de Madrid. Caían, y no sabían por qué. Del mismo modo que Moreno Mauricio no supo nunca de dónde salió un informe que el fiscal militar presentó en el consejo de guerra con los nombres reales de todos los miembros del comité de Valencia y su graduación militar como comandantes de la guerrilla. El informe, redactado en París, solo llevaba unas siglas. La policía franquista también supo moverse en Francia y conseguir algunas notables infiltraciones en el interior del Partido Comunista. El comisario Roberto Conesa fue el gran artista de este juego. *Beltenebros*, seguramente la mejor novela de Antonio Muñoz Molina, gira sobre este argumento. Ramón Ormazábal sabía que no era un traidor y esperaba una llamada que tardó diez años en llegar. Su mujer, Louise, lo ayudó a no hundirse. Lo ayudó mucho. Un día, por fin, sonó el teléfono.

Un día el hombre de hierro de Badalona se encontró con el hombre de hierro de Bilbao. Y las cosas no acabaron bien.

UN TITISTA LLEGA A BURGOS

Dos inspectores de la compañía del gas llaman a la puerta del cuarto segunda del número 248 de la calle Consell de Cent de Barcelona, entre Muntaner y Aribau. Tienen que hacer una inspección, dicen a la mujer que les abre. «No se preocupe, una inspección corriente». La mujer los deja pasar y los empleados revisan el contador y las conducciones de la cocina. Uno de ellos va repasando todo lo que ve en el piso. Detrás de la puerta del comedor se ve a un hombre con barba blanca, desayunando. Gafas de cristal grueso y barba de predicador bíblico. En el buzón del vestíbulo, en una pequeña tarjeta, aparecen los nombres de los vecinos del cuarto segunda: Josep Planes Valls y Marta Vidal Riera. La casa es sencilla. No parece que entre mucho dinero. Huele a plato único con col hervida. El señor Planes se gana la vida, muy modestamente, traduciendo las novelas policíacas del escritor Georges Simenon, autor de una fecundidad extraordinaria. En aquel piso del Eixample habita el comisario Maigret. Mes de junio de 1954.

Unos días después regresan los inspectores del gas. Tienen que hacer una segunda revisión. Cuando están dentro, se identifican como policías, pistola en mano. La Brigada Político-Social de Barcelona acaba de localizar y detener a Joan Comorera i

Soler, fundador del Partido Socialista Unificado de Catalunya, exconsejero de Economía y Abastecimientos de la Generalitat de Catalunya. Un hombre de la Internacional Comunista. Un pez gordo de la Catalunya republicana. En aquel piso del Eixample de Barcelona vive el comisario Maigret, pero el misterio lo han resuelto los agentes de la policía secreta franquista Antonio Juan Creix y Pedro Polo.

El periodista Manuel Tarín Iglesias, redactor de sucesos de *La Prensa*, obtiene la exclusiva de la detención. No es habitual que el régimen facilite mucha información sobre las detenciones políticas, más bien al contrario, las desarticulaciones de «grupos subversivos» suelen aparecer en pequeñas notas, puesto que en España, oficialmente, no hay ningún tipo de desorden. En este caso hacen una excepción. Una página entera en el diario vespertino *La Prensa*, horas antes de que la nota oficial de la policía llegue a los demás periódicos de la ciudad. *La Prensa* es el segundo diario del Movimiento en Barcelona. Más ligero que *Solidaridad Nacional*, por las tardes hace la competencia al *Noticiero Universal*. Primicia en la edición del 15 de junio de 1954: «Juan Comorera, el 'Lenin catalán', detenido». Subtítulos: «Caído en desgracia, vino a España ante el temor de ser asesinado por orden de Moscú». «Brillantísimo servicio de la policía barcelonesa. La noticia causa sensación en todo el mundo». En la foto que ilustra la página aparece Comorera sentado en una silla, en la Jefatura Superior de Policía de Via Laietana. Un hombre mayor, con barba blanca, medio de perfil, mirando a algo que está en el otro extremo de la mesa, posiblemente otra persona, que no aparece en la fotografía. Cabello grisáceo, echado hacia atrás, con dos grandes entradas en la frente. Parece un predicador meditabundo. En segundo término aparece el periodista Tarín Iglesias observando con atención al detenido. «Caído en desgracia, vino a España ante el temor de ser asesinado por orden de Moscú». Esta es la clave de la página de *La Prensa*. La policía de Barcelona no solo acaba de detener a un pez gordo de la Catalunya republicana, también tiene en sus manos a un incómodo disidente del Partido Comunista. El periodista Tarín Iglesias construye un reportaje rápido y trepidante. Los comunistas están dispuestos a matarse entre ellos y la policía los tiene controlados. Este es el mensaje. Veinticinco años después, Manuel Tarín Iglesias le explicaría al profesor Miquel Caminal Badia, tenaz biógrafo de Comorera, que aquel día de la exclusiva pudo tener una larga conversación con el detenido. Comorera le contó que había empezado su vida política junto a Lluís Companys, y reiteró varias veces que se consideraba un «federalista». Sobre las causas de su detención le dijo que no creía que el Partido Comunista lo hubiera denunciado a la policía, «entre otros motivos porque no sabían dónde vivía». Los hermanos Tarín Iglesias, Manuel y José, fueron periodistas destacados de la Barcelona posterior a la Guerra Civil. Manuel dirigió posteriormente el *Noti* y fue el creador de los premios Ondas en su etapa de director de Radio Barcelona.

En el registro del piso, la policía encontró unas cuantas novelas de Simenon y una vieja multicopista, comprada de segunda mano, con la que Comorera imprimía su propia versión de *Treball*, el antiguo periódico del PSUC. El *Treball* auténtico, el *Treball* de Comorera. Imprimía un millar de ejemplares. Algunos los enviaba a Francia y los demás los distribuían él y su mujer en varios buzones de la ciudad. Cada tarde, Marta Vidal Riera, es decir, Rosa Santacana Vidal, salía con unos cuantos ejemplares del *Treball* comoreriano en una bolsa. Algunos días salía él, hasta que empezó a tener la sospecha de que la policía iba tras él. Todos los artículos eran suyos. Estamos hablando de un periódico de autor, del que llegó a imprimir treinta y dos números. El último apareció en mayo de 1954. Su divisa era: «¡Despierta, Catalunya!». Con esto había suficiente para acusarlo de propaganda comunista, en aquellos momentos equiparada al delito de rebelión. La policía, sin embargo, buscaba algo más. Los comisarios Creix y Polo no maltrataron a Comorera mientras estuvo detenido. No lo maltrataron físicamente, pero le enseñaron recortes de la prensa comunista oficial donde era calificado de «traidor» y de «chivato» de la policía. Si durante aquellos días el detenido hubiera podido escuchar las emisiones de Radio España Independiente, la Pirenaica, se le hubiera caído el alma a los pies:

> Atención, atención. Ayer la policía franquista comunicó la detención de Joan Comorera. La realidad es otra: Comorera no ha sido detenido, Comorera se ha entregado a la policía de Franco. Así lo demuestran las declaraciones que ha hecho después de entregarse, después de haber vivido en Barcelona sin que lo molestaran. Todos los antifranquistas han podido comprobar lo justa que fue la decisión del PSUC de echarlo de sus filas, puesto que Comorera era un hombre ajeno y contrario a los intereses del movimiento obrero, un agente de fuerzas extrañas a los trabajadores. Comorera es un traidor al movimiento obrero, un agente al servicio del enemigo. Esta experiencia tiene que servir para incrementar la vigilancia revolucionaria, reduciendo a la impotencia a los provocadores.

Lo tuvieron cuarenta y dos días en Via Laietana. Querían saber cuáles eran sus relaciones con el partido después de ser expulsado. En un momento determinado le plantearon la posibilidad de dejarlo salir discretamente del país si firmaba un documento declarando que había entrado en España huyendo de las amenazas de muerte del PC. Así lo explicó el propio comisario Creix al abogado Josep Benet cuando este lo fue a ver, unos años después, para tramitar un pasaporte para Rosa Santacana después de la muerte de su marido. Le ofrecieron una hipotética vía de fuga y no la aceptó. Comorera se negó a firmar documento alguno contra el partido que lo había expulsado de sus filas y que lo denigraba constantemente.

Semanas después de su detención, el *Treball* oficial volvía a la carga contra el antiguo secretario general:

> La comedia de la «clandestinidad» de Comorera continúa. La policía da un paso más para presentar como resistente a un miserable delator desenmascarado. Es necesario denunciar esta maniobra y extremar la vigilancia. Hay que hacerla comprender a la clase obrera y a los demócratas catalanes. Este farsante indecente no encontrará ningún barniz que pueda tapar su inmunda naturaleza de indicador de la policía.

En la revista *Lluita*, publicación del PSUC en el exilio, Rafael Vidiella, uno de los fundadores del partido, remachará el clavo, un clavo infame:

> El desplazamiento de Comorera forma parte del incremento de la campaña anticomunista que dirigen los imperialistas yanqui-británicos. Año 1951. Entonces fue el momento propicio para que los yanquis facturaran a Comorera hacia Barcelona. Por sus calles se paseó tranquilamente, habiendo sido su primera fechoría la denuncia a la policía franquista de los camaradas que habían dirigido la patriótica huelga de tranvías [1951], causando la detención de Gregorio López Raimundo y sus compañeros.

Comorera no aceptó la envenenada oferta del comisario Creix. No quería dar la razón a las infamias que difundían sus detractores. Se enfrentaría solo a su destino, como había hecho casi siempre. No quería convertirse en un segundo Jesús Hernández, el alto dirigente del PCE que fue ministro de Instrucción Pública y Sanidad en los gobiernos de Francisco Largo Caballero y Juan Negrín, y que después de perder la pugna por la secretaría general del partido al morir José Díaz —la pugna la ganó Dolores Ibárruri— se declaró antiestalinista y seguidor de Tito. Hernández, que había sido responsable de propaganda del PCE, intentó fundar, con un pequeño grupo de socialistas exiliados, un partido comunista independiente de tendencia proyugoslava, trabajó como asesor de la embajada de Yugoslavia en México y escribió un libro con un título muy impactante: *Yo fui un ministro de Stalin*. Comorera no quería huir a Zagreb o a Belgrado, ni escribir un libro contra Stalin. Ni siquiera se consideraba titista, aunque esta fuera la «terrible» acusación que pesaba sobre él. Se consideraba el legítimo secretario general del Partido Socialista Unificado de Catalunya, y con su enorme terquedad fue a parar a la cárcel Modelo de Barcelona, donde permaneció más de dos años, puesto que el régimen no tenía mucha prisa en juzgarlo.

Una vez en la Modelo, los presos del PSUC le hicieron el vacío. Solo dos jóvenes detenidos hablaban con él en el patio. Francesc Vicens y Víctor Mora. Vicens acaba de ser encarcelado como responsable del grupo de intelectuales y artistas del PSUC. Un hombre alto y delgado, muy aficionado a lo subterráneo. Le gustaban la clandestinidad y la espeleología. Cuevas, simas y células comunistas. Mora, hijo de exiliados en Francia, se ganaba la vida como podía, escribía y dibujaba historietas. A los dos les gustaba la aventura. Los dos jóvenes no le consideran un traidor, sienten curiosidad por un personaje de una guerra que ellos apenas han vivido. Hablan. Se cuentan historias. Dos generaciones en el patio de la Modelo. Francesc Vicens un día también será tildado de traidor y acabará dirigiendo la Fundació Miró de Barcelona. Víctor Mora será el guionista de *El Capitán Trueno*, la historieta de moda en la España de los años sesenta.

En la Modelo, la salud de Comorera empeora. La bronquitis crónica de fumador empedernido se transforma en enfisema pulmonar. Con la ayuda de los pocos comoreristas que quedan en Francia y en Catalunya, su mujer, Rosa Santacana, en libertad provisional, alquila una habitación con derecho a cocina en la calle Entença para poder llevarle comida cada día a la cárcel y visitarlo lo más a menudo posible. El amor de Rosa por su esposo conmueve. Se casaron cuando ella tenía dieciocho años. Nunca se interesó mucho por la política, pero admiraba el carácter y la determinación de su marido.

El 7 de agosto de 1957, tres años después de la detención, tuvo lugar el consejo de guerra. En el banquillo de los acusados, Joan Comorera i Soler, Rosa Santacana i Vidal y Ferran Canyameres i Casamada, amigo y colaborador de Comorera en Barcelona. El fiscal pedía pena de muerte para Comorera por un delito continuado de rebelión militar. Para Santacana y Canyameres, cuatro y seis años, respectivamente, por «auxilio a la rebelión militar». El abogado de Comorera fue Antonio Solís Pascual, recomendado por unos presos de la CNT a quienes había conocido en la Modelo. La defensa de Rosa Santacana estuvo dirigida por el abogado católico Josep Benet, que también se había ofrecido a defender a Comorera. A Canyameres lo asistió el letrado Benet Fuster. Josep Benet y Joan Comorera tenían algo en común: los dos habían nacido en Cervera. A los dos los podríamos definir como nacionalistas catalanes, con todos los matices que se quieran. Los dos eran hombres de una gran terquedad y determinación. Los dos nunca tendrían muy buena relación con Josep Tarradellas, el hábil consejero primero de Lluís Companys, el hábil presidente de la Generalitat restaurada en 1977. A Comorera le interesaban los frentes políticos amplios. A Benet le empezaban a interesar. Y aquí se acababan las coincidencias. Comorera era un ateo radical, con una fuerte aversión al clericalismo. Benet era un católico montserratino, militante algo desengañado de Unió Democràtica, atraído por el catolicismo social del democristiano francés Frédéric Ozanam, fundador de las conferencias de San Vicente de Paúl. En la sala del juicio pudieron entrar dos observadores muy significativos. El abogado Josep Soler Barberà, hombre del PSUC, y el profesor Joan Reventós, reconstructor del espacio socialista en Cataluña con las siglas del MSC. Ambos partidos querían saber qué decía Comorera en el juicio y qué suerte le esperaba. Finalmente fue condenado a treinta años de cárcel por rebelión militar continuada. Soler Barberà quedó muy impresionado con la defensa que Benet hizo de Rosa Santacana, de quien consiguió la absolución.

El abogado católico puso al tribunal ante un hábil sofisma. «Una mujer casada tiene la obligación de ayudar a su marido. Rosa Santacana no ha cometido ningún delito político, solo ha ayudado a su marido en algunas tareas; quizás ha faltado al Código Penal, pero no al Código Civil y todavía menos a la ley natural que Dios ha inscrito en el corazón de los hombres». El tribunal —argumentaba Benet— no podía elevar la política por encima de la ley natural, como había hecho la hija del acusado, Núria Comorera Santacana, que había renegado de su padre después de que este fuera expulsado del PSUC por traidor. «Su afán de defender a la sociedad del materialismo marxista les llevaría, señores, a aplicar inconscientemente una concepción marxista del derecho y la justicia si condenan a la acusada», concluyó Benet. El abogado Soler Barberà quedó boquiabierto. El profesor Reventós, también. La absolvieron. Poco se imaginaba el abogado defensor que, veintitrés años después, su nombre encabezaría la candidatura del PSUC, como independiente, en las primeras elecciones libres al Parlament de Catalunya después de la dictadura.

Al escritor Ferran Cànyameres, que no pertenecía al PSUC pero que había actuado de enlace de Comorera en Barcelona por amistad personal con él después de haber compartido exilio en París, le cayeron dos años, de los que le faltaban pocos meses por cumplir, teniendo en cuenta el tiempo de prisión provisional. Canyameres traducía a Simenon y pasaba algunos trabajos a Comorera para ayudarlo a sobrevivir. Los comisarios Creix y Polo tuvieron un gran disgusto con él. Registrando su casa, encontraron un fichero con dos mil nombres y direcciones. Los dos policías más duros de Via Laietana creyeron que estaban ante una mina de oro: dos mil fichas de comunistas ordenadas alfabéticamente con su correspondiente dirección. ¡El hallazgo del siglo! Muy pronto pudieron comprobar que el escritor Canyameres tenía la costumbre de anotar el nombre y la dirección de todas las personas que conocía, de modo que en aquel fichero había curas, cónsules, algún político del régimen, fontaneros y también la señora de la limpieza.

Antes de acompañar a Comorera a la prisión de Burgos, quizás habría que explicar cómo un joven republicano reformista que firmaba sus primeros artículos con el pseudónimo *Voltaire* había podido acabar expulsado del Partido Comunista bajo la acusación de titista.

Y habrá que responder a la pregunta más inquietante de todas: ¿verdaderamente el PCE tenía un plan para asesinar a Comorera, como afirmaba la policía franquista?

Joan Comorera i Soler nació en Cervera el 5 de septiembre de 1894 en la rama pobre de un linaje carlista de la comarca de la Segarra. Se incorporó muy joven a la lucha política influido por la muerte de su hermano Josep en las barricadas de la Semana Trágica de 1909. Un joven republicano y ferozmente anticlerical en un pueblo dominado por los curas. Maestro de escuela con estudios en Lleida, intentó fundar una escuela laica en Cervera, pero no lo logró. A los diecinueve años se incorporó a la redacción de *La Publicidad*, cuando este periódico todavía se editaba en castellano, con unas notas escritas desde Madrid sobre el movimiento de fichas en la política española. A los diecinueve años, cronista político en la capital de España, tras los republicanos reformistas Melquíades Álvarez y Gumersindo de Azcárate. A los diecinueve años ya defendía un frente amplio: un frente de liberales, republicanos, socialistas y sindicalistas contra conservadores y lerrouxistas. La letra pequeña de la biografía política de Comorera presenta muchos zigzags, nunca permanece quieto: republicano reformista, colaborador de Marcel·lí Domingo, patriarca tortosino del reformismo y fundador del Bloc Republicà Autonomista, colaborador de Francesc Layret en el republicanismo catalanista, militante de la federación catalana del PSOE cuando este partido empieza a hablar de la pluralidad de los pueblos ibéricos, socialista argentino, socialista uruguayo, impulsor de la Unió Socialista de Catalunya cuando el PSOE se repliega en su tradición jacobina, fundador y primer secretario general del PSUC en 1936, enemigo mortal de la FAI, fustigador del POUM, defensor de la vigencia del Estatut de Catalunya en los momentos más difíciles de la Guerra Civil, miembro de pleno derecho de la Internacional Comunista, estalinista granítico, férreo defensor de la independencia del PSUC, estalinista acusado de titista, legitimista de su propia causa, convencido siempre de sus razones, muy seguro de sí mismo, demasiado seguro de sí mismo, amante del protagonismo, individualista, pugnaz, más político que teórico, cien por cien político, testarudo hasta la temeridad.

Contemplada con algo más de perspectiva la trayectoria de Comorera muestra una coherencia total. Estamos siempre ante un republicano reformista que cree en una España verdaderamente federal, una parte constitutiva de la cual es la nación catalana. En la medida en que este proyecto es muy difícil de llevar a cabo en una España dominada por la deriva depresiva y reaccionaria de la derrota colonial de finales del siglo XIX, Comorera defiende siempre la formación de frentes amplios a favor de la profundización democrática y la plena autonomía de Catalunya, y detesta el lerrouxismo, el apoliticismo anarquista y los aventurerismos radicales. Sueña con un 14 de julio español e interpreta la línea estalinista de los años treinta como una sublimación de la eficacia política. La URSS tiene poder. La URSS es un hecho tangible. La URSS es el hogar del socialismo. Efectivamente tiene poder: Stalin derrota a Hitler poniendo en marcha la riada humana más grande de la historia de los ejércitos.

Comorera es un hombre de carácter complicado. Puede llegar a ser autoritario y desagradable con los que le llevan la contraria. Nunca le tiemblan las piernas, ni ante los pelotones de la FAI, ni con el doctor Juan Negrín, otro hombre de fuerte carácter, cuando este quiere suspender el Estatut de Catalunya invocando las urgencias de la guerra. Tampoco le tiemblan las piernas ante el astuto Palmiro Togliatti, *Ercoli*, principal delegado de la Internacional Comunista en la guerra de España, implacable analista de las debilidades del Frente Popular de la República. Togliatti considera que Comorera es un nacionalista pequeñoburgués que en el fondo coincide con Josep Tarradellas, a pesar de su conocida rivalidad. Tampoco le tiemblan las piernas a Comorera discutiendo con la Pasionaria en Moscú, o con Carrillo en París, ni ante los policías Creix y Polo cuando estos le ofrecen salir discretamente de España si firma un documento declarando que su partido quería matarlo siguiendo órdenes de los rusos.

No soporta a los libertarios. En un mitin en la ciudad de Valencia es capaz de calificar de «tribus» a las columnas anarquistas que marchan hacia el frente de Aragón. Días después de haber calificado a los *faieros* de tribales, una bomba explota a pocos metros de su coche en la calle Pau Claris, y le dice al chófer que no pare y que siga adelante. Es capaz de defender la pequeña propiedad cuando en Catalunya se quiere colectivizar todo. Es capaz de defender que las fábricas colectivizadas sean dirigidas por directores profesionales cuando todo se quiere decidir en asamblea. Es un hombre capaz de pasar solo la frontera para ir a vivir clandestinamente a Barcelona, perseguido por la policía y difamado por su partido, convencido de que todavía tiene margen de maniobra para retomar el control del PSUC y poder demostrar su verdad.

El gran aprendizaje político lo hizo en Argentina. En 1919, después de publicar un libro titulado *La trágica ignorancia española*, demoledor análisis de la estructura educativa en España, en el que denuncia la existencia de una España feudal, encerrada en sí misma, que ahoga sistemáticamente todos los intentos de renovación, decide marchar hacia Argentina, en aquellos momentos uno de los países más dinámicos del continente americano. Una vez en Buenos Aires no se recluye en el Casal Catalán. Se integra plenamente en la sociedad y la política del país. Se afilia al Partido Socialista Argentino y empieza a trabajar como redactor de *La Vanguardia*, el periódico de los socialistas argentinos, donde se encarga de la información municipal, y pasa a ser hombre de confianza del director. En Buenos Aires se siente libre, todavía más cuando recibe noticias de la llegada al poder del general Primo de Rivera. Escribe una novela y dos obras de teatro, con más voluntad pedagógica que literaria. Consigue la nacionalidad argentina, pero no olvida a su país de origen. En 1923 publica un artículo titulado «La tragedia de Barcelona», un resumen de la política en Catalunya en los últimos decenios que causa un gran impacto entre los catalanes residentes en Buenos Aires. Lo visitan y le ofrecen la dirección de un nuevo semanario que se llamará *Nación Catalana*, que quiere dar a conocer la realidad de Catalunya al público sudamericano. Acepta. Comorera no es separatista, no lo será nunca, pero en más de una ocasión llega a justificar el separatismo como reacción contra el centralismo. Empieza a escribir también en *Acción Socialista*, revista teórica del partido de los socialistas argentinos, del que acabará siendo uno de los hombres fuertes, en un momento de división entre marxistas y moderados. En 1926 publica un manual cívico para niños, *El abuelo*, que acabará siendo adoptado como libro de lectura para los grados quinto y sexto de la enseñanza primaria argentina. Aquel mismo año es ascendido a redactor jefe de *La Vanguardia*. Entonces llegan a Argentina los exiliados catalanes Francesc Macià y Ventura Gassol huyendo de la dictadura de Primo de Rivera, después de los hechos de Prats de Molló. El redactor jefe tendrá un papel protagonista en el comité de bienvenida como dirigente socialista argentino y como director de *Nación Catalana*.

Cuatro años después, el 6 de septiembre de 1930, el poder cambia de manos en Argentina. La oligarquía terrateniente y los militares dan un golpe de estado, con el apoyo de una parte de la Unión Cívica Radical y del Partido Socialista Independiente (los socialistas moderados, escindidos). Cae el presidente Hipólito Yrigoyen y toma el poder el general José Félix

Uriburu. Pocas semanas después, Joan Comorera y Rosa Santacana son expulsados del país. Se van a Uruguay y durante unos meses Joan pasa a formar parte del Partido Socialista Uruguayo. En mayo de 1931 ya dirige un centro socialista en Montevideo, pero las noticias que llegan de España le invitan a volver. Se ha proclamado la República. Francesc Macià ha sido nombrado presidente de un gobierno catalán que quiere restaurar la antigua Generalitat. El gobierno de la nueva República española se ha comprometido a aprobar un estatuto de autonomía. En el verano de 1931 Joan Comorera vuelve a Catalunya con treinta y seis años y una experiencia que en aquel momento no tienen muchos políticos catalanes. Ha visto mundo. Ha entendido algunas cosas del mundo.

Se afilia a la Unió Socialista de Catalunya y empieza a trabajar por la unificación de las fuerzas socialistas catalanas con el objetivo primordial de disminuir la preponderancia de la CNT en el movimiento obrero catalán. Empieza a producirse una bifurcación entre los marxistas catalanes. Julián Gorkin y Andreu Nin apuestan por una reconducción gradual de la CNT hacia posiciones más políticas. Comorera piensa que no hay nada que hacer con los anarquistas y apuesta por el reforzamiento de la UGT, sindicato entonces minoritario en Catalunya. Trabaja por la fusión de la USC con la federación catalana del PSOE mediante algún tipo de acuerdo federal con el Partido Socialista Obrero Español. Seguramente estas disyuntivas nos deben resultar familiares. Cosas de ayer y de siempre. La fusión de la Unió Socialista y la federación catalana del PSOE fracasa en 1933, en el último minuto, como consecuencia de las reticencias obreristas de la agrupación de Barcelona y de la hostilidad de la mayoría de los dirigentes del PSOE, especialmente de Francisco Largo Caballero y de su tutor intelectual, Luis Araquistaín. No es fácil conjugar un socialismo catalanista de tradición federal, muy del agrado de maestros, periodistas, oficinistas y empleados de comercio de habla catalana, con la tradición jacobina y obrerista del PSOE. La propuesta era casi metafísica: el partido fusionado sería soberano en cuanto a la política catalana y actuaría como federación catalana del PSOE en los asuntos de la política española. No hay fusión. La Unió Socialista sigue coaligada con Esquerra Republicana, a pesar de que hace vida propia en el Parlament. Algunos dirigentes de ERC lo encuentran excesivo, puesto que Comorera siempre va a lo suyo. Después de la muerte de Rafael Campalans, apóstol del socialismo catalanista, el político impetuoso venido de Argentina pasa a ser el hombre principal de la USC junto con Manuel Serra i Moret. Muerto Francesc Macià, el presidente Lluís Companys, antiguo amigo de juventud, antiguo compañero de fatigas del republicanismo reformista, lo nombra consejero de Economía y Agricultura del gobierno de la Generalitat en enero de 1934, cuando la República entra en tensión por la probable alianza del gobierno Lerroux con la CEDA. La República española se va hacia la derecha y el fascismo se extiende por Europa. Comorera, que siempre ha detestado a Lerroux, apoya a Companys en el fatídico pronunciamiento del 6 de octubre. Él y Joan Lluhí Vallescà, jefe del ala reformista de ERC, ayudan a Companys a alejarse de las exigencias separatistas de Estat Català con la rebuscada fórmula que se proclama desde el balcón de la Generalitat: «Estado catalán dentro de la República Federal española». Nunca se podrá decir que el 6 de octubre haya sido un momento independentista. Los detiene el general Batet, el alto oficial de la República que, dos años después, será fusilado en Burgos por orden expresa de Franco.

La victoria del Frente Popular los libera y al cabo de unos meses estalla la Guerra Civil. A finales de julio de 1936, la unificación socialista se acelera en Catalunya, con una imprevista mutación de su estructura molecular: el nuevo partido unificado proclama su simpatía por la Internacional Comunista, que en aquellos momentos propugna la agrupación de todos los partidos comunistas y socialistas para hacer frente al ascenso del fascismo. Integran el Partido Socialista Unificado: la federalista Unió Socialista de Catalunya, el Partido Comunista de Catalunya (facción de los comunistas catalanes que no se habían querido unir al Bloc Obrer i Camperol), el Partit Català Proletari (pequeña formación escindida de Estat Català, por lo tanto familiarizada con el separatismo) y la federación catalana del PSOE, obrerista y durante tantos años reticente al catalanismo. Joan Comorera i Soler es elegido secretario general y la gente del PCC pasa a dominar el aparato organizativo. El nuevo partido es independiente del PCE, pero nace con el compromiso de articular su política con el partido de los comunistas españoles, que empezarán a coger fuerza en el contexto de la Guerra Civil, cuando la República se queda sola y puede contar únicamente con la ayuda de la URSS.

El PSOE está muy dividido. El jefe de gobierno, Juan Negrín, cree que todavía hay posibilidades de ganar la guerra. Habla idiomas, ha estudiado en Alemania y tiene una cierta noción del mundo. Ve venir la Segunda Guerra Mundial y cree que si la República consigue resistir, el estallido de una nueva guerra europea romperá su dramático aislamiento. No ve ninguna posibilidad de parar la guerra negociando con Franco: el fascismo va a por todas. «Resistir es vencer», proclama tercamente. Indalecio Prieto está deprimido y sería partidario de intentar pactar el final de la guerra con Franco aceptando, si fuera necesario, una restauración de la monarquía. El presidente de la República, Manuel Azaña, está aún más deprimido. Vive la guerra como un fracaso personal: el enésimo drama español. Negrín ha decidido trasladar el gobierno de la República de Valencia a Barcelona para poder controlar mejor la industria de guerra y vigilar de cerca las tendencias claudicantes de algunos nacionalistas catalanes. En Esquerra hay quien piensa en la posibilidad de negociar una paz por separado.

Catalunya es un mundo aparte y al mismo tiempo un mundo decisivo para la supervivencia de la República, puesto que las fábricas catalanas son del todo imprescindibles. Las fábricas colectivizadas en Catalunya son la principal industria de guerra de la República. Tejen uniformes, fabrican armas y procesan explosivos. El puerto de Barcelona recibe las ayudas provenientes de Rusia, bajo control del cónsul soviético Vladímir Antónov-Ovséyenko, el comandante bolchevique que dirigió la toma del Palacio de Invierno. En pocos meses, la morfología de la izquierda catalana sufre una modificación decisiva. El PSOE desaparece de Catalunya y los socialistas van del brazo de los comunistas. El punto número cuatro del manifiesto fundacional del PSUC dice que el nuevo partido unificado «será el más fiel combatiente y organizador para la conquista de la libertad nacional y social de nuestro pueblo».

El PSUC será, de hecho, el nuevo partido de orden, con la idea de que la prioridad es ganar la guerra. Para los anarquistas y sus aliados del POUM, la guerra y la revolución tienen que ir juntas. Se ha escrito mucho sobre esta disyuntiva. Hay mucha literatura y alguna película memorable. Estos dos puntos de vista dibujan una división psicológica en la sociedad catalana que todavía hoy perdura. En Badalona, la ciudad donde MMM es nombrado interventor de la Generalitat de la colectivización metalúrgica, el diario local del PSUC escoge el nombre de *El Deber*. El de la CNT-FAI se llama *Vía Libre*. No hay mucho más que decir.

Después de los Hechos de Mayo de 1937, los comunistas empiezan a tomar el control de la situación y Comorera se convierte en uno de los hombres fuertes de la política catalana. Quizás el más fuerte. Se enfrenta con casi todo el mundo, menos con Companys, su amigo de juventud. Es pugnaz, nunca se acobarda. Se enfrenta a los anarquistas y consigue que la UGT vaya ganando terreno a la CNT en las fábricas y en los talleres. Defiende la pequeña propiedad agraria de la locura colectivizante. Se enfrenta al POUM, que se convierte en la víctima propiciatoria de los Hechos de Mayo.

Un día Andreu Nin desaparece y nadie lo verá nunca más. «¿Dónde está Andreu Nin?», pintan en las paredes los asustados militantes del Partido Obrero de Unificación Marxista. «En Salamanca o en Berlín», añaden los del PSUC. Nin ha sido secuestrado, torturado y finalmente asesinado por agentes del NKVD soviético, muy probablemente dirigidos por el agente Aleksandr Orlov, con la complicidad de agentes del SIM republicano. Nin se negó a firmar un documento en el que declaraba ser un espía al servicio de Franco y lo mataron para que no pudiera denunciar aquel siniestro episodio, que tenía que servir de base para el proceso contra el POUM como organización contrarrevolucionaria. Sus restos, enterrados clandestinamente cerca de Alcalá de Henares, nunca han sido localizados. El servicio secreto soviético se planteó dos objetivos en España: matar a Franco y liquidar la rama trotskista. El primer objetivo fue irrealizable. Llegaron a introducir al agente doble británico Kim Philby como corresponsal de guerra en el bando nacional, pero Philby, educado en Cambridge, capaz de escribir muy buenos informes, no había venido a este mundo a matar a un militar fuertemente protegido. Consiguieron abrir un proceso criminal contra los principales dirigentes del POUM, que acabó con la disolución del partido y penas relativamente menores en relación con las condenas a muerte que reclamaba el fiscal. La operación contra Nin fue urdida en Moscú, con la supervisión de Stalin, que quería eliminar de raíz el trotskismo en la medida que era un movimiento de oposición que podía intentar derribarlo si la inevitable guerra mundial no acababa con un claro triunfo soviético. No hay ninguna prueba que inculpe a Comorera en el secuestro y el asesinato de Nin, pero tampoco tenemos ningún elemento para poder demostrar que el secretario general del PSUC hubiera sido más indulgente en el caso de haber sido informado de los planes vengativos de Stalin. Diez años después de la desaparición de Nin, el «traidor» será él.

Enfrentado con todos, decíamos. Rivalizaba con Tarradellas por el control del gobierno catalán. Comorera magnetizaba a Companys; Tarradellas maniobraba con los cenetistas. «Parecía un reptil enroscado a Companys, queriendo hipnotizarlo con sus gruesas gafas de miope», escribió el cenetista García Oliver. Ridiculizaba a los dirigentes de Esquerra que especulaban con la retirada de Catalunya de la guerra, bajo protección italiana. Estaba de acuerdo con que el gobierno de la República controlara la industria de guerra de la Generalitat, pero se enfrentó a Negrín cuando este quiso plantear la suspensión del Estatut de Catalunya aduciendo las urgencias de la guerra. En su interesante memorándum sobre la guerra de España, el principal consejero de Negrín, Julián Zugazagoitia, recuerda a Comorera siempre vigilante, moviéndose entre bastidores, muy conectado con Moscú, adonde viajó en 1938 para reportar directamente al secretariado de la Internacional Comunista, pasando por encima de Togliatti, que lo detestaba y consideraba al PSUC un partido pequeñoburgués infiltrado por la masonería. Comorera mandaba. En el último año de la guerra, el PSUC había desplazado a Esquerra Republicana como partido dirigente en Catalunya. El empresario Manuel Ortínez, uno de los grandes amigos de Tarradellas, lo cuenta así en sus memorias:

> La gente llegó a desear que llegaran los comunistas, que mandaran y se hicieran obedecer. A raíz de los Hechos de Mayo del 37, efectivamente, los comunistas empezaban a tener este papel de partido de orden en los mecanismos del poder. El PSUC se desarrolló entonces, con la protección del comunismo ruso y el español, pero también con el asentimiento de la pequeña burguesía catalana de orden que prefería una opción de este tipo. El PSUC se convirtió en el partido protector. Yo lo vivía de una manera diaria en Barcelona.

Los principales dirigentes del Partido Socialista Unificado de Catalunya abandonaron Barcelona el 26 de enero de 1939 cuando las tropas franquistas ya bajaban por el paseo de Gràcia después de una noche tenebrosa en la que no quisieron marcharse de la ciudad antes de que lo hiciera un núcleo de dirigentes del PCE y Togliatti. Los socialistas unificados no querían ser acusados de derrotistas. Una derrota política puede ser grave. La derrota en una guerra civil siempre será devastadora. A Comorera lo esperaban en Moscú.

Salió bien librado a la hora de dar explicaciones al Komintern sobre la caída de Barcelona. Al cabo de unos meses recibió un regalo inesperado que dejó de piedra a los dirigentes comunistas españoles: en junio de 1939, el PSUC era admitido como miembro de pleno derecho de la Internacional Comunista por decisión unánime de su Presídium. Este reconocimiento rompía con un punto de los estatutos según el cual cada país tenía que estar representado por un partido. España pasaba a ser el único país del mundo con dos secciones de la Internacional Comunista: la española y la catalana. «Debes de estar contento, por fin te has salido con la tuya», le dijo Dolores Ibárruri en Moscú. El Presídium del Komintern no llevaba barretina aquel día. Hay que prestar atención a la escolástica comunista: el PSUC no era reconocido como partido «nacional», sino como partido «unificado». Con aquella decisión se reconocía la unificación de socialistas y comunistas, se los invitaba a cohesionar el nuevo partido bajo los principios bolcheviques para formar más adelante un partido único del proletariado en toda España. Sección catalana a cambio de «bolchevización». El PSUC tenía que convertirse en un partido comunista al cien por cien. Comorera dijo que sí, pero unos treinta miembros fundadores, muchos de ellos provenientes de la antigua Unió Socialista de Catalunya, dijeron que no, y firmaron un manifiesto en que se denunciaba que la Internacional Comunista se había convertido en «un órgano de defensa exclusiva de la Unión Soviética, dejando de lado a los partidos proletarios de todo el mundo».

Los socialistas del PSUC denuncian el pacto germano-soviético y empiezan a desertar. En 1941, algunos de ellos fundarán en el exilio el Moviment Social d'Emancipació Catalana, con un fuerte componente nacionalista catalán, y cuatro años después participarán en la creación del Movimient Socialista de Catalunya (MSC), junto con antiguos militantes de Esquerra Republicana, de la CNT y del perseguido POUM, más algunos estudiantes laboristas de la Universidad de Barcelona. Manuel Serra i Moret, Joan Reventós y Josep Pallach, juntos. La historia siempre mezcla las cartas. Empezaba la «desunificación», y Comorera se declaraba bolchevique granítico defendiendo siempre la independencia del PSUC.

Siempre pugnaz. Ahora contra los «socialdemócratas» que huyen y contra los que desde dentro querían convertir al PSUC en una dócil sucursal del PCE. La sección catalana de la Internacional Comunista dura poco, porque en 1943 Stalin decide la disolución del Komintern, que será sustituido por un comité de coordinación denominado Kominform. Es un cambio muy importante, consecuencia de las conferencias de Yalta y Potsdam. La URSS renuncia a una ofensiva explícita más allá de su zona de influencia y convoca a los partidos comunistas de todo el mundo a defender, por encima de todo, la patria del socialismo. En China acaba de triunfar la revolución. La URSS y su glacis en la Europa oriental, más la República Popular China, dominan tres cuartas partes de la gran plataforma continental euroasiática. Pueden llegar a dominar el mundo, pero todavía no tienen la bomba atómica. El Kominform es un grupo más selectivo en el que, de los países de la Europa occidental, solo participan de manera directa los partidos comunistas de Francia e Italia, con una gran fuerza social detrás. El PCE del exilio queda bajo la tutela del PCF, y el PSUC, bajo la tutela del PCE.

En aquel momento, Comorera lanza su propuesta más atrevida. Plantea la formación de un Front per la Pàtria en Catalunya, que sería algo más que un frente común de los partidos republicanos y catalanistas, sería una nueva organización política en la que los militantes del PSUC participarían activamente, dejando en suspenso su militancia. Una Asamblea Nacional Catalana. Comorera defiende el Front per la Pàtria y defiende la «línea Macià» en el supuesto de que Franco caiga como consecuencia de la acción de los aliados: máxima autonomía para Catalunya y un nuevo pacto con España. Años más tarde estas propuestas sirvieron de base para la acusación de titista y nacionalista pequeñoburgués. «Comorera pretendía liquidar el PSUC. Comorera quería ser un nuevo Macià y un nuevo Companys, quería ser el heredero de la Mancomunidad y la Generalitat. Comorera quería ser *César*». Esta fue la acusación de Dolores Ibárruri. El acusado contraatacaba tildando a la Pasionaria de *Faraona*: «Ella vive en un mundo irreal forjado por la adulación más inconsiderada».

Recuperemos un poco la perspectiva. Dos guerras. Una derrota devastadora y una victoria aliada que abre una esperanza exagerada para el voluntarismo. Los aliados no harán caer a Franco. Esto solo lo saben las cúpulas que han participado en las reuniones de Yalta y Potsdam. Pero las militancias no funcionan con relatos glaciales. La subjetividad cuenta. Las ganas de lucha cuentan. Después de una guerra mundial el mundo es un inmenso campo de maniobras. La descalificación del régimen de Franco en la ONU da esperanzas a los republicanos españoles y excita la supervivencia en París de un gobierno de la República en el exilio de amplio espectro, acompañado de sendos gobiernos en el exilio de vascos y catalanes, todos ellos con presencia comunista. Joan Comorera formará parte durante unos meses del gobierno en el exilio presidido por Lluís Companys. Políticos muy realistas como Indalecio Prieto y Josep Tarradellas saben que aquellas esperanzas no llevarán a ninguna parte. Otros lo intuyen. A medida que se va definiendo la división del mundo en dos grandes bloques, todos son emplazados a decidir de qué campo forman parte. El campo de la libertad o el campo del sovietismo, dicen unos. El campo del imperialismo o el campo del socialismo, dicen otros. Esta disyuntiva acaba de destrozar al exilio español y también al exilio catalán. Solo los vascos aguantarán algo más gracias a la fortaleza del Partido Nacionalista Vasco y a su convergencia atlantista con el PSOE. Significativamente es en el País Vasco donde el Partido Socialista conseguirá mantener una vida orgánica que prácticamente desaparece en el resto de España. Esta glaciación empuja a los comunistas exiliados al subjetivismo y a la paranoia. Tienen que luchar contra el aislamiento, contra la desmovilización y contra los golpes de la policía, puesto que el régimen los ha señalado claramente como sus enemigos predilectos. A partir de 1947, como hemos visto, el partido comunista ya no sabe qué hacer con las guerrillas. A todo esto hay que añadir las paranoias de Stalin, obligado ahora a transformar la URSS en una gran potencia industrial y militar sin el contexto de cooperación internacional que quizás esperaba. El movimiento comunista internacional se convierte en un cinturón de seguridad de la URSS. Quién se desvíe de esta línea lo pasará mal.

Todo el mundo está avisado. El 21 de agosto de 1940, el comunista catalán Ramon Mercader, militante del PSUC, ha matado a Trotski a golpes de piolet en su casa de Coyoacán, a las afueras de Ciudad de México, donde el creador del Ejército Rojo vivía refugiado después de haber sido expulsado de la URSS. Comorera conocía bastante bien la historia de Ramon Mercader, joven militante de las JSU (siempre las JSU), alto y fuerte, imbatible cuando se proponía seducir a una chica: así llegó hasta el círculo de confianza de Trotski. MMM también conocía la historia de Mercader. Cerca de su casa, en Badalona, estaba Can Mercader, una inmensa fábrica de tejidos. Moreno quizás había visto pasar alguna vez a la madre de Ramon Mercader, Caridad del Río, majestuosa montada a caballo, yendo hacia la fábrica de la familia de su marido tras una larga cabalgada desde el paseo de Gràcia de Barcelona. Vida burguesa antes de irse con la NKVD. Expulsada de la familia Mercader después de haberse enamorado de un aviador francés, aquella mujer rica y de ademán aristocrático, decidida a vengarse de la clase social que la había querido encerrar en un hospital psiquiátrico para ocultar el escándalo conyugal, se hizo comunista y acabó siendo cooptada por el servicio de espionaje soviético, que también reclutó a su hijo Ramon. Las conversiones suelen ser sulfurosas. Algunos dirigentes del PCE y del PSUC trabajaban para el NKVD, pero su filiación era secreta. Secretos en el interior de una organización terriblemente disciplinada. En la actual fase de máxima fluidez de las identidades individuales no disponemos de mecanismos mentales para poder hacernos una idea de lo que era aquel mundo. Cojamos perspectiva: Joan Comorera, hombre político al doscientos por ciento, seguro de sí mismo, acostumbrado a mandar, sin ningún tipo de miedo a las discusiones, intenta afirmar su personalidad, su carácter y su línea en aquel mundo de altos hornos. El PSUC se «desunifica». La rama socialista, asustada, se marcha hacia los parajes más suaves de la socialdemocracia europea, lejos de Stalin. Al final del día, de la USC solo queda él, el más testarudo de todos.

Comorera tuvo que coger el Transiberiano para poder salir de Rusia en 1940. En el puerto oriental de Vladivostok, en el Pacífico, embarcó hacia América. Estancias en México y Cuba, hasta poder volver a Europa. Cuando vuelve a París en 1945, el aparato del PSUC está ya controlado por los jóvenes cuadros de las JSU (siempre las JSU), que siempre serán fieles a Santiago Carrillo. Los *capitanes* de las JSU, jóvenes de poco más de treinta años con la experiencia de la guerra, son los que dirigen la reorganización del partido comunista. Carrillo, al frente del buró del PCE en París, mientras la Pasionaria permanece en Moscú, respeta al PSUC, nunca querrá borrarlo, pero lo quiere a sus órdenes. Acepta que el partido catalán tenga vida propia, pero plantea que en aquellas excepcionales circunstancias las dos organizaciones colaboren muy estrechamente sin compartimentos separados. Con este criterio, MMM, secretario político del PSUC en el departamento de Perpiñán, es enviado en 1946 a reconstruir el comité de Valencia. Comorera es invitado a formar parte del buró político del PCE y las cosas acaban mal. Las discrepancias son cada vez más frecuentes. Él reivindica la total independencia del PSUC y un día se encuentra en minoría dentro de su propio partido. Lo expulsan en 1947 pero él se sigue considerando el legítimo secretario general del Partido Socialista Unificado de Catalunya.

Diez años más tarde acabará en Burgos, en la misma prisión donde fue encerrado y sentenciado el general Batet, el hombre que lo detuvo la madrugada del 7 de octubre de 1934. En Burgos le espera el cerrajero de Badalona que un día estuvo a sus órdenes como interventor de la Generalitat en la colectivización metalúrgica en la ciudad del mar, el tren y las fábricas.

BELTENEBROS

Antes de que nos adentremos en la caverna de Platón de Burgos para seguir la discusión que se prepara, hay que responder a una pregunta. ¿El PCE intentó matar a Comorera? ¿Le quisieron aplicar el protocolo M?

En el argot del Komintern, el protocolo M consistía en la liquidación física de los traidores. Un traidor o un infiltrado de la policía podía ser liquidado si las «circunstancias objetivas» lo pedían, o la paranoia de las «circunstancias objetivas» así lo reclamaba. En aquellos años terribles, el aparato del PCE ordenó la liquidación física del militante comunista León Trilla, uno de los responsables del fracasado intento de invasión del Valle de Arán, a quien consideraban sospechoso de colaborar con la policía franquista y sus infiltrados. Trilla era un hombre culto que había entrado y salido del PCE en los años treinta por diferencias con la línea oficial, hijo de militar, jefe de una unidad republicana en la batalla del Ebro, catedrático de francés, de carácter independiente y colaborador de Jesús Monzón, el principal organizador de la operación del Valle de Arán. Una operación que Carrillo paró antes de que la invasión, mal planteada, acabara en una derrota todavía mayor. Carrillo se convirtió en el gran acusador de Monzón —detenido finalmente por la policía en Barcelona— y pagó el pato Trilla, sobre el cual existían sospechas de traición, nunca probadas. Dos guerrilleros del grupo dirigido por el asturiano Cristino García lo mataron en Madrid. La leyenda dice que Cristino García no se quiso manchar las manos de sangre y delegó aquella siniestra operación en dos de sus hombres. Le pusieron una trampa cerca de un cine del barrio de Argüelles donde se había citado con una chica. Lo llevaron a punta de pistola hasta un descampado y allí lo apuñalaron. Le quitaron la ropa para que el crimen pareciera un asunto sexual. Esta sórdida historia, una de las más oscuras del catálogo secreto del PCE, inspiró la novela *Beltenebros*, de Muñoz Molina, anudada con la infiltración del comisario Conesa. El PSUC también tenía a otro muerto en el armario. Pere Canals i Cabrisas, un militante muy vinculado a Jesús Monzón, sospechoso de estar conectado con el espionaje británico, murió en un paso de frontera en los Pirineos en circunstancias nunca del todo aclaradas. Canals había entrado en colisión con todos: con Joan Comorera, a quién desobedeció marchándose de Argentina hacia Francia por su cuenta; con Josep Serradell, *Roman*, enviado por Comorera para rehacer la organización del interior y disciplinar a Canals; con Santiago Carrillo, por su lealtad a Monzón. No hay mucha documentación sobre el caso Canals. Lo llamaron a Francia y ya no volvió nunca más a Barcelona. Vivían en una constante paranoia. Las acusaciones de traición eran frecuentes cuando las cosas iban mal y las lealtades personales cambiaban muy rápidamente. *Beltenebros*.

¿Intentaron aplicar el protocolo M a Comorera? El general Enrique Líster explicó en los años sesenta que Carrillo había ordenado la liquidación física de Comorera si este intentaba volver a Catalunya por Andorra. Líster aseguraba que así se lo había contado otro dirigente del PCE caído en desgracia, Vicente Uribe. Dos guerrilleros de la agrupación de Cristino García tenían que matar a Comorera si este intentaba pasar la frontera. Comorera efectivamente hizo un primer intento de pasar la frontera por Andorra en 1950, pero al final cambió de planes. Líster, el mando militar más destacado de los comunistas durante la Guerra Civil, escribe esto después de abandonar el PCE a finales de los años sesenta disconforme con la condena de la invasión soviética de Checoslovaquia.

¿Volvió Comorera a Barcelona huyendo del protocolo M? Comorera vuelve a Barcelona para intentar recuperar el control del PSUC. Este es el argumento que siempre repetirá. La organización del partido está desbaratada después de la detención del *grupo de los 80* en 1947, que concluyó con el fusilamiento de Joaquim Puig Pidemunt, director de *Treball*, y otros militantes. Se calcula que en los meses posteriores a la Guerra Civil había dos mil afiliados del PSUC activos en el interior de Catalunya. A principios de los cincuenta apenas eran la mitad. Comorera, siempre muy seguro de sí mismo, creía que si corría el rumor de que el secretario general había vuelto a Barcelona se produciría un movimiento de adhesión a su favor. Había defendido en más de una ocasión que una de las mejores formas de combatir al franquismo en aquellos años de ambigüedad internacional podía ser un retorno masivo de exiliados a España. Él daba el primer paso.

Cuando llega a la prisión de Burgos en noviembre de 1957 es una sombra del hombre fuerte e impetuoso que desembarcó en 1931 en Barcelona con la valiosa aventura política argentina en la maleta. El magnetizador de Lluís Companys es ahora un hombre de 63 años, envejecido y muy desgastado por una grave enfermedad pulmonar. Lo ingresan directamente en la enfermería y allí recibe una visita que no espera. Lejos de hacerle el vacío, el partido envía a dos presos a hablar con él. No hay boicot, más bien una cautelosa acogida. Uno de los dos delegados es el cerrajero de Badalona, secretario de organización del comité del penal. No se conocen personalmente, pero MMM le tiene un gran respeto.

Las visitas son frecuentes. Crece la confianza y entran en el fondo de la cuestión. Se ponen de acuerdo en el método de la discusión. Primero examinar las causas de la ruptura y después ver si hay solución. Comorera insiste en que el PSUC tiene que ser un partido del todo independiente del PCE, aunque su política converja con la del PCE. Los delegados le responden que la personalidad propia del PSUC no corre ningún peligro si elabora su política de mutuo acuerdo con los comunistas de toda España. Informan a Comorera de la política de «reconciliación nacional» aprobada en 1956 y de las señales de movilización obrera que se detectan en el país. Comorera salta y dice que Madrid no hace lo suficiente, que Madrid siempre deja sola a Barcelona. Añade algo que los delegados anotarán para su informe posterior: «Tal como están las cosas, la restauración de la monarquía será inevitable en España». También le ponen al corriente de la reconciliación de la URSS con los comunistas yugoslavos. Hace unos meses que Nikita Jrushchov ha sido recibido por el mariscal Tito en Belgrado. Oficialmente ya no hay «traidores titistas». Comorera lo sabe y por eso meses antes del juicio ha pedido la intercesión del Partido Comunista Francés en su favor. Si Stalin ha muerto y se está procediendo a la rehabilitación de muchas víctimas del estalinismo, también lo tendrán que rehabilitar a él, que al final del día también se considera víctima de la época estalinista. El PCF se ha portado muy bien con él. Los comunistas franceses han pagado su defensa en el consejo de guerra y han ayudado a promover una campaña de solidaridad, firmada por altas personalidades de la cultura francesa y europea como Albert Camus, Pau Casals, Marc Chagall, Jean Cocteau, François Mauriac y Jean-Paul Sartre.

Las relaciones van haciéndose más cordiales, pero su salud empeora. Muchos presos quieren ir a saludarlo. MMM tiene que organizar turnos de visita.

Joan Comorera i Soler muere en el penal de Burgos de una bronconeumonía agravada por enfisema pulmonar el 7 de mayo de 1958. Los presos formaron en las galerías y unos cuantos llevaron el ataúd sobre los hombros hasta las puertas de la cárcel. Por primera vez se despedía a un difunto en la prisión de Burgos sin responsos del cura. Cuando su mujer llegó al penal, le autorizaron una visita de media hora. Él estaba ya muy mal, pero todavía estaba consciente. Ella le traía noticias de Francia. Al día siguiente ya no la dejaron entrar. Rosa Santacana volvió a ver su marido cuando ya había muerto. Cuando se acercaba el final, Voltaire pidió a MMM que no lo dejara solo, que lo velara para poder morir tranquilo. Y así fue.

Este es el último párrafo del informe sobre el caso Comorera que el comité de Burgos envía unos meses después al exterior:

> Tenemos que destacar su gran fortaleza moral durante su enfermedad, su preocupación, hasta el día antes de morir, por el desarrollo de los acontecimientos, su firmeza ante las insinuaciones de los curas de la prisión. Hasta que llegó su mujer no vio que su situación era irreparable. Estaba contento porque creía que su situación política todavía era reparable, al saber las noticias que su mujer le llevaba. Por nuestra parte, desde que llegó lo atendimos en todo lo que necesitó. No le ha faltado ayuda económica ni moral por nuestra parte hasta el momento de su muerte. Con su mujer no pudimos hablar directamente, pero a través de una mujer de Burgos fue informada de nuestras atenciones. Quedó extrañada, puesto que no sabía nada, y se alegró mucho. Le hicimos llegar dos mil pesetas para los gastos.

¿Cuáles eran las noticias de Francia que le alegraron? Estaban escritas en una carta, redactada en clave, que encontraron entre sus papeles. Una carta con fecha de 20 de abril de 1958, quince días antes de morir. Hay que saberla descifrar, puesto que Comorera y su mujer usaban supuestos parentescos familiares para comunicarse noticias políticas:

> Nuestra sobrina Evita [los amigos de Comorera en París] me ha escrito que en Navidad recibió una carta de un sobrino del tío Mauricio [Maurice Thorez, secretario general del Partido Comunista Francés] en la cual le comunicaba con alegría que los hijos

de la señora Dolores [Dolores Ibárruri, entonces aún secretaria general del Partido Comunista de España] aceptaban restablecer relaciones con Evita y sus familiares. Evita me dice que ella contestó que estaba dispuesta a restablecer estas relaciones con el tío Mauricio y, si fuera posible, la vieja amistad. Han pasado cuatro meses, y aunque el tío Mauricio nos dice que estaba autorizado a hacer aquella comunicación, Evita todavía no ha vuelto a recibir ninguna palabra más. Ella piensa que no se debe a ninguna otra cosa que a la incomodidad que seguramente siente la señora Dolores de volver a sentarse en una mesa con Evita.

Material de primera que se conserva, en papel cebolla, en el archivo histórico del PCE. Se estaba trabajando en una reconciliación.

Comorera quizás huyó del protocolo M, pero en Burgos encontró el protocolo MMM.

Rosa Santacana, sola en el mundo, fue acogida por las autoridades yugoslavas. Está enterrada en la ciudad de Split.

1962

Durante las noches de insomnio, algunos presos de Burgos se arriman a las pequeñas ventanas de la celda por si ven pasar a Iuri Gagarin a toda pastilla entre las estrellas. Los progresos de la Unión Soviética en el espacio han tenido un impacto formidable. La patria del socialismo está dando una lección de modernidad a Estados Unidos. El lanzamiento del satélite Sputnik el 12 de abril de 1957 ha dejado a los norteamericanos impresionados. Los soviéticos han aprovechado el desarrollo de la balística para dar un paso que nadie imaginaba. Empieza entonces la gran carrera del espacio entre rusos y norteamericanos con fines propagandísticos, pero también con el objetivo de desarrollar la tecnología militar. El presidente Kennedy da instrucciones de acelerar el programa norteamericano pensando en un gran golpe de efecto: enviar astronautas a la Luna. El secretario general Jrushchov ordena no perder el ritmo y en un momento de delirio se llega a plantear la posibilidad de explosionar una bomba atómica en la superficie de la Luna, para que toda la humanidad vea las cartas que puede llegar a jugar la Unión Soviética. La idea no es suya, la ha planteado el físico atómico Yákov Zeldóvich, padre de la primera sonda Lunik, que los soviéticos han enviado con éxito a la Luna en 1958.

Zeldóvich estuvo a punto de convencer al padre del programa espacial soviético, Serguéi Koroliov. Lanzamiento directo desde la base de Baikonur hacia la superficie de la Luna. ¡Pum! Una esfera con carga nuclear, treinta y tres horas de vuelo y un bonito espectáculo de fuegos artificiales visible desde todo el planeta Tierra. Los ayudantes de Zeldóvich y Koroliov consiguieron pararlo, antes de que el camarada secretario general diera la orden. Si el lanzamiento fallaba —y fallaban unos cuantos— se corría el riesgo de que el artefacto nuclear cayera en la Unión Soviética o en otro país y provocara una nueva guerra mundial. Años más tarde se supo que los militares norteamericanos habían trabajado con la misma hipótesis, explosionar una bomba atómica en la Luna, lo que desaconsejaron algunos científicos prudentes.

En 1962, soviéticos y norteamericanos lanzaron un total de veinte artefactos al espacio: naves tripuladas y pequeños satélites. El astronauta John Glenn empató con el vuelo de Gagarin (1961) dando tres vueltas a la Tierra a bordo de la cápsula Mercury, el 20 de febrero de 1962. Los soviéticos respondieron con otra proeza: entre el 12 y el 15 de agosto tuvieron dos naves dando vueltas simultáneamente a la Tierra, la Vostok 3 y la Vostok 4, con los cosmonautas Andrián Nikoláyev y Pavel Popovich. Aquel año los norteamericanos también lanzaron al espacio el primer satélite de telecomunicaciones, el Telstar. No todo era propaganda.

Pasaban otras cosas más inquietantes a cientos de kilómetros de altura. Aquel año 1962, norteamericanos y soviéticos explosionaron bombas atómicas en la estratosfera y más allá. En algunos lugares del planeta, no desde las ventanas de la prisión de Burgos, durante unos breves momentos se vio un segundo Sol y después unas espectaculares auroras que iban cambiando de color. Eran programas secretos que no se conocieron hasta años después. En el mes de julio, Estados Unidos explosiona la bomba Starfish Prime a 400 kilómetros de altura, en el espacio exterior, sobre la isla Jonhston en el océano Pacífico. Los soviéticos responden con el proyecto K. En noviembre explosionan una bomba atómica a 60 kilómetros de altura, en la estratosfera, que anula todas las comunicaciones de radio y teléfono en un radio de 500 kilómetros en la república de Kazajistán. Como consecuencia de otra explosión del proyecto K se incendió una central eléctrica. Este tipo de pruebas quedaron prohibidas al año siguiente por el primer tratado internacional de limitación parcial de pruebas nucleares.

La letra pequeña de la carrera del espacio y las pruebas secretas más allá de las nubes no eran del dominio público. Apenas se tenían noticias de las explosiones subterráneas. Aquel 1962, Estados Unidos detona más de veinte bombas atómicas en pozos subterráneos en el estado de Nevada, a unos cien kilómetros de la ciudad de Las Vegas. El mundo podía estallar y la posibilidad de un final repentino de la vida en la Tierra empezaba a surtir efecto en la mentalidad de la gente. Muy pronto habría una gran contestación juvenil contra este exceso de tensión. A principios de los años sesenta, los jóvenes que un día se harían hippies jugaban con las primeras reproducciones de plástico de los cohetes enviados al espacio. El mundo era dual. La URSS era potencia. La Unión Soviética gastaba más del treinta por ciento de sus recursos económicos en la puesta al día constante de una colosal fuerza militar, incluido el lanzamiento de artefactos al espacio. Al cabo de unos años, este esfuerzo ya no era sostenible, pero tuvieron que mantenerlo. Todo esto en Burgos no se sabía, pero el boletín de noticias que cada noche se leía en las brigadas reportaba las noticias más importantes del mundo. Noticias excitantes. Los Sputniks, la perrita Laika, el primer ser vivo que fue más allá de la atmósfera, el espectacular primer viaje orbital de Yuri Gagarin, el vuelo de Valentina Tereshkova, la primera mujer cosmonauta, y la Revolución cubana.

Cuba magnetizó la prisión. Revolución socialista en un país de habla castellana a pocas millas de la costa de Estados Unidos. Las noticias de Cuba se seguían con una pasión extraordinaria y hubo momentos de verdadera tensión entre los presos comunistas y los libertarios cuando estos empezaron a criticar a Fidel Castro, acusándolo de perseguir a los anarquistas cubanos. En 1962 el mundo estuvo a un paso del holocausto nuclear a consecuencia de la llamada crisis de los misiles. La historia es suficientemente conocida. El presidente Kennedy hacía lo posible para desestabilizar la Revolución cubana. No se podía permitir una república socialista tan cerca de las costas de Florida, pero, además, recibía fuertes presiones de los intereses norteamericanos damnificados por la Revolución, entre ellos los de la mafia norteamericana, con la que su padre había tenido tratos. Los hermanos Kennedy estaban bajo presión y la Unión Soviética quiso defender a Castro enviando una expedición naval a Cuba capaz de desplegar 47.000 soldados en la isla y montar varias plataformas de lanzamiento de cohetes con cabeza nuclear. En octubre de 1962 el mundo contuvo la respiración: Estados Unidos amenazaba con empezar un ataque atómico si los soviéticos no retiraban los misiles nucleares de Cuba. Veinticuatro plataformas de lanzamiento y 42 cohetes R-2 detectados por los aviones espía norteamericanos. Al final Jrushchov cedió y retiró los cohetes. Los revolucionarios cubanos se enfadaron y lanzaron una consigna muy hispánica: «Nikita, mariquita, lo que se da no se quita». El boletín de noticias de la prisión de Burgos hervía aquel 1962. Pasaron cosas muy importantes.

El 11 de octubre de 1962 empezaba en Roma el Concilio Vaticano II convocado por el papa Juan XXIII con el objetivo de proceder a una renovación a fondo de la doctrina católica. La palabra italiana *aggiornamento* se puso de moda. *Aggiornare*: poner al día. Este mensaje iba más allá de la religión. Los cambios que introdujo el concilio tuvieron una importancia fundamental. El Misterio se transformó. Los sacerdotes dejaron de decir la misa en latín de espaldas a los feligreses. De cara y en lengua vernácula. El Misterio tenía que hacerse más comprensible en un mundo que enviaba cohetes al espacio. «Lo Sagrado bajó del altar y se confundió con la gente», escribió en sus memorias Raimon Galí, oficial de la Escuela de Guerra de la Generalitat, militar católico republicano, nacionalista de una pieza, amigo del espíritu de la CNT, anticomunista, ferozmente contrario a cualquier contaminación izquierdista de la doctrina cristiana, maestro y consejero de Jordi Pujol. Una lectura izquierdista del concilio llevaría a una época de «desorganización mental», advertía Galí. Los comunistas, especialmente los comunistas italianos, hicieron una rápida lectura del concilio: algo estaba cambiando. Era del todo evidente que la Iglesia católica quería estar más cerca del pueblo. El concepto *inculturación* animaba a los católicos a respetar todas las culturas del mundo y a adaptar la doctrina a las diferentes tradiciones, descodificando la liturgia en las más diversas lenguas. Esto significaba catolicismo en catalán, en gallego y en euskera con la bendición del Vaticano. El franquismo quedó descolocado. Efectivamente, lo Sagrado bajó del altar y en algunos municipios de las periferias de Barcelona, Bilbao y Madrid se fue con Comisiones Obreras. El jesuita José María Llanos, amigo de José Antonio Primo de Rivera, el cura más querido por la Falange, que llegó a hacerle unos ejercicios espirituales a Franco, después de leer las actas del concilio se fue a vivir a la barriada madrileña del Pozo del Tío Raimundo, ayudó a Comisiones Obreras y acabó afiliándose al Partido Comunista. El jesuita Manuel Díez-Alegría, hermano de un alto mando militar, se fue con el padre Llanos al Pozo del Tío Raimundo. En el monasterio de Montserrat hubo alboroto teológico. El movimiento católico Crist i Catalunya (CC), una de las primeras creaciones de Jordi Pujol, se empezó a dividir entre católicos estrictamente nacionalistas y católicos prosocialistas. El nacionalista Galí, que no era un carca, sabía lo que esto significaba. Marxismo y catolicismo empezaban a hablar. En Burgos tardaron un tiempo en saberlo, pero empezaron a llegar a la cárcel buenas medicinas, suministradas por los monjes de Montserrat a las monjas de la enfermería. Los comunistas nunca han olvidado la ayuda que recibieron de Montserrat. Nunca.

En 1962, Francia dio finalmente la independencia a Argelia y esto estuvo a punto de provocar un golpe de estado en París. Burundi y Ruanda se independizaron de Bélgica. Jamaica se proclamó independiente del Reino Unido. El tiempo de las colonias se acababa, excepto para Portugal. Salazar no quería soltar ninguna posesión. «El día que Estados Unidos gane la Guerra Fría, si no tenemos colonias, Portugal puede desaparecer», decía el dictador contable. La resaca colonial en Indochina estaba abriendo una nueva guerra en Vietnam. En 1962, Estados Unidos empieza a enviar ayuda militar masiva al gobierno de Saigón para hacer frente a la guerrilla comunista del norte. En el verano de 1962, un joven dirigente del Komsomol (Juventudes Comunistas) en la región meridional rusa de Stávropol, Mijaíl Gorbachov, aprende a nadar en el interior de la burocracia soviética. Dos años después Nikita Jrushchov caerá en desgracia y será destituido del cargo de secretario general del PCUS.

En 1962 se reúnen en Múnich (Alemania) más de cien personalidades españolas de oposición, sin los comunistas. Democristianos, socialdemócratas, socialistas, monárquicos, nacionalistas vascos y catalanes, bajo el paraguas del Movimiento Europeo. Uno de los grandes animadores de la reunión es Dionisio Ridruejo, antiguo jefe de propaganda de la Falange, traspasado al campo democrático al ver la evolución del régimen desde la ciudad de Barcelona. Ridruejo, el hombre que quería que las tropas de Franco entraran en Catalunya con carteles y octavillas redactadas en catalán, acaba de publicar *Escrito en España*, una crítica demoledora del franquismo. Ridruejo está muy relacionado con los observadores norteamericanos de la situación española y cuenta con la activa colaboración de dos antiguos militantes del POUM que han evolucionado hacia la socialdemocracia, Julián Gorkin y Enric Adroher Gironella. La reunión de Múnich envía una señal, pero no deriva en ninguna plataforma unitaria de la oposición. De Múnich no sale un plan de choque contra la dictadura, pero sí una perspectiva. Cinco puntos: 1) Instauración de instituciones verdaderamente representativas. 2) Efectiva garantía de todos los derechos de la persona humana, con eliminación de la censura gubernativa. 3) Reconocimiento de la personalidad de las diversas «comunidades naturales». 4) Ejercicio de las libertades sindicales. 5) Posibilidad de organizar corrientes de opinión y partidos políticos. Un programa que parece escrito en una hoja de papel de fumar, pero que pone en común a los monárquicos de don Juan de Borbón con los socialistas republicanos y anticomunistas de Rodolfo Llopis. Los comunistas no son invitados a participar en las reuniones, pero se acepta la presencia de dos delegados suyos, Tomás García y Francesc Vicens, un veterano de las JSU y un joven crítico de arte catalán, como observadores en el hotel de Múnich donde tiene lugar el encuentro. La prensa del régimen reacciona con histeria. (Un tipo de reacción que todavía hoy caracteriza buena parte de la prensa de Madrid cuando pasan cosas fuera del guion controlado desde la capital). La reunión pasa a ser el «contubernio de Múnich» —así figura todavía hoy en muchos libros de historia— y sus principales protagonistas son detenidos, multados y desterrados, la mayoría a las Islas Canarias. Ante la presión del régimen, don Juan se ve obligado a marcar distancias y el abogado José María Gil Robles, viejo dirigente de la CEDA, presente en Múnich, deja de formar parte del consejo privado del eterno aspirante a monarca. Pasado el primer choque, Franco se da cuenta de que ha dramatizado demasiado la respuesta. Al fin y al cabo los norteamericanos le han enviado un mensaje, mientras le dan apoyo oficial y militar. Los norteamericanos no quieren tapones en la Europa del sur: este es el mensaje. Esto quedará claro diez años más tarde. Una vez desterrados todos, Franco reorganiza el gobierno y echa al ministro de Información, Gabriel Arias-Salgado. Lo sustituirá Manuel Fraga Iribarne, con el encargo de elaborar una nueva ley de prensa que elimine la censura previa y relaje un poco el control sobre los periódicos. Se empieza a pensar en la creación de un Tribunal de Orden Público que sustituya al tribunal militar para la persecución de los delitos políticos. El mensaje norteamericano parece que se ha captado.

En 1962 España pide el ingreso en el Mercado Común. La economía está empezando a mejorar. El Plan de Estabilización de 1959 está produciendo sus efectos. Joan Sardà Dexeus tiene motivos para sentirse satisfecho: ha conseguido sacar a España de la economía de guerra. Los indicadores de crecimiento empiezan a subir. Esta situación no es del agrado de los falangistas. Se sienten vencidos por los tecnócratas del Opus Dei y temen que las emigraciones masivas a las ciudades acaben provocando pulsiones revolucionarias. Desconfían de los sindicatos verticales. Los tecnócratas quisieran conseguir una rápida adhesión al Mercado Común, pero la dictadura de Franco sigue provocando reticencias en muchos gobiernos europeos. El principal enemigo del ingreso rápido de España en el Mercado Común, sin embargo, será el futuro presidente de la República francesa Valéry Giscard d'Estaing. Giscard encontrará en el antifranquismo un buen escudo argumental, pero su principal preocupación será la protección de la agricultura francesa.

En aquella primavera de 1962 ocurren más cosas. Empieza una oleada de huelgas nunca vista en España. Los movimientos telúricos a veces empiezan con pequeñas vibraciones. Siete picadores asturianos de la mina La Nicolasa expresan su disconformidad con la valoración de su trabajo. Protestan y son despedidos. Al día siguiente del despido, sus compañeros se declaran en huelga. Tres días después paran todas las minas que pertenecen a la misma empresa que La Nicolasa: Polio, Baltasara, Barredo, Cobertoria... A la cuenca del Caudal le sigue la cuenca del Nalón. Después, Langreo, y más tarde la mina La Camocha de Gijón, donde la historia sitúa el nacimiento de Comisiones Obreras. Los talleres de Mieres también se suman. Una huelga casi general. Durante dos meses, las casi tres mil minas asturianas quedan paralizadas o semiparalizadas. La huelga salta a Vizcaya, donde empieza a tener un carácter masivo. Y desde Vizcaya se extiende por los núcleos industriales de casi todo el país (Barcelona, Valencia, Madrid, Zaragoza, Puertollano, ciudades andaluzas, incluso las Canarias) con paros de diferente intensidad. No se había visto nada igual desde el final de la Guerra Civil. El boletín informativo de la prisión de Burgos no da abasto. Radio España Independiente envía constantes mensajes triunfalistas: el franquismo está a punto de caer. El régimen reacciona y focaliza la respuesta en los comunistas. El anticomunismo es su salvaguardia. El nuevo secretario general del Partido Comunista de Euskadi, Ramón Ormazábal, es detenido y presentado como uno de los principales responsables de la oleada huelguista en Vizcaya. Junto a él caen varios militantes y simpatizantes comunistas vascos: el pintor Agustín Ibarrola, el periodista Antonio Giménez Pericás, redactor del periódico falangista *Hierro* de Bilbao, el poeta Vidal de Nicolás y el abogado Enrique Múgica Herzog. Su comportamiento ante el tribunal militar presidido por el coronel Eymar es de una gran firmeza. Orma se inspira en Gueorgui Dimitrov, el dirigente de la Internacional Comunista que se enfrentó al tribunal alemán que lo juzgaba, y desafía al coronel Eymar con un discurso político. El periodista Giménez Pericás acaba su declaración pidiendo públicamente el ingreso en el PCE. Algo que no se había visto nunca ante un tribunal militar español. La campaña de solidaridad organizada desde París presenta a Ormazábal como el nuevo héroe de la clase obrera. Cuando el destacamento vasco llega a la prisión de Burgos, los reciben con laureles. Admiración general. Ormazábal entra en la prisión convencido de que el franquismo está a punto de caer. Los obreros hacen huelga, la Iglesia cambia, la oposición moderada se mueve y el camarada Jrushchov acaba de declarar que si el pueblo español se mueve con energía, la dictadura de Franco durará muy poco. «¿A qué esperamos?». Después de diez años de ostracismo, Orma se siente en el centro de la escena. Antes de que acabe el año, dará a conocer su diagnóstico implacable: «¡Aquí no hemos venido a estudiar!».

El mundo gira. En 1962 se crea en Londres una banda de música que revolucionará a la juventud: The Rolling Stones, y a finales de aquel mismo año empieza a despuntar otra banda británica, The Beatles. Las dos rivalizarán en popularidad. Venderán millones de discos. Su música cambiará el patrón cultural de los jóvenes de medio mundo. Los Rolling Stones son duros y resistentes. Los Beatles son más melódicos y algo más blandos. Y se rompen. En 1962, el cantante norteamericano Bob Dylan, futuro premio Nobel de Literatura, graba su primer álbum con la compañía Columbia Records. Música folk. La música de los jóvenes católicos que empiezan a tocar la guitarra en la iglesia, donde lo Sagrado baja hacia los bancos de los feligreses. En 1962, el joven valenciano Ramón Pelegero Sanchis, que había adoptado el nombre artístico de Raimon, cantó por primera vez en público. John Ford estrena en 1962 *El hombre que mató a Liberty Valance*, una inteligente película del Oeste que habla de la muerte del opresor y de los héroes involuntarios. El mundo gira y los jóvenes estrenan banda sonora. Felip, el hijo de MMM, tiene entonces veinticinco años. Trabaja de mecánico, como su padre, y escucha a los Beatles. Solo ha visto a su padre detrás de las rejas de la prisión. MMM lleva veintitrés años fuera de su casa. Sabe que Maria está mal. Maria no ha resistido el descalabro.

La compañera de Ramón Ormazábal, Louise Perla, se instala en Burgos para poder estar cerca de su marido. Louise, de nacionalidad francesa, hija de españoles, siempre será el gran pilar del roble de Euskadi.

En 1962 el tiempo se descontrola. Llueve mucho a finales de septiembre y unas brutales riadas en las cuencas del Llobregat y el Besòs provocan más de setecientos muertos y miles de heridos en la Catalunya industrial. La tragedia es terrible en el Vallès. Las aguas se llevan todo lo que encuentran a su paso: fábricas y viviendas. Terrassa, Sabadell, Rubí, Sant Quirze del Vallès, Cerdanyola, Ripollet, Montcada i Reixac, Mollet y Sant Adrià de Besòs son las localidades más afectadas. Barrios enteros son arrasados por las riadas. En Rubí mueren 250 personas. Las rieras no estaban bien canalizadas y las nuevas periferias crecían con un desorden total como consecuencia de una emigración rápida y masiva. La economía estabilizada generaba plusvalías pero no rentas sociales. La calamidad fue inmensa. El régimen movilizó al ejército y las emisoras de radio de Barcelona lanzaron campañas de solidaridad muy intensas y emotivas. El movimiento vecinal empezará a cuajar en el cinturón de Barcelona después de las riadas del Vallès. La sacudida es enorme.

El 7 de noviembre de 1962 es detenido en Madrid Julián Grimau, uno de los responsables del Partido Comunista en el interior, bajo la identidad de Emilio Fernández Gil. Ha quedado en la plaza Manuel Becerra de Madrid con un compañero de partido, que lo ha delatado a la policía. Después de la cita, Grimau se sube a un autobús y cuando está dentro del vehículo se da cuenta de que algo no va bien. El autobús va prácticamente vacío, solo seis o siete pasajeros en el interior. Todos son policías. Grimau grita: «¡Soy miembro del Partido Comunista de España!», por si alguien puede oírlo. Grimau, efectivamente, es miembro del aparato clandestino del PCE y fue policía de la República, oficial del Servicio de Información Militar, encargado de la persecución de la Quinta Columna en Madrid y Barcelona, donde también ha participado en la represión del POUM.

Julián Grimau García no es Jorge Semprún Maura, hijo del embajador del gobierno de la República en La Haya, nieto de uno de los grandes políticos de la Restauración, superviviente del campo de concentración nazi de Buchenwald, encargado del trabajo clandestino del PCE entre los jóvenes universitarios de Madrid y los ambientes intelectuales, donde ha hecho un trabajo extraordinario captando a un buen número de hijos de las familias ganadoras de la Guerra Civil. Grimau, hijo de un médico de Segovia, ha sido enviado a Madrid para sustituir al panadero Simón Sánchez Montero, detenido en 1958. Tres hombres dirigen el aparato clandestino del PCE en el interior. Francisco Romero Marín, teniente coronel del Ejército de la República y coronel del Ejército soviético, formado en la Academia Militar Frunze de Moscú, especializada en la formación de oficiales de estado mayor. Sus compañeros lo conocen como *el Tanque*. Julián Grimau, abnegado militante, que más de una vez ha pedido ir a España, con un delicado expediente como policía secreto de la República. Y Jorge Semprún, conocido en Madrid como Federico Sánchez, hijo de una de las grandes familias de la capital, que transformará su vida en una novela.

La policía franquista acaba de detener a un policía de la República y no tienen piedad con él. Mientras lo están interrogando en la Dirección General de Seguridad, Grimau cae esposado desde una ventana. Lo tiran por la ventana. No lo matan, pero se destroza las manos. Entonces deciden liquidarlo con la pena de muerte. Se vengarán del SIM y eliminarán a un incómodo testigo de la tortura, que no le conviene en absoluto a un país que acaba de pedir el ingreso en el Mercado Común. Grimau será presentado como un represor de la República. Manuel Fraga se encargará de la campaña de propaganda. El aparato de París también hará la suya, en sentido contrario. El caso Grimau tendrá una gran repercusión internacional. A finales de año, el buró de París decide, por razones de seguridad, que Semprún salga de España. Cuando vuelve a París, el dirigente comunista que mejor llevaba la gabardina ya ha empezado a escribir su primera novela, *Le grand voyage*, que al año siguiente obtendrá el prestigioso premio Formentor. Un dirigente clandestino morirá fusilado. Otro dirigente clandestino renacerá, con una nueva identidad. Es un año de tránsitos.

En 1962, Jordi Pujol i Soley cumple pena de siete años de cárcel en el penal de Torrero, provincia de Zaragoza, por los hechos del Palau de la Música, en 1960. Los comunistas han pedido su libertad pintando la P de Pujol en muchas paredes de Barcelona y las ciudades de la periferia. En la prisión de Torrero se está forjando un líder nacionalista. Cumplirá dos años y pico de prisión y será desterrado a Girona antes de poder volver a Barcelona. El día de Navidad de 1962 nieva en la Rambla de Badalona y el cohete de Gagarin ilumina la caverna de Platón.

ECOS DEL 62

El movimiento obrero en España resurgió alrededor del carbón. Las reivindicaciones salariales y de reducción de jornada laboral, más o menos aisladas, fueron adquiriendo más fuerza, y en 1957 ya tenían un cierto empuje. (La Ley de Convenios Colectivos fue aprobada en 1958). Este proceso culminó con la gran huelga minera de 1962, a la que muy pronto se sumaron otros sectores y regiones industrializadas, y a pesar de que fue duramente reprimida, obligó al gobierno a negociar. Podría suponerse que la sustitución del carbón por el petróleo barato daba al régimen una herramienta para rebajar el poder de los mineros. Aun así, esta sustitución no se pudo completar, puesto que el carbón volvió a consolidarse como alternativa en un volátil mercado internacional del petróleo.

Los ingenieros de Franco, LINO CAMPRUBÍ, 2017

Hay una lumbre en Asturias
que calienta España entera,
y es que allí se ha levantado,
toda la cuenca minera.

Alé asturianos,
nuestros destinos
están en vuestras manos.
Hay algunos sacerdotes
francamente progresistas;

apoyan las peticiones
de los mineros huelguistas.

«Hay una lumbre en Asturias», canción compuesta en 1962
por CHICHO SÁNCHEZ FERLOSIO, hijo de Rafael Sánchez Mazas,
fundador de Falange Española y ministro de Franco en 1939,
hermano del escritor Rafael Sánchez Ferlosio

Aquellas huelgas mineras de Asturias no eran un levantamiento contra el franquismo, sino la expresión de las nuevas contradicciones sociales provocadas por los planes de estabilización franquista y por la ruptura del aislamiento económico de la dictadura. Esta era la opinión que habían ido madurando Fernando Claudín y Jorge Semprún en su polémica con el resto de la dirección del Partido Comunista de España.

Una historia optimista,
libro de memorias de JORDI SOLÉ TURA

La burguesía industrial catalana durante los años cuarenta creía que Franco no duraría. Especulaban con una alternativa más o menos inminente. En este sentido, la gran burguesía catalana se equivocó del todo. No se dio cuenta de su error hasta muy entrados los años cincuenta, con el pacto hispano-americano.

Una vida entre burgueses, libro de memorias de
MANUEL ORTÍNEZ, empresario catalán, amigo y colaborador
de Josep Tarradellas, consejero de Gobernación del gobierno
de la Generalitat de Catalunya entre 1977 y 1979

Tras la huelga de la primavera de 1962, que siguió la estela de las huelgas asturianas, se produjo en el País Vasco una dura represión, que también fue el origen de la reorganización del movimiento obrero. La constitución de la primera Comisión Obrera Provincial de Vizcaya en la primavera de 1963, con la participación de militantes católicos de la HOAC y la JOC, junto con destacados militantes comunistas, marcó un punto de inflexión en ese proceso.

Historia del antifranquismo en el País Vasco,
JOSÉ ANTONIO PÉREZ PÉREZ, profesor de Historia
en la Universidad del País Vasco

En los años sesenta, sin proyecto cultural propio, al franquismo solo le quedaba el evidente divorcio que seguía existiendo entre la cultura de masas y la cultura de las minorías, divorcio que se reforzó con la creación de Televisión Española en 1956.

Franquismo, el juicio de la historia,
JUAN PABLO FUSI y otros autores

JULIÁN GRIMAU

La detención de Julián Grimau en Madrid sacude a toda la organización comunista. No es la primera vez que cae uno de los responsables del aparato clandestino. Gregorio López Raimundo, uno de los hombres del PSUC en el interior, fue detenido inmediatamente después de la huelga de tranvías de 1951 en Barcelona, y una intensa campaña de solidaridad internacional consiguió que fuera expulsado del país después de tres años de cárcel. Simón Sánchez Montero, uno de los tres responsables de la organización clandestina del PCE en Madrid, fue detenido en 1959, inmediatamente después de la fracasada Jornada de Reconciliación Nacional, y pasó diez años en la cárcel. Con Grimau, enviado a Madrid en sustitución de Sánchez Montero, las cosas irían de otro modo. Grimau tenía un expediente muy peligroso: había sido miembro del Servicio de Información Militar (SIM), el servicio secreto de la República durante la Guerra Civil. Había trabajado en la represión de la Quinta Columna en Madrid y había participado en la persecución del POUM en Barcelona.

El asunto Narwicz. Grimau dirigió personalmente la investigación del asesinato de un agente polaco del SIM, Leon Narwicz, capitán de las Brigadas Internacionales, muy probablemente vinculado al NKVD soviético, que se había infiltrado en el POUM. Lo asesinaron de un tiro en la cabeza en la calle Perill de Barcelona. Dos hombres se le acercaron cuando acababa de salir de un cine y lo mataron a sangre fría. Iban a por él. El SIM se hizo cargo de la investigación y al cabo de pocos días eran detenidos tres militantes del POUM sospechosos del asesinato. Los interrogatorios no fueron suaves. Narwicz, que frecuentaba los actos del POUM con una cámara fotográfica, fue liquidado en venganza por la desaparición de Andreu Nin. *Beltenebros*: Grimau había estado en el corazón de las tinieblas de la Barcelona republicana.

A pesar de este expediente fue enviado al interior. Miembro del comité central del PCE, había pedido la misión muchas veces, y podríamos decir que a principios de los años sesenta no había cola en París para ir clandestinamente a Madrid a jugarse el tipo. Grimau fue torturado salvajemente por la policía y salió volando por una ventana de la Dirección General de Seguridad en Madrid. Manuel Fraga Iribarne, nombrado ministro de Información y Turismo en la reorganización gubernamental posterior al «contubernio de Múnich», tenía que demostrar que era un propagandista más eficiente que su predecesor, Rafael Arias-Salgado. Fraga aireó el expediente de Grimau como policía de la República e intentó convencer a la prensa extranjera de que el detenido, «exquisitamente tratado por la policía», se había lanzado por la ventana en un acto de desesperación. No lo consiguió, vista la amplitud de las campañas de solidaridad que se pusieron en marcha en varios países. Las manos destrozadas de aquel hombre, como consecuencia de la caída, eran un temible testigo contra la brutalidad de la policía franquista. Aquellas manos podían hablar durante años. Aquellas manos destrozadas probablemente lo condenaron. Grimau no fue acusado por sus actividades clandestinas en España, sino por sus actividades como policía de las checas de la República. No juzgaban a un militante clandestino del PCE, juzgaban a un miembro del aparato de seguridad de la República de acuerdo con la Ley de Responsabilidades Políticas de 1938. Antes de que se iniciara el juicio, el 18 de abril de 1963, ya empezó a rumorearse que querían condenarlo a muerte.

«Aquí no hemos venido a estudiar», repite de nuevo Ramón Ormazábal al saber que la vida de Grimau está en peligro. El roble de Euskadi propone una huelga de hambre inmediata de todos los presos políticos de Burgos. MMM, José María Laso y otros miembros del comité de la prisión se oponen. Consideran que la huelga de hambre puede ser la última medida de una escalada de protestas y creen que es mejor empezar con una campaña de cartas a varias personalidades de la vida cultural española pidiendo que se pronuncien a favor del detenido. No quieren poner en peligro los engranajes que tanto les ha costado organizar, y defienden que se tiene que continuar con los cursos de formación. Orma no lo acepta. Insiste: «¡Aquí no hemos venido a estudiar! El franquismo se está hundiendo, el juicio a Grimau será la prueba más patente de su agonía y nosotros tenemos que presionar, en lugar de estudiar. Una huelga de hambre de los presos de Burgos puede ser el detonante de una protesta general del pueblo español contra la dictadura. Nuestra protesta puede ser decisiva para el hundimiento del franquismo». Ormazábal cita al secretario general del PCUS como fuente de autoridad: «Jrushchov ha dicho que si el pueblo español lucha con firmeza, este puede ser el último año de la dictadura franquista. ¿A qué esperamos?».

Moreno le dice, por primera vez, que tiene una visión exagerada de la situación en España. «No podemos estar seguros de que el franquismo esté tan débil», le responde. «Franco ha ganado la guerra, ha conseguido el reconocimiento de los norteamericanos y tiene una gran capacidad de represión». Le recuerda que las guerrillas tuvieron que ser desmontadas después de un tiempo eufórico en el que todos los comunistas y la gente de otros partidos republicanos estaban convencidos de que, con una fuerte presión, los aliados harían caer a Franco. Moreno sabe perfectamente de qué habla. Fue a Valencia en 1946 convencido de que las guerrillas, muy orientadas políticamente, podían ayudar al gobierno Giral a obtener algo más que palabras de condena de la Asamblea General de la ONU. La dictadura española fue aislada diplomáticamente, pero no hubo ultimátum a Franco. Moreno Mauricio le recuerda que las guerrillas tuvieron que ser desmanteladas y que el trabajo ahora tiene que ser paciente. No pone en entredicho la importancia de las nuevas huelgas obreras, las movilizaciones que han llevado a Ormazábal a la prisión, le parecen interesantes las nuevas posiciones de la Iglesia católica; él también lee a veces los ejemplares de *Ecclesia* y *El Ciervo*, revistas del catolicismo aperturista que llegan a la biblioteca de la prisión, y le parece interesante todo lo que se explica del concilio que se está celebrando en Roma, pero hay que esperar y ver qué ocurre. No hay duda de que en España están pasando cosas, pero cree que se tienen que acumular fuerzas y no volver a caer en la trampa de los años cuarenta. «Nosotros tenemos que aprovechar la cárcel para fortalecernos, en la cárcel aprendemos a resistir y en la cárcel nos podemos formar para tener más capacidad política cuando salgamos de aquí. Estudiar es importante. Estudiar es lo mejor que podemos hacer. Una huelga de hambre puede poner en peligro los cursos de formación», insiste. Orma se enfurece. No se ponen de acuerdo y el comité decide entonces una medida excepcional: se consultará a los militantes, uno por uno, galería por galería. Se hace la consulta y gana la posición de Moreno: campaña de cartas pidiendo solidaridad con Grimau.

El ministro Fraga insistía: en España se estaba juzgando a un policía estalinista de los tiempos de la República, no a un militante clandestino contrario al gobierno de Franco. Por aquel entonces, el nuevo ministro de Información y Turismo tuvo una idea genial. Hizo instalar una imprenta en los sótanos del ministerio, un monumental edificio del paseo de la Castellana de

Madrid que hoy es sede del Ministerio de Defensa, para lanzar una edición falsa de *Mundo Obrero*, el órgano clandestino del PCE que salía con una periodicidad más o menos quincenal. Un grupo de personas especialmente seleccionadas por Fraga redactaban un *Mundo Obrero* con consignas falsas, y agentes de la policía lo repartían en las puertas de las fábricas de Madrid. Viejas tácticas de intoxicación. Los nombres de los redactores del falso *Mundo Obrero* siguen siendo un secreto muy bien guardado en Madrid.

La movilización internacional para intentar salvar la vida de Grimau fue enorme. La prensa internacional se interesó mucho por el caso. Más de ochocientos mil telegramas llegaron a Madrid pidiendo la paralización del juicio. El proceso estuvo lleno de irregularidades. La más grave de todas se conoció un tiempo después: el comandante auditor y principal acusador, Manuel Fernández Martí, había falsificado su título de abogado, puesto que solo había estado matriculado durante dos años en la facultad de Derecho de la Universidad de Sevilla. No hubo testigos de ninguna de las acusaciones que se formulaban contra Grimau de haber torturado a gente en la checa de la plaza Berenguer de Barcelona. Lo condenaron a muerte por un delito de «rebelión militar continuada».

Una vez se supo que Grimau había sido condenado a morir fusilado, el papa Juan XXIII, interesado en la coexistencia pacífica entre los dos bloques, pidió que fuera perdonado. También se pronunció Nikita Jrushchov, con un mensaje directamente dirigido a Franco con el encabezamiento de «Excelencia». (Las palabras del líder soviético sobre la posibilidad de que el franquismo durara poco, que tanto impresionaron a Ormazábal, estaban relacionadas con el asunto Grimau). El presidente norteamericano John F. Kennedy también se interesó por el caso: el bloque occidental no podía ganar la batalla cultural de la Guerra Fría fusilando a comunistas. El *premier* británico Harold Wilson, laborista, también se pronunció. En algunos puertos extranjeros, los estibadores se negaban a descargar barcos españoles. Algunas personas próximas a Franco intentaron hacerle cambiar de opinión. La ejecución de una pena de muerte veinticuatro años después del final de la Guerra Civil no era la mejor carta de presentación para pedir el ingreso de España al Mercado Común.

Hay nervios en el gobierno una vez dictada la sentencia. El ministro de Asuntos Exteriores, Fernando María Castiella, se muestra inquieto. El ministro de Comercio, Alberto Ullastres, tecnócrata del Opus Dei, uno de los protectores de Joan Sardà Dexeus y Fabià Estapé en la redacción del Plan de Estabilización y su posterior desarrollo, el hombre que ha conseguido el ingreso de España en las grandes organizaciones económicas internacionales, plantea algunas objeciones durante la deliberación del Consejo de Ministros, pero no va más allá. Franco impone una votación individual y ningún ministro disiente. 19 de abril de 1963. La pena de muerte dictada por el tribunal militar, forzando todas las costuras de la propia legislación del régimen, es aceptada. Acto de venganza y de escarmiento. Un aviso al Partido Comunista tras las huelgas de Asturias y el País Vasco. El general Franco rechaza las presiones con su retórica habitual: «Es una conspiración masónico-izquierdista con la clase política».

El teniente general jefe de la Guardia Civil, Luis Zanón, rechaza que su cuerpo armado se haga cargo de la ejecución. Lo fusilará el Ejército. El capitán general de Madrid, Rafael García Valiño, encarga la formación de un pelotón de ejecución con jóvenes soldados de reemplazo. Madrugada del 20 de abril de 1963 en el campo de tiro del cuartel madrileño de Campamento, ante un muro iluminado por los faros de un camión. Grimau, esposado, gravemente lesionado por la caída desde la ventana, pide que no le tapen los ojos. Los soldados, asustados, disparan mal y solo hieren al condenado, que será rematado con tres tiros de pistola del oficial al mando de la ejecución. Adiós ingreso rápido de España en el Mercado Común. Nace un mito del antifranquismo.

Radio España Independiente emite un programa sobre el asesinato de Grimau que pone la piel de gallina a mucha gente. Lo cuenta Jordi Solé Tura en sus memorias. Aquella primavera de 1963, Solé Tura era redactor de la Pirenaica en Bucarest. Efectivamente, uno de los padres de la Constitución española de 1978 fue redactor y locutor de la legendaria emisora del Partido Comunista que simulaba tener una estación en el Pirineo, pero que emitía con un potente transmisor soviético de onda corta de 100 kilovatios desde un chalé de tres plantas junto al Museo de Historia del Movimiento Revolucionario en la avenida Kisselev de la capital de Rumanía. Dirigía la emisora el militante vasco Ramón Mendezona. «Cuando llegó el teletipo confirmando el fusilamiento —cuenta Solé Tura—, decidimos lanzar una emisión especial que consistía en leer, únicamente, el nombre de Franco y de todos los ministros de aquel gobierno que había confirmado la pena de muerte, añadiendo después de cada nombre la palabra *asesino*. La voz de un locutor desgranaba los nombres, y el otro gritaba: "¡asesino!". Repetimos el programa docenas y docenas de veces aquellos días». Lo que cuenta Solé Tura a continuación es verdaderamente interesante: «Al cabo de pocos días, Carrillo apareció en Bucarest y se reunió con nosotros en la emisora. Hizo un análisis muy sereno de la situación, de las consecuencias del asesinato, de las movilizaciones en todo el mundo y de la línea política que había que seguir en aquel momento tan difícil. Al final, habló de nosotros, de nuestro papel y nuestra reacción. "Os he seguido mucho estos días —nos dijo—, me conmovió profundamente vuestra reacción y vuestra denuncia, pero os tengo que decir que, vistas las cosas con más perspectiva, aquel programa en el que calificabais de asesinos a todos los ministros del gobierno de Franco es un error político". Ante nuestra perplejidad, añadió: "No los podemos poner a todos en un mismo plano. Hubo divergencias entre ellos y nuestro deber es tenerlas en cuenta y profundizar en ellas. Para derrocar al franquismo y construir la democracia, algún día nos tendremos que entender con algunos de ellos"».

Quince años después, Carrillo y Solé Tura pactaban la nueva Constitución española con el partido de Fraga, muy reacio a las autonomías y abiertamente contrario a incluir la palabra nacionalidades en el artículo segundo. Fraga y Solé Tura formaron parte del grupo de siete diputados encargados de redactar la nueva Constitución democrática. Fraga no solo había publicado números falsos de *Mundo Obrero* en el sótano de la Castellana, también reforzó la red de emisiones de interferencia de la Pirenaica y puso en marcha un programa en Radio Nacional dirigido a la emigración española en el extranjero llamado *De España para los españoles*, pensado para competir con un programa de la REI con mucha audiencia entre los emigrantes que llevaba por título *España fuera de España*. Quince años después, pactaron. Quince años. Quince años que Ramón Ormazábal quería transformar en quince días con una huelga de hambre en la prisión de Burgos.

En Burgos los presos reaccionaron a la ejecución de Grimau con una huelga de silencio que duró una semana. Silencio en el patio, silencio en los talleres, silencio en los comedores, silencio en las galerías. Poco después de aquella conmoción, un día los funcionarios llamaron al preso Ramón Ormazábal Tife para comunicarle que tenía que ser conducido a Madrid. Y entonces cambió todo.

CAMBIO DE LÍNEA: ¡ACCIÓN!

Un juzgado de Madrid reclama a Orma y sus compañeros temen una venganza del régimen: otro Julián Grimau. Su salida de la prisión es dramática. Muchos creen que no lo volverán a ver. «El día del traslado llamaron a Ormazábal a primera hora de la mañana, pero a la hora del segundo recuento la Guardia Civil todavía estaba esperando. Durante dos horas lo estuvieron acompañando grupos de presos muy compactos, todas las brigadas pasaron a saludarlo. Toda la prisión quería despedirse. Tuvieron que tocar la corneta dos veces para que volviéramos a las galerías. Tuvieron que tener paciencia. Finalmente se lo llevaron a Madrid». Así lo cuenta en sus memorias Melquíades Rodríguez Chaos, un hombre que pasó veintitrés años en las prisiones de Franco. Es interesante cruzar los recuerdos carcelarios de Rodríguez Chaos y los de José María Laso. Realismo duro, el primero. Estilización intelectual, el segundo. La prisión de Melque es terriblemente sórdida. La prisión de Laso es un lugar que convoca a la superación. La memoria siempre tiene vida propia. La memoria juega con los humanos.

Nadie sabe por qué se llevan a Ormazábal a Madrid. Todos temen que lo condenen a muerte en un segundo consejo de guerra. El PCE lanza desde París una campaña de solidaridad que tiene repercusión en España, sobre todo entre grupos católicos. Algo se frena. Los fiscales buscan algo relacionado con la guerra, pero no lo encuentran, o lo dejan de buscar por órdenes de arriba de no repetir un segundo caso Grimau. A Ormazábal no le pasa nada, aparentemente lo llevan a declarar como testigo de un caso banal: un preso que había robado a otros presos durante su breve estancia en Carabanchel, antes de ser trasladado a Burgos. No pasa nada, pero cuando Orma vuelve al penal de Burgos ya tiene la batalla ganada. Sus compañeros han cambiado de opinión: quieren más acción, quieren movimiento, quieren ver si es posible hacer caer la dictadura desde la prisión más fría de España. Ha ganado la línea Ormazábal. Las batallas de las ideas siempre las ganan las emociones. Idea y sentimiento forman una unidad dialéctica inseparable. Las ideas son sentimientos en frío.

«La discusión fue muy dura y el que se llevó la peor parte fue Manuel Moreno Mauricio», escribe José María Laso, que también se siente perdedor. Laso, el hombre que llegó a proyectar *Orfeo* de Jean Cocteau una tarde de invierno en la biblioteca del penal ante un público masculino que pedía, por favor, ver mujeres guapas, también cree que la política de choque frontal es un error; también él quisiera mantener la prioridad de los cursos de formación. La línea monástica Moreno-Laso ha perdido. El comité de la prisión se reorganiza y se forma una nueva troica: Ramón Ormazábal, Miguel Núñez y Pere Ardiaca. Un vasco, un madrileño detenido en Barcelona y un catalán de Lleida. El secretario general del Partido Comunista de Euskadi y dos destacados dirigentes del PSUC.

(Troica. Cuántas veces oímos esta palabra durante la última crisis financiera. La troica que viajaba a Atenas o a Lisboa a vigilar la intervención de las economías de Grecia y Portugal. El grupo de decisión formado por la Comisión Europea, el Fondo Monetario Internacional y el Banco Central Europeo. El lenguaje presenta a veces mutaciones espectaculares. La expresión rusa *troika*, que durante la crisis designó el comisariado internacional de los países intervenidos, había formado parte del lenguaje especializado del comunismo soviético. Troica: el secretario general del PCUS, el jefe del Presídium y el presidente del Consejo de Ministros. Troica: los tres principales dirigentes de un comité del partido: secretario político, secretario de organización y secretario de propaganda. Troica, triunvirato. Troica: los tres caballos que arrastran un trineo por la tundra nevada, con la banda sonora de Maurice Jarre en la película *Doctor Zhivago*).

Burgos estrena *troica* a mediados de 1963. Al roble de Euskadi ya lo conocemos. Miguel Núñez González, madrileño de Lavapiés, es un antiguo militante de las JSU (siempre las JSU) que ha resistido heroicamente las torturas de los hermanos Creix en Via Laietana: lo colgaron esposado de las cañerías de la calefacción y resistió todos los palos. Ardiaca es un histórico del PSUC, uno de los grandes antagonistas de Comorera en la crisis de los años cincuenta, que acaba de ser encarcelado, después de haber sido detenido en Barcelona junto a un joven médico pediatra, el doctor Antoni Gutiérrez Díaz, responsable del comité de intelectuales, hombre enérgico e imaginativo que tendrá un papel importante diez años después. (Gutiérrez Díaz será el principal impulsor de la Assemblea de Catalunya, siguiendo la partitura de aquel Front per la Pàtria que Comorera no pudo sacar adelante en el mundo desguarnecido de la posguerra).

El nuevo comité de Burgos es dinámico, tiene mucho empuje y está muy conectado con el grupo dirigente de París. El anterior era un comité de resistencia, integrado por artesanos de la clandestinidad. Un comité monacal obsesionado con el plan de estudios. «No teníamos prácticamente ninguna hora libre; cuando no estábamos estudiando idiomas, estudiábamos contabilidad; cuando no estábamos leyendo textos de Marx, estudiábamos los textos que nos llegaban sobre el XX Congreso del PCUS después de la muerte de Stalin. Cuando no mandábamos cartas a los laboristas británicos pidiendo ayuda para los presos políticos españoles, hacíamos un minuto de silencio por la muerte de Togliatti», contaba MMM años más tarde. Ahora había que dejar los libros en un rincón y pasar a la acción continua. Del monasterio a la desobediencia. «¡Aquí no hemos venido a estudiar!».

Objetivos de las primeras protestas: la libertad de conciencia y la supresión de los desfiles dominicales en el patio de la prisión. Libertad para no ir a misa y aligeramiento de la disciplina militar. En sus memorias monásticas, Laso recuerda que aprovechaba la misa dominical para poner mentalmente en orden los hechos de la semana. Más que enfrentarse a los curas, los engañaban con la ayuda de aquel sacristán excomunista que hacía de agente doble. Ormazábal plantea el choque: «No nos pueden obligar a ir a misa». Instancias al director y desobediencia. Por lo tanto, celdas de aislamiento cuando la protesta sube de tono. Piden un estatuto del preso político y reclaman la amnistía. Se multiplican las cartas en las más variadas instancias internacionales: los sindicatos alemanes, el Vaticano, los principales periódicos extranjeros... En las cartas que envían a sus familiares empiezan a escribir «preso político» debajo del nombre del remitente. Muchas de aquellas cartas no llegarán nunca a su destino.

Y se intensifica la propaganda. Radio España Independiente, que siempre se había ocupado con atención de los presos, estrena un programa denominado *Antena de Burgos* que se confecciona semanalmente con información proveniente del penal. Las hojas de papel cebolla salen a escondidas, se envían a París y desde París las mandan a Bucarest. El grupo vasco es muy activo. El periodista Antonio Giménez Pericás, el redactor del diario *Hierro* que desafió al tribunal militar solicitando públicamente el ingreso en el PCE el último día del consejo de guerra, confecciona buenos guiones radiofónicos. Escribe relatos muy efectistas sobre la vida en la prisión. Se radian píldoras con una breve ficha biográfica de los presos que llevan más años encerrados en Burgos, entre ellos MMM: «Militante sindicalista que durante la guerra luchó con todas sus fuerzas para defender el gobierno legal de la República. Al acabar la guerra, Moreno Mauricio pasó a Francia junto a otros centenares de miles de combatientes republicanos, que fueron internados en campos de concentración. Durante la ocupación de Francia por las tropas nazis, Moreno Mauricio vivió en la ilegalidad y contribuyó con su esfuerzo al fortalecimiento del movimiento guerrillero de las FFI hasta la liberación de Francia. Pero aquí no acaban los esfuerzos de este ejemplar compatriota. MMM vuelve a España para incorporarse a la lucha antifranquista, y en 1947 es detenido y salvajemente torturado. Más tarde, un consejo de guerra sumarísimo lo condena a la pena de muerte, pena que se le conmuta por una de treinta años de cárcel. Manuel Moreno Mauricio. Esta es su vida ejemplar, una vida de abnegación y sacrificio. ¿Permitiremos que su cautiverio dure más tiempo? Exigid la libertad de Manuel Moreno Mauricio y la de todos sus compañeros de cautiverio». Fijémonos que en esta cuña radiofónica no aparece ninguna referencia a la Agrupación Guerrillera de Levante.

Hora de Burgos se convierte en una afilada herramienta de combate. Se denuncian las situaciones más injustas, con el nombre y apellido de los funcionarios más agresivos, y esto tiene su efecto. La vida en la cárcel se convierte en serial radiofónico en un momento en que la Pirenaica está teniendo mucha audiencia en España y en los países europeos con emigración española, a pesar de las continuas interferencias desde los emisores de Radio Nacional de España. Mucha gente ha aprendido a escuchar la Pirenaica moviendo constantemente el dial, huyendo de las interferencias. «Aquí Radio España Independiente, estación Pirenaica...».

Escritos, instancias, peticiones, huelgas, protestas e ingeniosas emisiones de la *Hora de Burgos* que asustan a los funcionarios cuando oyen sus nombres medio tapados por los silbidos de las interferencias. Burgos se convierte definitivamente en el gran mito de la resistencia antifranquista. Esta victoria de la línea Ormazábal es incontestable. Sin embargo, la represión se intensifica. El diario *Le Monde* dedica un amplio reportaje a los presos de Burgos. Convencido de que su movilización puede ser la punta de lanza para la caída de la dictadura, Orma redacta un documento de los presos dirigido al Ejército español pidiendo a los generales que se desentiendan de Franco y lo dejen caer. Los generales conspirando contra Franco. Los sueños de la voluntad pueden llegar a fabricar suposiciones extraordinarias.

En medio de toda esta batalla se produce un interesante cambio de militancia en la prisión. El abogado Enrique Múgica Herzog, detenido y condenado junto a Ormazábal tras las huelgas en el País Vasco, se da de baja del PCE después de diez años de militancia y de varias detenciones, y se suma al pequeño grupo de presos socialistas. «No podía seguir más tiempo en un partido sin democracia interna», ha dejado escrito en sus memorias el exministro de Felipe González, que también fue Defensor del Pueblo. Múgica no soportaba ya los métodos de Ormazábal. José María Laso lo explica de otro modo: «Un día Múgica nos dijo, con toda sinceridad, que a él le gustaría ser ministro de un gobierno democrático en España, y que esto solo sería posible con el PSOE». Esta versión también la recordaba, con ironía, Moreno Mauricio: «Fue muy sincero con nosotros, nos dijo que algún día sería ministro». Los comunistas perdían a Múgica y ganaban a Conill. Alta socialista y baja libertaria. El militante de las Juventudes Libertarias Jordi Conill Vall, condenado a muerte por haber puesto una bomba en el Valle de los Caídos, pedía el ingreso en el PC después de salvar la vida gracias a una intensa campaña de solidaridad internacional en la que participó el cardenal de Milán, Giovanni Montini, futuro papa Pablo VI. Podía haber sido un segundo Julián Grimau, pero la presión internacional lo impidió. La dictadura prefirió matar al antiguo policía de la República. Muy afectado por la muerte de Grimau, el joven Jordi Conill pidió el ingreso en el PSUC y se convirtió en la niña de los ojos de los presos comunistas de Burgos: no pasaba a menudo que un militante anarquista pidiera el ingreso en un partido que los libertarios consideraban autoritario, dogmático y, en buena medida, conservador.

Manuel Moreno había sido apartado del comité de la prisión, pero, militante disciplinado, participaba en todas las acciones que planteaba la nueva dirección. En 1963, meses antes de su salida de Burgos, lo entrevistaron para Radio España Independiente. Una entrevista por escrito, con aquellas hojas de papel cebolla que salían hacia París. Dos locutores de Bucarest la pusieron en antena. Su relación con Ormazábal, sin embargo, nunca más volvió a ser cordial. Orma consideraba que el anterior comité había retrasado unas acciones que podían acelerar la caída del franquismo. No era una acusación menor. Moreno lo consideraba un alocado, con brotes autoritarios, sin sentido de la realidad. Tampoco era una consideración menor.

Moreno ya llevaba dieciséis años en la cárcel. Veinticuatro años lejos de casa. No había visto crecer a su hijo. Solo lo había podido abrazar alguna vez en aquellas jornadas mercedarias en las que los presos se reunían con algunos de sus familiares en el patio de la prisión, encuentros que ahora habían sido suspendidos como consecuencia de las protestas. Felip era mecánico, como su padre. Maria estaba mal. No había podido aguantar la desgracia familiar. Estaba y no estaba. Desde Vélez-Rubio los ayudaban.

En aquel año 1963, a MMM se le veía muy pendiente de dos libretas verdes. Pasaba muchos ratos escribiendo en la caverna de Platón.

CLAUDÍN Y SEMPRÚN TOMAN LA PALABRA

Entre el 22 de julio y el 5 de agosto de 1963 tuvo lugar en la localidad francesa de Arrás, en el norte de Francia, no muy lejos de la ciudad de Lille, un seminario del Partido Comunista de España de gran trascendencia para el porvenir de la principal fuerza de oposición a la dictadura de Franco. A principios de los sesenta, el PCE, más el PSUC, contaba con unos veinte mil afiliados, la mitad de los cuales eran trabajadores emigrados al extranjero y exiliados en varios países del mundo. No era un ejército inmenso, pero ningún otro grupo político de oposición a Franco contaba con tanta gente dispuesta a acabar en una comisaría de policía. Contra Franco estaba el «Partido», y una serie de agrupaciones y clubes.

La reunión tuvo lugar en un pequeño *château* de Arrás que la República francesa había confiscado a un colaboracionista y que el sindicato comunista CGT había comprado en subasta para dedicarlo a casa de colonias. En aquel seminario se habló de estética y de filosofía, pero en realidad se discutió sobre cuáles eran los límites de la disensión en el interior del Partido Comunista. En aquella reunión empezó una de las discusiones políticas más importantes de la España de la posguerra. Una discusión sin la cual no se explica la posterior transición a la democracia. No era un congreso, ni una reunión regular de los órganos de dirección; era un seminario que reunía a algunos dirigentes del PCE y el PSUC con militantes del interior vinculados a la actividad intelectual: profesores, estudiantes y algunos artistas. El objetivo del seminario era «homogeneizar» la línea del partido en un momento en que empezaban a aflorar importantes divergencias estratégicas.

Hay que tener en cuenta dos puntos de referencia para entender del todo aquel momento: el Plan de Estabilización de 1959 y la ruptura de relaciones entre la Unión Soviética y la República Popular China, en 1962. El final de la posguerra española y el inicio de una nueva etapa de las relaciones internacionales, en el contexto de la Guerra Fría. La liberalización del capitalismo español, con los consiguientes cambios en las condiciones materiales de vida de más de treinta millones de personas, y la ruptura del bloque comunista en la gran plataforma continental euroasiática. No es moco de pavo.

La discusión en Arrás giró, aparentemente, en torno a la estética. Es del todo inimaginable que en estos momentos un debate político pudiera tener como detonante una discusión sobre estética. Hoy se discute a ritmo de clic en las redes sociales y el ejercicio de la democracia interna está retrocediendo claramente en casi todas las organizaciones políticas en beneficio del cesarismo mediático de los líderes. Podríamos decir que había más democracia en la organización clandestina del Partido Comunista de los años sesenta que en la mayoría de los partidos actuales, verticalizados por la tecnología digital, mientras se recitan loas a la transparencia y a la horizontalidad. Pero será mejor que no nos apresuremos, puesto que aquella discusión, que duró casi dos años, acabó mal.

El debate de Arrás tomó fuerza el sexto día con una ponencia de Francesc Vicens, *Ferran*, sobre el realismo socialista. En un capítulo anterior hemos encontrado a Vicens hablando con Joan Comorera en el patio de la cárcel Modelo de Barcelona mientras los otros presos del PSUC hacían el vacío al secretario general expulsado por desviación titista. Después de tres años encarcelado, Vicens se exilió en París, donde trabajó como crítico de arte, mientras impulsaba la revista teórica del partido *Nuevos Horizontes*. Hijo de «buena familia» —su padre era juez—, Vicens, hombre capaz de leer los clásicos en latín, era un buen ejemplo de la atracción que el Partido Comunista supo ejercer entre los hijos de los sectores sociales ganadores de la Guerra Civil. Más interesado en la obra de Picasso que en el realismo soviético, el futuro director de la Fundació Miró habló de la necesidad de superar los cánones estéticos del realismo socialista. Más arte moderno, menos obediencia a las teorías de Andréi Zhdánov, constructor del código ideológico del arte socialista en el periodo estalinista. Vicens estaba predicando algo más que la apertura del canon estético, y el secretario general, que siempre tuvo una relación complicada con los intelectuales, lo captó inmediatamente.

Santiago Carrillo aprovechó la ponencia de Vicens para cargar contra el «revisionismo». También criticó duramente algunos aspectos de una ponencia anterior sobre filosofía expuesta por Jorge Semprún. Vicens había hablado contra el dogmatismo del realismo socialista. Semprún había defendido un «marxismo crítico» contra la cristalización del culto a la personalidad de la época estalinista. Tenía que haber un límite para las disensiones, vino a decir Carrillo. Fernando Claudín, número dos del PCE, se sintió interpelado y salió en defensa de las ponencias de Semprún y Vicens, reclamando el derecho de los militantes a poner en cuestión la línea oficial. «Tenemos que poder dudar de todo —dijo—. La mejor forma de no volver a la época del culto a la personalidad es facilitar que cada comunista diga lo que piensa», afirmó Claudín, que años atrás había sido un gran defensor de la ortodoxia. Todo el mundo sabía ya de qué iba la discusión. Arrás tuvo repercusión. Unos meses después incluso habló de ello el diario norteamericano *The New*

York Times: «Discrepancias entre los intelectuales del Partido Comunista Español».

Las discrepancias no eran solo estéticas. Había diferencias importantes sobre la realidad material del país. A Carrillo le importaba más bien poco el arte moderno. El secretario general se estaba refiriendo a las discrepancias que empezaban a poner en entredicho la línea política después del notable fracaso de la Huelga Nacional Pacífica convocada en noviembre de 1959. Un mes después de aquel fracaso, el Consejo de Ministros presidido por Franco había aprobado el Plan Nacional de Estabilización Económica.

Los «revisionistas» intuían que el Plan de Estabilización tendría éxito y supondría un ensanchamiento de la base social de la dictadura. Carrillo y la mayoría de los dirigentes pensaban que el plan de liberalización de la economía ideado por los ministros tecnócratas del Opus Dei y concretado por Sardà no podía resolver las contradicciones de una España dominada por la oligarquía financiera y los terratenientes. Creían que la dictadura estaba condenada a un fracaso inminente, como lo demostraban las importantes huelgas que habían tenido lugar durante la primavera de 1962 en Asturias, el País Vasco y en otros lugares del país.

Claudín y Semprún empezaban a pensar que la dictadura iba para largo. Estaban convencidos de que el Plan de Estabilización tendría efectos reales en la sociedad española. La liberalización económica podía generar una cierta expansión de las clases medias, y había que ir previendo que la dictadura podía aguantar más tiempo, aunque su supervivencia fuera acompañada de más conflicto social. Los trabajadores iban a la huelga para mejorar sus condiciones de vida, no para hacer caer al franquismo, pensaban FF (Fernando Claudín y Federico Sánchez). Colapso rápido del franquismo o gradual evolución de la dictadura hacia formas semiautoritarias. Estos eran los dos diagnósticos que se iban perfilando en el interior del PCE.

Hubo aún una tercera posición: los que tomaron partido por la China de Mao, defendiendo una acentuación de la línea revolucionaria. No eran muchos, pero se hacían oír. Poco imaginaban cuál sería la evolución de China cincuenta años después.

Es muy difícil captar el signo de los cambios mientras estos apenas se insinúan. Es muy fácil, hoy, levantar el brazo de los que tenían razón en aquel debate. El plan Sardà hizo crecer la economía española y también generó una enorme oleada migratoria del campo a las grandes ciudades y al extranjero. Más de cinco millones de españoles abandonaron sus pueblos, ante el horror de los falangistas de primera hora, los pocos falangistas que todavía no habían sucumbido del todo al cinismo gris de la dictadura, que veían en la despoblación salvaje del campo la aniquilación de su ideal «revolucionario» de una nueva armonía social sin lucha de clases. La masificación de las ciudades los preocupaba. La masificación de las grandes ciudades significaba el retorno de la lucha de clases. En 1951, el sector falangista del régimen ayudó a producir una película sobre este tema, de notable calidad: *Surcos*. Dirigida por José Antonio Nieves Conde con guion de Eugenio Montes, Natividad Zaro y Gonzalo Torrente Ballester, la película cuenta la historia de una familia de campesinos, los Pérez, que se dejan convencer por las ambiciones del hijo mayor, deseoso de emigrar a Madrid. «En el campo no hay futuro», les dice. Cuando llegan a Madrid empieza la gran decepción: la ciudad es mucho más dura e inhóspita de lo que creían, los embaucan, les cuesta encontrar trabajo, viven mal, se empiezan a pelear, hasta que la familia, antes de descomponerse, decide volver al pueblo. La censura eliminó una última escena en la que una de las hijas de los Pérez salta del tren para volver a Madrid, a pesar de todo.

Claudín, Semprún y Vicens advertían al Partido Comunista de que los surcos del Plan de Estabilización serían profundos y de que con ellos no llegaría la revolución. Proponían una política más gradual, más adaptada a la perspectiva de una evolución lenta de la dictadura, sin confundir el aumento de las protestas obreras con el preludio de un estallido revolucionario. En pocas palabras: la gran Huelga General Política no estaba por caer. Los disidentes proponían sustituir las fallidas jornadas de movilización general por un trabajo más paciente, basado en la suma de movilizaciones parciales y un aprovechamiento más eficaz de las rendijas que empezaba a ofrecer la dictadura para la lucha política y cultural. Proponían, por lo tanto, un partido menos encerrado sobre sí mismo, a pesar de los severos condicionantes que imponía la clandestinidad. Carrillo no tardó en acusarlos de defender una posición claudicante que podía retrasar la caída del franquismo. La discusión, sin embargo, fue lenta y tuvo método.

Claudín sostiene en sus escritos de los años ochenta —cuando la historia ya le había dado la razón— que las primeras desavenencias con Carrillo habían empezado tiempos atrás, inmediatamente después de la intervención militar soviética en Hungría, en 1956. Apenas un año después del impactante discurso de Nikita Jrushchov en el XX Congreso del Partido Comunista de la Unión Soviética denunciando los crímenes de Stalin, el Politburó soviético ordenó la ocupación militar de Hungría para neutralizar una insurrección popular en Budapest que cuestionaba el régimen socialista y la permanencia del país en el Pacto de Varsovia. Este último punto fue fundamental. El partido comunista húngaro estaba gravemente dividido y el sector reformista, liderado por Imre Nagy y animado por el filósofo György Lukács, se hizo cargo del gobierno y pidió a las Naciones Unidas el estatuto de país neutral. Austria y Hungría, países neutrales en el centro de Europa. La facción prosoviética, liderada por el ferroviario János Kádár, fundó un nuevo partido y pidió inmediatamente la ayuda de la URSS y de los demás países socialistas, de acuerdo con las cláusulas de solidaridad del Pacto de Varsovia, que preveían intervenir si en uno de los países firmantes del pacto el socialismo era puesto en peligro por fuerzas «contrarrevolucionarias». Los tanques soviéticos entraron en Budapest, sofocaron la revuelta con un baño de sangre y Nagy fue detenido, procesado y ahorcado. Los comunistas chinos, molestos por el proceso de desestalinización, exigieron mano dura, y Moscú la concedió. El filósofo Lukács fue desterrado a Rumanía. Kádár tomó el poder y actuó con sagacidad. Conocía a su pueblo. Negoció con los soviéticos libertad de acción en el campo económico a cambio de una estricta fidelidad al Pacto de Varsovia. Fidelidad geopolítica a cambio de una economía menos sovietizada. Hungría se convirtió muy pronto en el país más acomodado y más «liberal» del ámbito socialista. «Socialismo *goulash*». Socialismo con minifalda y música pop, vigilado por el patriarca Kádár. Más de treinta años después, como es sabido, Hungría fue fundamental para el hundimiento del muro de Berlín, cuando las autoridades socialistas de Budapest dejaron transitar por su país a los alemanes orientales que querían llegar a la Alemania occidental. Los hechos de Hungría de 1956 pillaron al mundo entretenido con la crisis del canal de Suez, pero tuvieron impacto en los partidos comunistas occidentales, sobre todo entre aquellos intelectuales que se habían sentido atraídos por el heroísmo de los comunistas ante el nazismo y el fascismo. La intervención militar en Hungría no encajaba con la revisión del estalinismo. En Italia hubo alboroto en el PCI. El sindicato CGIL, de mayoría comunista y socialista, emitió un comunicado a favor de los sublevados, con el consiguiente enfrentamiento entre el secretario general del sindicato, Giuseppe Di Vittorio, y el secretario general del partido, Palmiro Togliatti. Un numeroso grupo de intelectuales adheridos al Partido Comunista firmaron un manifiesto muy crítico con la intervención soviética y algunos se dieron de baja, como por ejemplo los escritores Italo Calvino y Elio Vittorini. En Francia, el PCF perdió a algunos intelectuales, como el historiador Emmanuel Le Roy. Albert Camus y Jean-Paul Sartre, cada uno a su manera, se pronunciaron contra los soviéticos, y los jóvenes de Acción Francesa incendiaron en París la sede del PCF. En Gran Bretaña, el pequeño Partido Comunista Británico perdió muchos de sus miembros. En España, en las catacumbas de la clandestinidad, hubo muy poca discusión. Aun así, Claudín, entonces virtual número dos del partido, manifestó su disgusto por los hechos de Hungría. «Carrillo hizo suya sin reservas la posición soviética, y yo manifesté que el factor determinante de la insurrección no había sido ni el imperialismo ni el nacionalismo reaccionario húngaro, sino los errores del partido comunista. Añadí que los hechos de Hungría nos obligaban a seguir profundizando en la cuestión del estalinismo. La discusión acabó adquiriendo un tono muy violento. Se aprobó una resolución a favor de los soviéticos en la que, a propuesta de Jorge Semprún y de algún otro, se rebajaron los elogios al Ejército soviético». Esto lo escribió Claudín veinticinco años después.

Las relaciones entre Carrillo y Claudín, hasta aquel momento muy estrechas, se empezaron a enfriar. Una relación curiosa. Carrillo venía del Partido Socialista. Claudín era un comunista de primera hora. Carrillo conocía el mundo soviético de manera relativa. Claudín había vivido años en la Unión Soviética, hablaba ruso con facilidad —pudo entender perfectamente la intervención de Jrushchov en el XX Congreso del PCUS sobre Stalin— y empezaba a añorar otra vida: había dejado colgados los estudios de arquitectura al empezar la Guerra Civil y en aquellos momentos le atraía más el trabajo intelectual que la batalla organizativa. Carrillo llegaría a la secretaría general con el apoyo de todos sus compañeros de generación (siempre las JSU) y estaba obligado a cuidar los equilibrios. Claudín, férreo defensor de la ortodoxia durante los años duros del estalinismo, empezó a desencantarse al escuchar a Jrushchov hablando sobre Stalin. En aquella época, sin embargo, las horas transcurrían lentas, las discusiones duraban horas, las maniobras duraban meses, los informes se escribían a mano, las resoluciones se pasaban a máquina y una coma mal puesta podía originar un cataclismo. Y en la prisión de Burgos, la discusión sobre la fragilidad del franquismo era más intuitiva que teórica. Había debate en la caverna de Platón.

Después de la discrepancia sobre Hungría, vino la discrepancia sobre la política agraria. Si se defendía una política de reconciliación nacional, ¿se podía defender, al mismo tiempo, una estrategia de choque frontal con los grandes propietarios agrícolas? Si se quería minar la base social del régimen, ¿había que mantener las mismas reivindicaciones del Frente Popular republicano? Claudín, de nuevo con el apoyo de Semprún, cuestionó algunas conclusiones de un debate en la dirección del PCE sobre la política agraria en el que se planteaba devolver al primer plano la consigna de «la tierra para quien la trabaja». Claudín y Semprún objetaban que el cariz antifeudal de esta consigna de los años treinta empezaba a dejar de tener sentido en un campo cada vez más mecanizado que perdía población. Esta consigna, decían, podía alejar a los comunistas de la alianza con sectores sociales interesados en la liquidación de la dictadura. La discusión giraba obsesivamente sobre el Plan de Estabilización y sus consecuencias.

Unas notas enviadas desde Madrid por un joven intelectual llamado Javier Pradera fueron premonitorias. Pradera había sido reclutado por Semprún en los ambientes universitarios de Madrid, en los que había conseguido una notable audiencia. Todo el mundo lo conocía por el nombre de Federico Sánchez, clandestino, culto, educado, muy metódico con las normas de seguridad. La gabardina más elegante de Madrid. Un personaje literario. Pradera era hijo y nieto de dos destacados franquistas fusilados por milicianos republicanos. Su padre, Víctor Pradera, dirigente carlista en Navarra, había fundado con José Calvo Sotelo uno Bloque Nacional que quería agrupar a todas las derechas republicanas. Javier Pradera estaba casado con Gabriela Sánchez Ferlosio, hija de Rafael Sánchez Mazas, uno de los más destacados fundadores de la Falange. El ingreso del joven Pradera en el PCE causó sensación en el buró de París por su significado histórico. Si los hijos del bando ganador en la Guerra Civil se acercaban al Partido Comunista, significaba que el final de la dictadura no estaba muy lejano. La realidad seguramente era otra: algunos hijos del bando ganador sentían vergüenza de la Guerra Civil y se acercaban al Partido Comunista porque era la fuerza más activa contra la dictadura y la que más palos recibía. Sentimientos de culpa. Cuando en 1956 los comunistas proclamaron la política de reconciliación nacional, se situaron a años luz del PSOE de Rodolfo Llopis, ensimismado en París, esperando a que los militares monárquicos algún día echaran a Franco. La consigna de la «reconciliación nacional» tuvo un gran impacto entre los jóvenes universitarios de finales de los años cincuenta, muchos de ellos hijos de familias acomodadas. «Nosotros, hijos de los ganadores y de los vencidos», decía el encabezamiento de un manifiesto universitario distribuido en Madrid en la primavera de 1956.

En 1960, Pradera, que había adquirido un peso relevante en el grupo de intelectuales de Madrid, manda una carta de siete folios a París en la que cuestiona seriamente la política del partido después del fracaso evidente de la Huelga Nacional Pacífica del 18 de noviembre del año anterior, fracaso que la dirección del PCE se negaba a reconocer, pese a las evidencias. Pradera había asistido con estupefacción a una serie de reuniones donde se daba por hecho que las masas obreras ocuparían pacíficamente aquel día las principales calles de Madrid. Las notas de Pradera van al centro de la cuestión, con un lenguaje muy directo que rompe con la habitual retórica comunista: no esperéis un final rápido de la dictadura, porque esto va para largo. La España del Plan de Estabilización empieza un proceso de acumulación neocapitalista que puede posibilitar la salida monárquica. Las nuevas capas burguesas —que el partido denomina «burguesía no monopolista»— difícilmente querrán unirse con el proletariado en una movilización contra la dictadura. Más vale no caer de nuevo en el error de la fantasiosa Huelga Nacional Pacífica de 1959. Solo es posible una política de lenta acumulación de fuerzas. Estas son las ideas clave de su mensaje. Aquellas notas causan un terremoto en París. Un joven militante de Madrid, veintiséis años, hijo de un carlista reaccionario aliado con Calvo Sotelo, casado con la hija de uno de los fundadores de la Falange, se dirige directamente a la dirección del Partido Comunista para cuestionar de arriba abajo toda su línea. Semprún se encarga de responder a su discípulo. Una respuesta dura, casi tan dura como la que él mismo recibirá unos años después. La dialéctica marxista puede llegar a ser implacable como táctica de combate. «La dialéctica es el arte y la manera que los comunistas tenéis de saliros siempre con la vuestra», le había advertido años atrás a Semprún un compañero de cautiverio, cuando Federico Sánchez se llamaba Gerard en el campo de concentración nazi de Buchenwald. Pradera no tuvo ningún tipo de apoyo de Claudín y Semprún, pero seguramente sembró la duda. Pradera fue el primer cuadro del PCE en intuir y comunicar que el Plan de Estabilización cambiaba radicalmente la perspectiva de España. Quizá tenía telepatía con el economista Joan Sardà Dexeus, hijo de una buena familia de Barcelona.

Pradera no era un frívolo. Detenido y encarcelado tres veces, tuvo que sacrificar su carrera en el cuerpo jurídico del Ejército del Aire. También perdió una plaza de profesor en la Universidad Autónoma de Madrid. No lo expulsaron, pero le aplicaron un tratamiento de frialdad hasta que él se marchó discretamente. Dedicado a la edición de libros, diez años más tarde Pradera tendría un importante papel en la fundamentación intelectual de la transición democrática como editorialista principal del diario *El País*.

Pese a estas disensiones, el PCE llegó a acumular una notable comisión intelectual en las ciudades de Madrid y Barcelona, con significativas ramificaciones en Sevilla, Valencia, Bilbao y otras ciudades. La red era amplia e iba creciendo. No todos los intelectuales antifranquistas estaban con el PCE, evidentemente, pero el mundo intelectual era una prioridad del Partido Comunista, a pesar de la prevención de sus dirigentes ante las críticas de los intelectuales a su política. Una relación de amor y odio. «Intelectuales con cabeza de chorlito», exclamó la Pasionaria el día que expulsaron definitivamente a Claudín y a Semprún del partido, en 1965, en un castillo de Bohemia. Dolores Ibárruri poseía un arte especial a la hora de proceder a las expulsiones. A Comorera lo acusó de querer ser un césar catalán que quería imitar a Companys, Macià y Prat de la Riba.

Pradera abrió la disensión, pero las huelgas obreras de 1962 en Asturias y Madrid, las huelgas que llevaron a Ramón Ormazábal a la prisión de Burgos, volvieron a llenar de euforia al Partido Comunista: la caída del franquismo volvía a parecer inminente. La áspera discusión en Burgos sobre qué hacer: prioridad a los cursos de formación o protestas a raudales, «Universidad de Burgos» o «Revuelta de Burgos», fue la expresión más dramática e intuitiva de un debate inevitable. El país estaba cambiando y no era fácil determinar en qué dirección. En la prisión de Burgos no disponían de las estadísticas del servicio de estudios del Banco de España, que pronosticaban un crecimiento sostenido del 7 % de la economía española durante una década como consecuencia de la apertura al exterior. Ni siquiera el comité ejecutivo del Partido Comunista en París disponía de estas estadísticas. Pero un partido con casi diez mil afiliados en el interior tenía suficientes antenas para poder hacerse una composición de lugar. Todo dependía de la mirada. Objetivismo o subjetivismo.

En el momento álgido de la discusión, Claudín y Semprún apelaron al objetivismo. Publicaron dos resúmenes de sus intervenciones en el seminario de Arrás en el primer número de la nueva revista cultural del partido, que no en balde se llamaba

Realidad. Objetivismo y Realidad. El primer número incluía los dos artículos de la discordia, una evaluación del Concilio Vaticano II y de la última encíclica del papa Juan XXIII, un informe sobre la represión cultural en España y un saludo a la *Revista de Occidente*, que se volvía a publicar. Materiales de primera, propios de una organización política muy conectada con la contemporaneidad. Una organización que quería abrirse al mundo y que a la vez se cerraba cuando estallaba la discrepancia. Los partidos comunistas, basados en la teoría leninista del centralismo democrático, no aceptaban corrientes o tendencias organizadas. En los años sesenta un partido moderno ya no podía vivir sin tendencias. Los italianos lo habían resuelto con su habitual plasticidad. Elasticidad y jesuitismo. El PCI no tenía corrientes formalmente reconocidas, pero tenía dos tendencias claramente significadas: los *miglioristi* o reformistas, encabezados por Giorgio Amendola y Giorgio Napolitano, y un ala izquierdista, de vocación más radical, capitaneada por Pietro Ingrao. En medio, un grupo de síntesis entorno a los sucesivos secretarios generales, desde Togliatti a Enrico Berlinguer. A pesar de esta elasticidad, los italianos también expulsaron a los disidentes del grupo de la revista *Manifesto*, inicialmente vinculada a la corriente izquierdista de Ingrao, que acentuó sus críticas a la ortodoxia después de la invasión soviética de Praga en 1968. Claudín y Semprún querían que el PCE fuera como el PCI: más abierto, más elástico, más contemporáneo. El partido italiano vivía en democracia, protegido por la Constitución antifascista de 1947 —Constitución que ellos mismos habían contribuido a aprobar—, y contaba con más de un millón de afiliados. El PCE apenas contaba con veinte mil cotizantes, la mitad de ellos sistemáticamente perseguidos por la policía en el interior de España. ¿Era posible un partido clandestino con corrientes?

Objetivismo versus subjetivismo. En la última de las reuniones del comité central donde se aborda la línea discrepante de Claudín y Semprún, un hombre muy respetado por todos, el panadero Simón Sánchez Montero, intenta hacer una síntesis de la discusión: «Conozco bien a los compañeros Claudín y Semprún, creo que dicen lo que piensan y defienden sus ideas como las mejores para el partido. Pero, ¿por qué piensan así? Solo encuentro una respuesta válida (hay otras, pero me niego a admitirlas): huyendo del subjetivismo, piedra con la que hemos tropezado varias veces, los camaradas Semprún y Claudín caen en el extremo contrario, el objetivismo, igualmente pernicioso. Insensiblemente los dos se han deslizado hacia una posición que no es la nuestra».

Tesis oficial: el subjetivismo puede llevar, en determinados momentos, a una sobrevaloración de las posibilidades revolucionarias, pero el objetivismo desmoviliza. La frialdad objetivista es incompatible con un partido de combate. La frialdad objetivista subestima el potencial de las masas. No hay militancia sin fe. No hay partido sin cohesión. La desmovilización puede alargar la vida del franquismo.

Tesis disidente: el subjetivismo nos aleja de la realidad, hace menos efectiva nuestra política y, por lo tanto, ayuda a la supervivencia del franquismo. La evolución neocapitalista de la sociedad española empuja a favor de la restauración de la monarquía y de la organización de la futura política española alrededor de dos grandes grupos, que podrían ser un partido democristiano y un partido socialista, reparto de papeles que dejaría al partido comunista fuera de juego. Tenemos que acumular fuerzas de manera inteligente para evitar ser marginados.

La discusión es áspera y no rehuye las alusiones personales. Carrillo insinúa que Claudín se siente fatigado después de tantos años de dedicación al partido y seguramente prefiere dedicarse al trabajo intelectual. Semprún quiere ser escritor y ya está publicando novelas. Efectivamente, Jorge Semprún ya ha sido retirado de la actividad clandestina en Madrid, y en 1963 ha ganado el premio Formentor de literatura con una novela sobre la deportación a los campos nazis que lleva por título *El largo viaje*. A raíz de este premio, la policía española ha acabado descubriendo que Federico Sánchez era Jorge Semprún. Pero no lo han pillado. Ahora es uno de los hombres que mejor lleva la gabardina en París. En plena discusión, en la capital de Francia se estrena una obra de teatro de Semprún sobre la persecución de los judíos. Claudín y Semprún, sostiene Carrillo, son dos intelectuales fatigados de la dura vida del partido, y eso seguramente explica sus posiciones. La Pasionaria es inclemente y los acusa de favorecer las posiciones de la oligarquía española al defender ideas desmovilizadoras. En la reunión del comité central en el antiguo castillo de Bohemia se lee un comunicado del comité de Burgos, firmado por la troica Ramón Ormazábal, Pere Ardiaca y Miguel Núñez, durísimo contra los disidentes.

Más de dos años de discusión desde que se empezaron a plantear las primeras divergencias sobre la política agraria. En marzo de 1964 se produce la discusión final en el castillo de Bohemia. Claudín y Semprún son primero excluidos del comité ejecutivo, más adelante serán suspendidos como miembros del comité central y, finalmente, expulsados del partido. La cuestión será trasladada a las organizaciones de base, y en la revista *Nuestra Bandera* se publicará un resumen de las tesis de la «plataforma fraccional», acompañado de unas notas críticas de la dirección. Francesc Vicens será expulsado del PSUC, partido en el que se detectó menos rechazo a las tesis disidentes. También será expulsado Jordi Solé Tura después de encontrarse en París en una situación verdaderamente kafkiana. Solé Tura había pasado más de un año en Bucarest trabajando en Radio España Independiente. Indeciso sobre su futuro personal y familiar, pidió volver a París, y al serle concedido el relevo se encontró con la discusión abierta en canal. Se informó, habló con Claudín y Semprún y se manifestó a favor de sus tesis. Jóvenes universitarios del PSUC, como Nolasc Acarín —que había participado en el seminario de Arrás—, Augusto Gil Matamala, responsable de la organización de intelectuales, Francesc Espinet y Josep Maria Blanch, entre otros, viajaron a París para tratar de saber lo que estaba pasando. Solé Tura organizó una reunión de todos ellos con Claudín que llegó a oídos del PCE, y entonces lo acusaron de «fraccionalismo». Solé Tura decidió volver a Barcelona, pese a que tenía un proceso penal abierto. Entonces lo convocó la dirección del PSUC en París. «No puedes volver a Barcelona, si te detienen sabes demasiado de la Pirenaica». Puesto que había sido apartado, insistía en volver a Barcelona. «No puedes volver», le repetían. «Tampoco queremos que organices una escisión en Barcelona». Se ofrecieron a encontrarle un trabajo a París para que se quedara en Francia. Quedaría apartado, pero no expulsado. Solé Tura decidió volver a Barcelona y fue expulsado. En Barcelona, sin embargo, encontró más comprensión que en París. En sus memorias, Solé Tura recuerda que Manuel Sacristán le ofreció ayuda, a pesar de que el intelectual de referencia del PSUC en aquel momento consideraba que Claudín y Semprún representaban una peligrosa «desviación de derechas». El carácter, la manera de ser, es determinante en esta larga historia que estamos contando sobre la Acción y la Reflexión. La manera de ser explica muchas más cosas que las ideas. La manera de ser. El carácter. La mirada. La manera de mantenerse en pie sobre la tierra.

En la prisión de Burgos, Orma se sentía totalmente refrendado en sus posiciones. Las sombras en la caverna de Platón le daban la razón. Estaba convencido de ello. MMM estaba a punto de salir de la cueva después de diecisiete años de reclusión. Moreno, que no conocía personalmente ni a Claudín ni a Semprún, había defendido intuitivamente sus posiciones al rechazar como válida la idea de una inminente caída del franquismo. En aquellos momentos, MMM ya tenía un juicio muy negativo de Carrillo, pero sería osado situarlo de modo explícito junto a los disidentes. Vivía sus últimos meses en la cárcel y sus compañeros lo veían cada día con un libro y una libreta verde.

Claudín tuvo que buscar trabajo en París después de muchos años de dedicación profesional a la política. Semprún se convirtió en una personalidad cultural en Francia, escribiendo novelas y guiones de películas, una de ellas fuertemente autobiográfica: *La guerre est finie*, dirigida por Alain Resnais e interpretada por Yves Montand (la película trata de las contradicciones de un militante comunista en desacuerdo con sus dirigentes y a la vez criticado por los jóvenes de mayo del 68). Francesc Vicens dirigió la Fundació Miró, antes de volver a la política como diputado de Esquerra Republicana, y Jordi Solé Tura se convirtió en uno de los mejores constitucionalistas del país en la Universidad de Barcelona. Volvió al PSUC en 1974, después de fundar el grupo Bandera Roja, y tuvo un papel clave en la redacción de la Constitución española, que tuvo que negociar con Fraga, el ministro de Franco que había defendido como justa la ejecución de Julián Grimau. La Constitución fue redactada por un antiguo locutor de la Pirenaica, la emisora de los comunistas españoles en Bucarest. Muchos de los que ahora se denominan «constitucionalistas» ignoran este hecho.

Años sesenta. España crecía el 7 %, las ciudades se llenaban de trabajadores del campo y se abrían discusiones importantes. Discusión entre los ministros de Franco: tecnócratas favorables a la industrialización intensiva contra los antiguos falangistas, aliados con Fraga, que desconfiaban de tanta fábrica —demasiados proletarios en las ciudades— y preferían el crecimiento inmobiliario derivado del turismo. Una discusión que llegó al Ampurdán: la central atómica que defendía Josep Pla en la playa de Pals con el rechazo frontal de los primeros empresarios hoteleros de la Costa Brava. (La central nuclear francesa se acabó construyendo en la localidad tarraconense de Vandellòs). Los comunistas discutían sobre el alcance real del Plan de Estabilización y la disposición de la nueva burguesía a movilizarse contra Franco. Los presos de Burgos discutían sobre Acción y Reflexión. Los católicos discutían sobre el significado del Concilio Vaticano II, los catalanistas discutían sobre si había que hacer país o política; los nacionalistas vascos discutían sobre qué significaba que algunos de sus hijos hubieran creado una organización llamada ETA; los galleguistas culturales de Santiago discutían sobre qué jóvenes convenía enviar becados a París para ayudar a crear una futura clase dirigente leal a Galicia (entre otros, eligieron al joven Xosé Manuel Beiras); discutían en el Café Gijón de Madrid; algunos valencianos discutían sobre las canciones del joven Raimon y el libro *Nosotros, los valencianos*, de Joan Fuster. Discutía mucha gente y, en Toulouse, don Rodolfo Llopis tenía al PSOE guardado en la nevera.

MOSCÚ Y PEKÍN ROMPEN

Cuando Mao empezó a promover la idea de que China podía igualarse con América en cinco años, empezó una ofensiva contra nosotros. Fue la época en que empezó a organizar sus comunas y a construir sus altos hornos tipo «cafetera». El Gran Salto Adelante, lo llamaba. Por instigación de Mao, los chinos empezaron a proclamar que la creencia soviética de que la distribución de los bienes materiales se tenía que hacer de acuerdo con la cantidad y la calidad del trabajo era una concepción burguesa. Empezaron a aparecer, en China, escritos en que se afirmaba que nosotros, la Unión Soviética, estábamos enganchados a los faldones de la levita de la burguesía. De este modo se abría una discusión sobre cuestiones básicas y de principio sobre el futuro del movimiento comunista, en un momento en que surgía una clara divergencia entre nuestros respectivos caminos.

Mao Zedong también dijo que la coexistencia pacífica era una noción burguesa pacifista. Y desde entonces China ha ido calumniando temerariamente al Partido Comunista de la Unión Soviética por su política de coexistencia pacífica con Estados Unidos. Pero siempre resulta difícil saber lo que piensan los chinos realmente. Es difícil determinar si China está realmente en contra o a favor de la coexistencia pacífica. [...] Respondiendo a preguntas de periodistas burgueses, Mao ha dicho algunas veces que es favorable a la coexistencia pacífica. Tengo la impresión que la llamada Declaración de Mao Zedong se debe en realidad a la pluma de Zhou Enlai. Nunca he sabido con seguridad cuál es la posición de Mao. Es imposible conocer con certeza el pensamiento de los chinos. [Zhou Enlai fue primer ministro de la República Popular China desde 1949 hasta 1976. Hijo de una familia culta, se convirtió en el hombre fuerte del régimen: guiaba los movimientos de Mao sin quitarle protagonismo, y al final de su mandato favoreció al reformista Deng Xiaobing].

Sin embargo, hay algo respecto a Mao de lo que estoy seguro. Mao es un nacionalista. Quiere dominar el mundo. Su plan era dominar primero China, después Asia y después... ¿qué más? En China hay setecientos millones de personas. Recuerdo una conversación con Mao, aparentemente inocente, mientras tomábamos el té, en que puso de relieve esta mentalidad. Mao me preguntó: «¿Cuántos conquistadores han invadido China? —y él mismo respondió a su pregunta—. China ha sido conquistada muchas veces, pero los chinos siempre han asimilado a sus conquistadores. Piénselo bien. Ustedes los soviéticos son doscientos millones, nosotros somos setecientos». [...] Aunque Mao esté triunfando en China, Liu Shaoqui no ha sido vencido. Está en contra de la política de Mao y está luchando en contra. Es un hombre muy inteligente y tiene mucha gente a favor, aunque hoy no tenga poder ejecutivo. La razón de que todavía esté vivo es su popularidad. Mao podría haber hecho estrangular a Liu sin muchas dificultades, pero su muerte habría provocado la rabia de las masas. Mao Zedong lo sabe y no lucha contra la persona de Liu Shaoqui, sino contra su figura de abanderado de un sistema político diferente. En pocas palabras, Mao quiere derrotar a Liu aislándolo políticamente. Pero una cosa es hablar de Mao y otra es hablar de China en su conjunto. Si empezáramos a denigrar al pueblo chino, estaríamos cruzando la raya que separa el análisis objetivo de los prejuicios nacionalistas. [Liu Shaoqui, presidente de la República Popular China entre 1959 y 1968, acabó cayendo en desgracia durante la Revolución Cultural, acusado de «traidor», junto con su principal colaborador, Deng Xiaobing. Murió como consecuencia de los malos tratos en la prisión. Su muerte, sin embargo, no se conoció hasta la defunción de Mao. Años más tarde, Deng Xiaoping, el gran reformador del sistema chino, lo rehabilitó, y hoy es considerado uno de los grandes dirigentes históricos del Partido Comunista Chino].

Khruschev recuerda. Libro de memorias de NIKITA JRUSHCHOV, secretario general del Partido Comunista de la Unión Soviética desde 1958 hasta 1964, publicadas en Occidente en 1970.

Las relaciones entre los dirigentes comunistas soviéticos y chinos no fueron excesivamente cordiales desde el inicio. Stalin trataba con cierta condescendencia a Mao, pero los comunistas chinos se mantuvieron fundamentalmente leales al liderazgo soviético. Al morir Stalin, las contradicciones se agudizaron. La demolición de la figura de Stalin encabezada por el nuevo secretario general Nikita Jrushchov en 1956 fue rechazada enérgicamente por Mao, que en un primer momento utilizó como ariete al líder albanés Enver Hoxha. Mao también estuvo en contra del restablecimiento de relaciones con los yugoslavos. Nominalmente, los chinos estaban en contra de la política de «coexistencia pacífica» con el bloque occidental y reclamaban acentuar la política anticapitalista. Las disensiones fueron en aumento cuando Pekín se negó a autorizar la instalación de una estación de radio soviética en territorio chino para el seguimiento de los nuevos submarinos nucleares soviéticos que operaban en el Pacífico. A su vez, la URSS no quiso apoyar con mucha insistencia la reclamación de la República Popular China sobre Taiwán para no tensar más la relación con Estados Unidos. La situación se fue deteriorando a todos los niveles durante los años sesenta, hasta una ruptura definitiva que culminó con un enfrentamiento armado por el control de un islote del río Ussuri por el que pasa la frontera entre los dos países. Desde el punto de vista geopolítico, la ruptura tuvo enormes consecuencias, puesto que significaba la rotura del bloque dominante en la plataforma continental euroasiática. En 1970, la República Popular China inició un cierto acercamiento a Estados Unidos, que tuvo su momento más significativo con la visita del presidente norteamericano Richard Nixon a Pekín en 1972. Esta política fue continuada por el presidente Gerald Ford (sucesor de Nixon al dimitir este como consecuencia del caso Watergate), que se reunió con Mao Zedong en diciembre de 1975 en Pekín, semanas después de la muerte del general Franco, encuentro en el que se habló de España.

La ruptura sino-soviética no provocó escisiones importantes en los partidos comunistas occidentales, pero a partir de Mayo del 68, coincidiendo con la llamada Revolución Cultural, aparecieron muchos grupos de línea fuertemente izquierdista que se reclamaban maoístas. Radicalidad, obrerismo, comunitarismo y una cierta fascinación por el utopismo agrario. En Catalunya, los grupos maoístas fueron inicialmente contrarios al catalanismo. En las asambleas universitarias era frecuente que los militantes maoístas reclamaran que se hablara en castellano porque este era «el idioma de los obreros».

Las divergencias entre los comunistas chinos y soviéticos volvieron a aparecer a finales de los años ochenta, en el momento de las reformas. Los nuevos dirigentes de la URSS priorizaban la reforma política para poder dinamizar la economía. En Pekín se reprimió duramente la protesta en la plaza de Tiananmen y se dio prioridad absoluta a la reforma económica. Poco después de una visita a China de Mijhaíl Gorbachov, el reformista Deng Xiaoping emitió una opinión contundente sobre él y sus planes de apertura política como condición previa para la reactivación económica: «Es un imbécil».

AUTOCRÍTICA

La fiesta de la Merced de 1964, día en que se autorizaba que los familiares y los hijos de los presos visitaran el penal, las autoridades franquistas habían preparado el trágala de los Veinticinco años de Paz. [Intensa campaña de celebración del 25 aniversario del final de la Guerra Civil, organizada por el ministro Manuel Fraga Iribarne]. Con toda solemnidad hubo una misa concelebrada y se montó una tribuna especial con las autoridades con uniforme de gala, música militar y el desfile de los presos. Pero nosotros habíamos organizado nuestra propia celebración. Al acabar la misa, a toque de corneta, empezó el desfile. A Vicente Cazcarra, a mí y a otros compañeros nos tocó ir en la primera fila, como habíamos previsto. Al llegar a la altura de la tribuna, el jefe de servicios gritó: «¡Vista a la derecha! ¡Viva Franco!». Entonces, los que encabezábamos el desfile gritamos: «¡Vista a la izquierda! ¡Amnistía!». Todo esto sin romper el desfile. Todos los presos giraron hacia la izquierda y gritaron amnistía. Se montó un follón indescriptible. Las autoridades no sabían qué hacer. Los guardias civiles sacaron la pistola y el director gritó: «¡Corneta! ¡Toca a retirada! ¡Todos a las galerías hasta nueva orden!». Nos encerraron en las brigadas y se suspendieron las comunicaciones previstas para aquel día. Unos treinta presos fuimos castigados a las celdas de aislamiento. Habíamos planeado una segunda parte. Nuestras familias y los amigos que las habían acompañado

> realizaron una protesta ante el penal y después se manifestaron por las calles de Burgos, hasta la catedral, pidiendo la amnistía. Allí la Guardia Civil los disolvió. Se hicieron fotos que llegaron a la prensa extranjera, y nosotros habíamos avisado a algunos corresponsales de los diarios extranjeros en Madrid, especialmente al corresponsal de *Le Monde*.

En sus memorias, Miguel Núñez cuenta con mucho orgullo una de las principales acciones de la fase de aceleración de las protestas, entre 1963 y 1967. La fase Ormazábal. Acción y reacción. Protesta y castigo. Notoriedad en algunos periódicos europeos, algunas victorias parciales y una subjetividad reforzada. Una dinámica que dejó en segundo plano los cursos de formación. La «Universidad de Burgos» daba paso a la *Hora de Burgos*, el programa semanal de la Pirenaica, que se emitió desde 1963 hasta 1966, con guiones elaborados en la cárcel, bajo la dirección política del nuevo comité dirigido por Ormazábal, Núñez y Ardiaca.

Núñez, hombre de gran afabilidad, con un notable tacto diplomático en las disputas de partido, evita cualquier referencia a la discusión Ormazábal-Moreno en sus recuerdos de cárcel. Núñez, *Saltor*, era un hombre tranquilo y a la vez un mito de la resistencia. Su paso por Via Laietena en 1958 se convirtió en legendario. El comisario Juan Antonio Creix mandó que lo colgaran esposado de unas cañerías de la calefacción para hacerle hablar. Cuando se desmayaba lo bajaban a tierra, lo tendían, le lanzaban un cubo de agua fría encima y lo volvían a colgar de la cañería con la muñeca envuelta en una toalla. Cuando ya llevaba casi dos días así, en un momento en que Creix y otros esbirros de la Brigada Político-Social habían ido a comer, se le acercó un agente de la Policía Armada que lo dejó patitieso: «Aguanta Miguel, que ya los tienes vencidos. Yo y mi compañero de guardia fuimos guardias de asalto con la República y ahora nos hemos reincorporado a la policía después de la depuración. Dinos si podemos hacer algo por ti».

Núñez pensó que era una trampa, pero le dio el teléfono de un abogado, pidiéndole que le llamara para decirle que Miguel Núñez estaba siendo torturado en la comisaría de Via Laietana. El policía hizo la llamada y al día siguiente Radio París y Radio Londres daban la noticia. Las torturas terminaron y al cabo de unos días Núñez recibió la visita de un alto funcionario del Ministerio de la Gobernación que pidió estar un rato a solas con él. El funcionario llevaba un ejemplar de la revista *Europe* en el bolsillo y quiso hablar de política internacional. Preguntó al detenido cuál era su opinión sobre las repercusiones que el enfrentamiento cada vez mayor entre Estados Unidos y la URSS podían tener en España. Núñez respondió con el credo del partido: el franquismo no tardará en caer. El funcionario le respondió que el franquismo posiblemente no duraría muchos años, pero que los cambios serían de otro tipo. «Los cambios no serán como vosotros pensáis». Después de treinta días en Via Laietana, lo trasladaron a la Modelo y posteriormente lo enviaron a Burgos.

Miguel Núñez perteneció a los dos comités de Burgos. Al comité pro estudios y al posterior comité protestatario. En sus memorias habla bien de todos, rememora con entusiasmo los cursos de formación y con más entusiasmo aún la oleada de protestas, y lo hace con una notable honestidad, recordando que antes de 1963, antes del «momento Ormazábal», ya se habían llevado a cabo varias acciones para popularizar la causa de los presos políticos. Recuerda la movilización del 18 de noviembre de 1959, cuando intentaron apoyar la fracasada jornada de Huelga Nacional Pacífica, que acabó con una docena de presos, entre ellos Moreno Mauricio, en las celdas de aislamiento, hasta la famosa carta de intelectuales españoles, encabezada por el venerable don Ramón Menéndez Pidal, pidiendo al régimen la amnistía para los presos y exiliados políticos. Las cartas a diferentes instancias internacionales. Las gestiones cerca de la Iglesia católica: las medicinas que desde el monasterio de Montserrat hacían llegar a las monjas de la enfermería de Burgos. A partir de 1963, las protestas ganan en intensidad y pasan a un primer plano. Aquí no hemos venido a estudiar.

Acción en la caverna de Platón. Se inicia una campaña contra la obligación de ir a misa los domingos acogiéndose a una de las conclusiones del Concilio Vaticano II: «Nadie tiene que ser obligado a practicar la religión católica contra su voluntad». Un preso que no estaba casado por la Iglesia, José Luis Fernández Alver, oficial de la marina mercante, y otro que no estaba bautizado, Jordi Conill, el joven libertario que se había pasado a los comunistas, presentaron una instancia anunciando que el domingo siguiente no pensaban asistir a misa. No fueron, efectivamente, y acabaron en las celdas de aislamiento. El domingo siguiente no asistieron Vidal de Nicolás y Vicente Llopis, y también fueron castigados. El siguiente domingo faltaron Eliseo Bayo y Luis Expósito, y acabaron asimismo en las celdas de aislamiento. La campaña llegó al exterior, apareció en la prensa extranjera, algunos obispos se interesaron por ello y el exministro y abogado católico Joaquín Ruiz Giménez, el hombre que años más tarde habría podido ser el líder de una Democracia Cristiana española que no fructificó, se movió. La abadía de Montserrat llegó a plantear la cuestión por carta a la Dirección General de Instituciones Penitenciarias y al Vaticano. Al cabo de unos meses, después de un toque de corneta se leyó una orden del director: los presos que no quieran asistir a los oficios religiosos se reunirán en la planta baja para leer «textos morales» mientras dure la misa. Victoria.

Empezaron a escribir la expresión *preso político* en el remitente de las cartas, y todas les eran devueltas. Finalmente se les permitió que en el remitente de la carta no figurara el penal de Burgos y que junto al nombre escribieran el número de un apartado de correos. Victoria parcial.

Consiguieron que las comunicaciones duraran más rato, más tiempo de comunicación con los abogados, poder recibir paquetes de comida y de ropa sin limitación de peso. Esto provocó, durante unos meses, un alud de paquetes provenientes de los países socialistas, incluso de China, que llenaron la prisión de comida y que ocasionaron el retorno de las restricciones. Crearon un frente jurídico interesante, que quizás es el que acabó causando más quebraderos de cabeza en el gobierno. Un equipo formado por tres abogados presos, Antonio Giménez Pericás, Gregorio Ortiz Ricoll y Fernando Sagaseta, pudo certificar que uno de los ponentes de muchos consejos de guerra, el comandante Manuel Fernández Martín, no había acabado la carrera de Derecho y por tanto no podía ejercer como acusador. Orma y setenta presos más pidieron la anulación de sus sentencias. La respuesta fue la apertura de un proceso contra treinta y ocho de los firmantes por «injurias al Ejército». El caso acabó siendo archivado coincidiendo con la creación del nuevo Tribunal de Orden Público que venía a sustituir al Tribunal Militar Especial Nacional de Actividades Extremistas, presidido por el coronel Enrique Eymar Fernández. Todo esto lo explicaba cada semana el programa *Hora de Burgos*. La autoridad política de Ormazábal en el penal llegó a ser incontestable.

Los presos de Burgos lucharon y el franquismo no cayó. Ni siquiera tropezó. Gracias al Plan de Estabilización y a los sucesivos planes de Desarrollo Económico, la economía española crecía un 7 % cada año y el franquismo se convertía en la gris garantía de un modesto bienestar para mucha gente que no quería ya ni oír hablar de política.

Veinticinco años de metódica, meticulosa y brutal represión habían tenido su efecto. Una parte muy importante de la sociedad española se había acomodado a la nueva situación. Las primeras encuestas profesionales que se hicieron en España, a principios de los años setenta, con franquicia norteamericana del Instituto Gallup, detectarían una sociedad profundamente despolitizada, obsesionada por la tranquilidad y la continuidad del pequeño bienestar económico conseguido. Solo un tercio de la población parecía tener posiciones claramente adversas al régimen. Entre la niebla de la despolitización, las encuestas de Gallup siempre chocaban con un tercio de la muestra que se negaba a responder a las preguntas de carácter político que pudieran favorecer al régimen. En los años sesenta las encuestas profesionales todavía no habían llegado a España. Los datos objetivos más contundentes se referían al crecimiento de la producción industrial y al crecimiento de las grandes ciudades y sus periferias. La Badalona que dejó atrás MMM al acabar la Guerra Civil tenía cuarenta y ocho mil habitantes. La que encontró al salir de la prisión se acercaba a los ciento cincuenta mil: tres veces más. Neveras eléctricas, Seiscientos, pequeños pisos en propiedad y televisores en blanco y negro. Estos eran los cambios más profundos. Estos eran los nuevos surcos. Pero algo estaba cambiando. Ormazábal y sus compañeros supieron captarlo e intentaron amplificar la señal que percibían.

Le Monde y otros periódicos europeos hablaron de las valientes protestas de los presos de Burgos y de sus familiares, pero el régimen apenas se inmutó. A mitad de los años sesenta, la principal preocupación de Franco eran las desavenencias y tensiones entre los tecnócratas del Opus Dei y los ministros provenientes de la Falange, que habían encontrado en el impetuoso Fraga Iribarne a su principal aliado. Los presos de Burgos establecieron una valiosa complicidad moral con los sectores más aperturistas de la Iglesia católica, pero el régimen nacional-católico siguió en pie. Consiguieron algunas significativas victorias parciales, pero Burgos no fue la tumba de la dictadura. Burgos dejó de estudiar y el franquismo no cayó. Entonces, Ramón Ormazábal Tife dirigió su crítica a la dirección del Partido Comunista de España.

El comité de Burgos se estaba «empoderando», podríamos afirmar haciendo uso del lenguaje hoy de moda. La Universidad de Burgos quería convertirse en el Rectorado de Burgos.

El 26 de julio de 1964, mientras las cigüeñas anidan en las azoteas de la prisión, Pere Ardiaca y Miguel Núñez mandan una carta al comité ejecutivo del PSUC advirtiendo contra una excesiva subordinación a la cuestión nacional catalana. Una carta en la que se adivina la mano de Ormazábal, siempre alerta en contra de los nacionalismos que cuestionan la españolidad, palabra que figuraba a menudo en su vocabulario. El 1 de abril de aquel año, el PSUC ha dado a conocer un manifiesto con motivo del 25 aniversario del final de la Guerra Civil en el que propone la fusión de las nuevas manifestaciones de catalanismo que surgen de la sociedad con la lucha obrera y democrática. Catalanismo cultural, lucha obrera y oposición democrática tienen que formar un todo, dice el PSUC diez años después de la expulsión de Joan Comorera bajo la acusación de «nacionalismo pequeñoburgués». Josep Benet, amigo del PSUC, lo sintetizaría años después con un eslogan en esos momentos muy discutido: «Catalunya, un solo pueblo».

Esta equiparación de la cuestión nacional, la causa obrera y la causa democrática es vista con recelo por los dos firmantes de la carta. La carta, de siete folios, plantea tener cuidado con el «movimiento nacional», en minúsculas (expresión con la que en aquellos momentos los comunistas se referían al conjunto de iniciativas socioculturales en defensa de la lengua y la cultura catalanas). «No podemos subestimar la importancia del movimiento nacional catalán, pero tampoco podemos convertirnos en más nacionalistas que la burguesía para garantizar nuestro papel dirigente», escriben, citando una advertencia anterior de Santiago Carrillo en un artículo en la revista *Nous Horitzons*. Fijada la fuente de autoridad, Núñez y Ardiaca pasan al ataque sobre el segundo punto. «No subestimar la importancia del movimiento nacional nos obliga no tanto a hablar mucho de él, como a no hablar de él de forma banal. En cuanto al segundo punto, creemos que vuestra declaración incurre en un error: es como si temiéramos llegar tarde ante el impulso que está adquiriendo el movimiento nacional. Parece que olvidemos que la lucha no consiste tanto en llevar el movimiento nacional al seno de la clase obrera como en llevar las concepciones de la clase obrera al movimiento nacional». Dicho en pocas palabras: ahora no queráis ser más catalanistas que los del Orfeó Català.

En la carta hay una referencia a Òmnium Cultural, entidad que en aquellos momentos tenía tres años de vida. Es interesante leerla. «De Òmnium Cultural no podemos hablar, puesto que la primera vez que hemos sabido algo de su existencia ha sido por un artículo de Gregorio [López Raimundo] en *Mundo Obrero*, pero suponemos que en esta entidad concurren intelectuales demócratas y progresistas, a los que podemos hacer llegar nuestras posiciones. Por cierto, querríamos saber qué pasa con el Congreso de Cultura Catalana. No sabemos qué relaciones podría tener esta iniciativa con Òmnium». (En aquellos momentos se estaba hablando en Catalunya de la posible convocatoria de un Congreso de Cultura Catalana. El primer llamamiento lo efectuaron, a finales de 1964, el abad de Montserrat, Aureli Maria Escarré, y el doctor Joaquim Rubió i Balaguer. Un primer congreso se celebró aquel año 1964 en la clandestinidad. La convocatoria definitiva no tuvo lugar hasta el año 1975).

«El pueblo de Catalunya tiene derecho al autogobierno, naturalmente —prosigue la carta—, pero nosotros tenemos que aportar claridad al movimiento nacional. Queremos que este sea algo más que un movimiento nacionalista dirigido por la burguesía. Si queremos que nuestro partido y la clase obrera se conviertan en la fuerza dirigente, tenemos que explicar "para qué" Catalunya necesita la autonomía y la constitución democrática de un gobierno nacional. Para la burguesía nacionalista la constitución de un "gobierno catalán" lo es todo. Para nosotros no lo es, y esto tenemos que explicarlo. Nosotros queremos un gobierno nacional, elegido democráticamente, para que, dentro de las leyes generales de una España democrática, se pueda ayudar a atender a todas las particularidades nacionales de Catalunya». La reflexión es larga y muy matizada. «Antes, cuando el movimiento nacional estaba soterrado por el terror, y nosotros éramos los únicos en defender los derechos nacionales del pueblo catalán, bastaba con hablar de autogobierno y autodeterminación para definir nuestra posición —prosiguen Ardiaca y Núñez—, pero cuando otras fuerzas se han puesto en acción y la burguesía nos quiere arrebatar el control del movimiento nacional, desplazándonos, aquellos pronunciamientos ya no son suficientes. Ahora tenemos que completarlos con objetivos verdaderamente democráticos para seguir impulsando las fuerzas de vanguardia, de forma que el conjunto del movimiento no se estanque con fórmulas que podrían favorecer al nacionalismo». Ardiaca y Núñez ven venir a Jordi Pujol. Ardiaca, en particular, seguramente ve una reverberación de Comorera en este PSUC que en 1964 pone en primer plano la reivindicación de la lengua y la cultura catalanas. La eterna cuestión.

La carta de Ardiaca y Núñez al comité ejecutivo del PSUC es un ejercicio florentino si la comparamos con los dos documentos que la «troica» de Burgos (Ormazábal, Ardiaca y Núñez) mandaban al comité ejecutivo del PCE en diciembre de 1964, siete meses antes del sexto congreso del partido, que tiene que cerrar la crisis abierta por la expulsión de Fernando Claudín y Jorge Semprún. Los documentos llevan el sello, el timbre y la caligrafía de Ormazábal. El documento A hace un largo recorrido analítico por la situación internacional y nacional. El documento B se refiere a la política del partido, que ven muy condicionada por el «cáncer extendido por FF» (abreviatura con la cual los documentos del PCE se referían a Fernando y Federico). Su conclusión sobre lo que ha pasado durante más de dos años de discusión sobre la capacidad de resistencia del franquismo es espeluznante: «En la situación de extrema debilidad de la dictadura, la conspiración de FF representa un intento desesperado de la oligarquía por evitar una salida democrática». Ven este cáncer extendido a toda la dirección: «Para nosotros, las responsabilidades de la dirección existen y son evidentes. En su actuación y comportamiento hay errores. Y son graves, puesto que antes y después del caso FF han influido negativamente en el trabajo de orientación del partido...». En pocas palabras, la dirección del PCE, condicionada por las tesis claudicantes de Claudín y Semprún, también es responsable del retraso en la caída del franquismo. El documento B también critica a Radio España Independiente, a la que se acusa de poca combatividad y de haber abandonado deliberadamente la defensa de la Huelga Nacional Pacífica. El enfado del director de la Pirenaica, Ramón Mendezona, también de origen vasco, será fenomenal y peligroso para Ormazábal.

La diatriba contra el objetivismo es colosal: «Ya empieza a ser hora de que en el partido se deje de tratar el voluntarismo, la pasión combativa y revolucionaria, como si fuera un defecto, como si fuera una tara vergonzosa. El voluntarismo y la pasión combativa forman parte de la objetividad perfecta y dialéctica. Aquella otra objetividad extrema y fría que se nos ha querido imponer es el simple intento de querer forjar una realidad *sui generis* apartando al partido de la realidad objetiva, anulando la voluntad y la acción del partido». En pocas palabras, el objetivismo es un subjetivismo contrarrevolucionario que retrasa la caída inexorable de la dictadura. Ormazábal va a por todas.

Es también interesante la valoración que Ormazábal, Ardiaca y Núñez hacen de los cambios en el interior de la Iglesia católica. Su entusiasmo es tan elevado que ven en el aperturismo católico un retorno telúrico de la Iglesia española a las esencias populares: «En esta hora conciliar, España se sitúa en la excepcional coyuntura de ser el primer país que mejor puede traducir en hechos políticos y sociales estos cambios trascendentales en la Iglesia católica. Somos y tenemos que ser, por herencia de nuestro pasado, unos adelantados. La doctrina de la Iglesia es hoy fundamentalmente democrática. En este sentido, la Iglesia y, por su magisterio, todo el catolicismo, vienen hacia nosotros. Hacia nosotros y hacia las fuerzas democráticas en general, pero no hay duda de que es un paso también hacia los comunistas».

Si llega a leerlo Karol Wojtyla, entonces arzobispo de Cracovia, habría visto confirmado uno de sus principales temores: el concilio dejaba abierta una peligrosa ventana de diálogo con el marxismo, que había que cerrar cuanto antes mejor. Esta fue una de sus misiones principales cuando el Espíritu Santo y los obispos alemanes lo eligieron como candidato a papa tras la repentina muerte del efímero Juan Pablo I, en 1978. Los cardenales italianos no se ponían de acuerdo entre su candidato progresista (Giovanni Benelli, arzobispo de Florencia) y su candidato conservador (Giuseppe Siri, arzobispo de Génova), y el Altísimo leyó bien la geopolítica. Wojtyla perforaría el glacis soviético.

Al leer los documentos de Burgos, Carrillo se quedó preocupado. Claudín y Semprún lo habían acusado de voluntarista y de no tener en cuenta lo suficiente las circunstancias objetivas del despliegue neocapitalista. El comité de Burgos lo acusaba ahora de todo lo contrario: de no ser lo bastante voluntarista y de no tener en cuenta las circunstancias objetivas del despliegue conciliar católico. El secretario general del PCE conocía bastante bien a Ramón Ormazábal. Habían compartido aventuras y clandestinidad en Portugal, habían llegado juntos a Argelia después de atravesar la frontera con Marruecos, habían planificado juntos la creación de una organización guerrillera en Málaga, se habían reencontrado en Francia. Carrillo sabía que Ormazábal sufría vértigo. Lo había visto paralizado en un acantilado mientras se entrenaban para cruzar montañas en el Atlas argelino. No lo consideraba un rival peligroso, pero aquella carta podía tener consecuencias. El dirigente vasco no le podía disputar la secretaría general, pero un documento crítico firmado por el comité de Burgos podía debilitar la autoridad del secretario general en un momento en el que este tenía necesidad de afianzarse ante el mundo intelectual, aquel mundo que el PC quería cultivar y que, a la vez, temía. La expulsión de Claudín y Semprún había tenido un impacto negativo en los círculos de pensamiento próximos al partido. La aureola de disidente comunista estaba ensalzando a Semprún en París: superviviente del campo de concentración nazi de Buchenwald, dirigente comunista clandestino en la España de Franco en los años más duros de la dictadura, expulsado del Partido Comunista por disentir de la línea voluntarista y autoritaria de la vieja guardia estalinista, brillante escritor, guionista de cine, amigo de Yves Montand, nieto de un antiguo primer ministro español, hombre culto y elegante, la gabardina mejor llevada de la *rive gauche*...

El PCE estaba perdiendo esmalte en los ambientes cultivados y ahora podía perderlo en los ambientes más combativos si se hacía público que los militantes comunistas de la legendaria prisión de Burgos consideraban demasiado blanda y miedosa la línea de sus dirigentes. Problemas por la derecha y problemas por la izquierda. El país estaba cambiando y no era fácil interpretar en qué dirección iban las novedades. Claudín, Semprún, Vicens y Solé Tura, a los que Carrillo calificó como los «italianos» por su sintonía con el PCI, creían que el desarrollo económico alargaba la vida de la dictadura y acentuaba las contradicciones sociales. Ormazábal, Ardiaca y Núñez creían que el final de la dictadura era inminente y que, con algo de maña, ese final podía ser bendecido por la Iglesia católica. No iban mal orientados, pero sí demasiado rápido. Diez años después, Franco murió en su cama y el cardenal Vicente Enrique y Tarancón, arzobispo de Madrid, se negó a presidir unos funerales de estado acompañado de todos los demás obispos españoles. Los «italianos» pedían paciencia y una política de aprovechamiento máximo de las posibilidades legales para evitar la marginación de los comunistas cuando la dictadura iniciara un tránsito gradual hacia la democracia con una restauración monárquica sostenida por dos grandes partidos «moderados». Los «burgaleses» pedían más acción, más convocatorias de huelgas generales, más determinación a la hora de despertar a las masas para derribar una dictadura a la que veían del todo carcomida.

No hay duda de que en el PC se discutía. La discusión política más viva del país se producía en su interior. A su lado, el PSOE de Rodolfo Llopis era un muerto viviente. El PC, sin embargo, no estaba preparado para discusiones que acabaran cristalizando en corrientes o facciones organizadas. Las corrientes iban en contra del método leninista. Las facciones organizadas podían significar la muerte de una organización política obligada al exilio y la clandestinidad. La actividad política de los comunistas conectaba con la realidad, pero era incapaz de recoger todas las chispas que generaba ese contacto. Discutían mucho y no tenían suficiente capacidad para convertirlo en un producto interesante para la sociedad que surgía del neocapitalismo. No disponían del método adecuado para convivir de una manera estable con la divergencia de opiniones. No podían convertir su diversidad de opiniones en un hecho «alegre». Permítanme la cursilería: llega un momento en que las sociedades que se recuperan de los efectos de una guerra piden felicidad, alegría de vivir. ¿Por qué triunfaron los Beatles? Por la alegría vital que transmitían sus canciones, incluso a aquellos que no entendían sus letras, que en España eran la inmensa mayoría. La cultura pop de los años sesenta respondía a un deseo profundo de alegría una vez amortizadas las amarguras de la posguerra. Eso el sovietismo no lo captó, ni siquiera lo olió. El género humano, dramáticamente sobrevalorado por el marxismo, necesita reír y hacer el tonto.

Este era el gran inconveniente de los comunistas: la imposibilidad de transformarse en un partido adecuado a la nueva época. El éxito de la industrialización y la sociedad de consumo daba un atractivo especial a la diversidad de opiniones, a la flexibilidad, los gustos diferentes, la controversia, el deseo de nadar contra corriente sin ahogarse. El disidente se convertía en la nueva figura heroica. Semprún lo intuyó de manera genial iniciando una brillante carrera literaria en París, siempre alrededor de su biografía. «Semprún privatiza la Historia al mismo tiempo que "historiza" su vida», dijo su amigo Régis Debray.

Muchas cosas ya no eran de hierro; ahora eran de plástico: plástico de colores. La Iglesia de Roma había captado perfectamente el cambio de época. El Concilio Vaticano II invitaba a los católicos de todo el mundo a vivir la religión con más alegría y a adaptarse a las más variadas realidades y a sus lenguajes. Ormazábal, el roble de Euskadi, creyó inocentemente que la Iglesia daba la razón a los comunistas, y no vio que la Iglesia quería adaptarse a los nuevos tiempos, entre otras cosas, para acabar de neutralizar mejor el atractivo que todavía mantenía la utopía comunista. Si el partido tenía prestigio en las fábricas, el Evangelio también entraría en las fábricas con los curas obreros. Aquí hemos venido a estudiar, han dicho siempre los jesuitas.

El 5 de agosto de 1965 se reunió el comité central. Se dio información verbal del documento de Burgos sin distribuir copia. Algunas intervenciones allanaron el terreno para que Carrillo formulara la acusación de trabajo faccional. Centró su crítica en Ormazábal, dejando cautelosamente aparte a Ardiaca y Núñez. No se quería reforzar la idea de grupo disidente, contrariamente a lo que se hizo agrupando a Claudín y a Semprún con las siglas FF. La disensión no la planteaba el comité de Burgos, la planteaba un hombre, un hombre que años atrás había sido apartado del partido por dudas sobre su pulcritud con las normas de seguridad. El expediente de Bayona fue reabierto. Carrillo sabía ser implacable y no tuvo muchas contemplaciones con su antiguo compañero de fatigas en Lisboa: «Ramón Ormazábal intenta apoderarse de la dirección del partido. ¿Por qué quiere Ormazábal apoderarse de la dirección del partido? ¿Quién es Ramón Ormazábal? Camaradas, Ramón Ormazábal ha tenido problemas con el partido y estuvo sancionado. La base de la sanción era justa, la medida quizás excesiva [diez años apartado]. La base eran sus vacilaciones en un momento de graves dificultades para nosotros, cuando se rompió la alianza de las fuerzas democráticas y empezó la Guerra Fría». La primera estocada ya estaba clavada.

Ahora venía la segunda puñalada. Se le acusaba de reverberación estalinista: «Desgraciadamente los métodos de culto a la personalidad todavía están muy arraigados en algunos camaradas, como es el caso de Ramón Ormazábal, que no solo aplica el método del ordeno y mando, sino que parece que no entiende en el partido ningún otro método que no sea el del palo y tentetieso». Resolución del comité central: «El C.C. considera que las posiciones de los camaradas Ramón Ormazábal, Pere Ardiaca y Miguel Nuñez constituyen una desviación oportunista de derechas, revisionista, aunque recubierta de una fraseología sonora aparentemente revolucionaria. Referida al partido, esta desviación derechista, en caso de cristalizar, implicaría una posición liquidacionista del Partido Comunista de España como vanguardia revolucionaria de la clase obrera y del pueblo español».

Los tres dirigentes de Burgos quedarían excluidos del nuevo comité central surgido del séptimo congreso del partido y se los emplazaba a la autocrítica. No hubo publicidad del caso. Silencio. El séptimo congreso se hizo con un gran secretismo, nunca se dio a conocer el lugar donde se celebró —muy probablemente Praga— y los delegados del interior se seleccionaron con más cuidado que nunca para evitar lo que había sucedido en el sexto congreso, celebrado en Praga en 1960, en el que llegó a participar un infiltrado de la policía que provocó numerosas detenciones cuando los delegados del interior volvieron al país. Las sospechas, nunca del todo confirmadas plenamente, se concentraron en el delegado de Navarra, un tipo muy simpático que contaba chistes y que se las compuso para hablar con muchos delegados durante el congreso. Del séptimo congreso no se tuvo noticia pública alguna hasta bastantes meses después de su celebración. De la disidencia de Burgos no se supo nada más. Quedó como un asunto reservado.

El grupo de Burgos recibió la noticia con desolación. Orma se hundió. El hombre que tenía que derribar al franquismo desde la prisión más fría de España se encogió al verse otra vez caído en desgracia. Temía diez años más de ostracismo. Ser expulsado por el partido era la peor tortura que podían sufrir algunos militantes comunistas. Podían aguantar los puñetazos de los hermanos Creix o del comisario Conesa, podían ser colgados esposados de una cañería, podían ser juzgados en consejo de guerra por el coronel Eymar, podían ser condenados a muchos años de cárcel, pero la expulsión o alejamiento del partido los hundía. El partido era su claustro materno. Fuera del partido no había salvación. Incluso los que acabaron viviendo la expulsión como una feliz liberación la recordaban inicialmente como un fuerte trauma.

Esta fue la herida luminosa de Jorge Semprún. El nieto de Antonio Maura convirtió el trauma de la expulsión en relato biográfico (*Autobiografía de Federico Sánchez*, premio Planeta 1977), pero el día en que murió la Pasionaria, personaje por el que sentía una devoción casi filial, el ministro de Cultura de Felipe González se presentó en la capilla ardiente para escribir un emotivo mensaje de despedida en el libro de condolencias. Fernando Claudín reeditó la revista *Realidad* después de la muerte de Franco y en los años ochenta escribió un vigoroso contrainforme de la figura de Carrillo que aporta datos muy valiosos sobre la historia del PCE, pero que también expresa un tormento. Joan Comorera, lo hemos visto antes, murió esperando la reconciliación con sus camaradas. Ormazábal se hundió e hizo una autocrítica estremecedora:

Por fortuna, cuando de manera presuntuosa me estaba considerando salvador del partido y de su dirección, de su línea política, que consideraba en peligro, he sido yo el salvado por el partido, por vosotros, de la peligrosa pendiente por la que me desmoronaba. Cómo me duele no haber aceptado antes lo que Santiago me planteaba pacientemente en sus cartas [...]. La resolución del comité central y el libro de Santiago Carrillo [seguramente se refiere al libro *Después de Franco, ¿qué?*, editado después del séptimo congreso del PCE] han sido para mí como un espejo en el cual he visto reflejadas mis falsas ideas de este periodo, ideas que eran verdaderamente extrañas al partido. Me he mirado en ellos [la resolución y el libro] como el enfermo que no ha visto su cara durante un largo periodo de tiempo y que cuando puede acercarse un espejo ve con sorpresa y dolor los daños que le ha provocado la enfermedad, al tiempo que siente alegría, porque sabe que, a pesar de su mal aspecto, su situación está mejorando. Yo creía que tenía razón y he sufrido angustiosamente en la creencia de que el partido y su dirección sufrían una grave crisis influidos por las ideas claudicantes de FF [Claudín y Semprún]. Ese es el propósito subjetivo que nosotros [él, Ardiaca y Núñez] dimos a nuestra carta, queríamos que las fuerzas revolucionarias contrarrestadas por la influencia de FF triunfaran definitivamente sobre los liquidacionistas. Era absurdo, pero así lo creí. Ante mi desconfianza, ante mis falsas posiciones políticas, se me aparece con íntima alegría la firme unidad de la dirección, la estrecha compenetración entre el comité ejecutivo y el comité central. Ante los ataques a su unidad y a su línea política revolucionaria (ataques en los que yo participé), el comité central y el comité ejecutivo han sabido defender firmemente al partido, con métodos leninistas, dando la máxima ayuda a los que, como yo, lo han necesitado, sin dejarse influir por la violencia, la arbitrariedad y las calumnias utilizadas por mí mismo en la crítica injusta. Habéis demostrado en la práctica la superioridad de los métodos leninistas de examen crítico y autocrítico sobre los procedimientos autoritarios que, efectivamente, no tienen que ser nunca más utilizados en el partido. ¡Gracias a todos, queridos camaradas, por vuestra ayuda y por la fraternal lección que me habéis dado y que nunca olvidaré!

Ormazábal, Ardiaca y Núñez vivieron unos meses de total ostracismo en Burgos, que incluso afectó a sus familias, como más tarde relató Núñez con dolor. Vacío y frialdad total. «Seguramente estábamos equivocados o solo teníamos algo de razón, pero se nos condenó duramente. La respuesta fue rápida y fulminante: nos expulsaron de los órganos de dirección y se nos suspendió de militancia. No nos encarcelaron porque ya estábamos encarcelados. La oleada llegó también a nuestras familias, que no conocían la desafortunada carta y no tenían nada que ver, pero fueron aisladas y se les negó la palabra, como les pasó a mi compañera Tomasa Cuevas y a Louise Ormazábal, compañera de Ramón», relata Núñez a sus memorias. Ardiaca aprovechó el ostracismo para escribir una novela de realismo social que llevaba por título *Un conflicto laboral* y que fue presentada a un concurso organizado por Edicions Catalanes de París en 1969.

Un nuevo comité integrado por el doctor Antoni Gutiérrez Díaz, Vicente Cazcarra, Gregorio Ortiz Ricoll y José Luis Fernández Álver se formó en la prisión de Burgos.

MMM no asistió a la vergonzosa autocrítica. Había salido en libertad provisional el 24 de julio de 1964 con dos libretas verdes en la maleta. Volvió a casa después de veinticinco años de ausencia. Mientras se discutía sobre subjetivismo y objetivismo, él intentaba rehacer una familia rota por el infortunio y la soledad.

SALIDA

MMM salió de la caverna de Platón el 24 de julio de 1964, tras haber obtenido un indulto de la sexta parte de su condena con motivo del 25 aniversario del final de la Guerra Civil. Dejaba atrás diecisiete años y medio de cárcel desde que fue detenido en la ciudad de Valencia a finales de enero de 1947, acusado de formar parte del comité regional del PCE y de ser uno de los oficiales de la Agrupación Guerrillera de Levante y Aragón. No pisaba su casa desde hacía un cuarto de siglo. Tenía cincuenta y cinco años, una moral de hierro y una fisonomía esculpida por la adversidad, pero no derrotada. Las fotografías de la época muestran a un hombre fibroso, delgado, trabajado, con una mirada incluso desafiante. Ha resistido. Los ejercicios diarios de gimnasia le habían ayudado a mantenerse flexible. Caminaba deprisa, la espalda muy recta, con la mirada ligeramente levantada. Un eje vertical sobre la tierra. Conservaba el cabello, ahora grisáceo, con entradas. Una fisonomía endurecida, disciplinada, pero no deprimida. Un cierto parecido con el actor Alec Guinness interpretando el papel de oficial soviético hermano del doctor Zhivago.

Cogió el tren en la estación de Burgos hacia Barcelona, con una maleta con algunas prendas de ropa y dos libretas con tapas verdes. Una vez en Barcelona, el tren de la costa hasta Badalona. Hacía diecisiete años que no veía el mar. La última vez que lo vio, en enero de 1947, fue el día en que el comisario Conesa lo hizo detener en el puerto del Grao. Habían pasado más de diecisiete años y muchas cosas habían cambiado. Su ciudad estaba a punto de multiplicar por tres el número de habitantes de antes de la guerra. El Plan de Estabilización marchaba a todo tren y las periferias se llenaban de gente venida del sur, pero no solo del sur. Ahora ya no era el turno de los pueblos de Murcia y Almería. Ahora Badalona hablaba los acentos de Jaén y Córdoba. Finales de julio, ambiente festivo en la Rambla, paseo marítimo con palmeras a ambos lados, que de rambla no tiene más que el nombre, puesto que es paralelo al mar. La playa, la vía del tren y el paseo de las palmeras. Sube por una de las calles perpendiculares al paseo para llegar a su casa, un tercer piso de una escalera muy estrecha, una de aquellas escaleras donde los vecinos abrían el portal tirando de un cordel. La Riera Matamoros ahora llevaba el nombre de Mártires de la Cruzada 1936-1939. En el piso se reencontró con Maria y su hijo Felip.

Perturbada por la soledad y las dificultades, Maria estaba y no estaba. Felip, que tenía ya veintisiete años, había aprendido el oficio de su padre: mecánico tornero. Trabajaba en un taller metalúrgico dedicado a la fabricación de moldes. Un joven de carácter introvertido, incluso tímido, muy observador, esculpido por la soledad de la madre. Un chico que siempre admiró al padre ausente. Lo admiró y lo mitificó: vivía atormentado por el temor a no estar a la altura de su padre. MMM ya había decidido que su prioridad sería ahora su familia. En aquellos primeros días fuera de la prisión, los espacios abiertos se le hacían muy extraños. Incluso lo inquietaban. El movimiento de los coches y el ruido de la calle lo sobresaltaban. Le costaba adaptarse. Paseando por Barcelona, año 1964, se sorprendió al ver a hombres negros por las Ramblas, marineros de los barcos de la Sexta Flota norteamericana, muy probablemente. Todo le parecía nuevo y extraño. Visitó a viejos amigos de juventud. El día que se presentó en casa de Jaume Ricart, antiguo compañero de trabajo en un taller metalúrgico, dejó este recado: «Decidle que ya he salido de la torre». Antiguos compañeros de la Unión Gimnástica y Deportiva, de la que había sido fundador y presidente en tiempos de la República, le organizaron un discreto almuerzo, en el cual participó el presidente del club en aquel momento, el empresario Santiago Schildt Blanch, antiguo futbolista del Espanyol. El fabricante Schildt era entonces un poder en la sombra en Badalona. No pasaba nada importante en la ciudad que él no supiera. No se quiso perder el almuerzo con el gimnasta comunista que acababa de salir del penal de Burgos. Schildt, muy bien conectado con las autoridades franquistas, había ayudado a Moreno a evitar el destierro al salir de la prisión. A los presos políticos se los obligaba a vivir un tiempo lejos de casa antes de poder volver a su domicilio. A MMM lo enviaban a Andalucía, pero su hijo Felip se movilizó llamando a la puerta de uno de los hombres más influyentes de la ciudad. Habló con mucha gente para intentar evitar el destierro. Quería mucho a su padre. Era su ídolo.

Algunos meses más tarde, un día fue citado muy discretamente en una casa de campo situada en las afueras de la ciudad, Can Butinyà, cerca del monasterio de Sant Jeroni de la Murtra. Allí lo esperaba un hombre con el hábito negro de los benedictinos. Cassià Maria Just, futuro abad del monasterio de Montserrat, quería saber cómo estaban los presos de Burgos. Aquí saltamos del *Doctor Zhivago* a *Las sandalias del pescador*. Dos mundos que se habían enfrentado ahora se aproximaban. MMM le agradeció la ayuda que los monjes de Montserrat enviaban a los presos. Hablaron de la cárcel y de política. Dos mundos, frente a frente. El sucesor del abad Escarré y el comunista que quería estudiar.

Descartó la posibilidad de marchar al extranjero con su mujer y su hijo para convertirse en una figura en el exilio, un nuevo

Marcos Ana: el hombre del PSUC con más años de cárcel a sus espaldas. Maria no estaba en condiciones de iniciar una nueva vida, ni Felip tenía ganas de marcharse. El partido le ofreció la posibilidad de exiliarse a la Unión Soviética, a Checoslovaquia o a Rumanía. Descartó, también, una dedicación intensa al partido, que exigiría una nueva y rigurosa clandestinidad. Un hombre con su historial, controlado por la policía cada vez que la situación se tensaba, solo podía seguir en primera línea con un nombre falso, en otra ciudad y cambiando de domicilio con frecuencia. MMM no estaba en condiciones de ser un segundo Gregorio López Raimundo. No podía convertirse, tampoco, en un hombre invisible como Josep Serradell, *Roman,* secretario de organización del aparato clandestino del PSUC, nunca detenido por la policía. No podía y no quería. Algo se había quebrado en esos años. Mantenía la lealtad, pero no la obediencia. Algo se había roto, sin hacer ruido. Había que buscar trabajo, cuidar a Maria y tratar de rehacer su familia. Su primer trabajo fue el de vigilante de obra.

Alberto Sánchez Mascuñán, el otro superviviente del expediente 371/47 de Valencia, salió en libertad unos meses antes que su amigo Moreno, pero tuvo que esperar un año antes de poder regresar a México. Se presentó en la casa donde había vivido con su familia, en la colonia Roma de la capital federal, y descubrió que lo esperaban y no lo esperaban. *Roma,* película en blanco y negro. Su esposa, Blanca Luisa Jiménez Lozano, doctorada en Antropología en la Sorbona de París, no se había vuelto a casar, pero había decidido vivir sin la cadena del recuerdo atada al tobillo. Había ayudado a salvarle la vida llamando a la puerta de la embajada de Estados Unidos, pero también había congelado sus sentimientos: no sabía si quería vivir con él después de tantos años de ausencia. Le dejó dormir en una sala de la casa mientras no encontrara otro alojamiento. Su hija cuenta que Alberto consiguió romper el hielo y ya no se movió más de la colonia Roma. Blanca Sánchez Jiménez publicó hace unos años los cuentos que su padre le mandaba desde la cárcel, con dibujos de sus compañeros. Esta compilación, cuidadosamente editada con motivo del 75 aniversario del exilio español en México, es el testimonio más vivo y sensible que nos queda de la «Universidad de Burgos».

Ramón Ormazábal salió de Burgos cinco años después, el 27 de julio de 1969, en un momento otra vez muy delicado para su partido. Los soviéticos habían enviado los tanques a Praga mientras los jóvenes de media Europa quedaban deslumbrados por las protestas de París. Esta vez los partidos comunistas occidentales no podían hacerse los sordos, como en el caso de Hungría. Si se luchaba contra una dictadura no se podía defender otra dictadura. Si se defendía un socialismo con libertad no se podía ser satélite de Moscú. El PCE y el PSUC condenaron la invasión de Checoslovaquia con la misma energía que lo hicieron los comunistas italianos. Esto supuso una escisión prosoviética, encabezada por Agustín Gómez, Eduardo García y Enrique Líster, tres hombres formados en la URSS. El asunto de Checoslovaquia evitó que el segundo ostracismo de Ormazábal fuera tan largo como el primero. Carrillo necesitaba dirigentes veteranos a su lado en aquel momento difícil y lo repescó. Siempre leal al partido, siempre obediente a su compañero de fatigas en Portugal y Argelia, Orma volvió con su familia a Bilbao como secretario general del Partido Comunista de Euskadi. Cuando llegó al País Vasco, la organización ETA acababa de llevar a cabo su primer atentado mortal con el asesinato del comisario Melitón Manzanas, jefe de la Brigada Político-Social de Bilbao.

José María Laso salió de Burgos en 1963, con el indulto concedido tras la elección del papa Pablo VI. Volvió a Bilbao y se trasladó después a Asturias. Fue uno de los primeros editores del pensamiento de Antonio Gramsci en España, antes de que este autor se pusiera de moda en los círculos universitarios de Barcelona y Madrid. Su mundo eran los libros y el cine. Laso había venido a este mundo a estudiar. Aceptó con entusiasmo las tesis eurocomunistas, es decir, el intento de transformación del PCE en un partido abierto a la tradición socialdemócrata. Y se hizo asturiano. Es recordado en la ciudad de Oviedo como una persona muy apacible, incansable organizador de los debates de la asociación Tribuna de Oviedo.

Enrique Múgica Herzog salió de Burgos en 1967. Le esperaba una brillante carrera como destacado dirigente del PSOE, primero en el País Vasco y después en Madrid. Los socialistas vascos evitaron que el PSOE acabara totalmente congelado en la nevera de Rodolfo Llopis en París. Múgica actuó de abogado defensor en varios juicios en el Tribunal de Orden Público y fue elegido secretario de coordinación del PSOE en el decisivo congreso socialista de Suresnes. Una cena con el general Armada la vigilia del intento de golpe de estado del 23 de febrero de 1981 complicó su carrera política. En aquella cena se habló de la debilidad de Suárez y de la necesidad de un golpe de timón. Años después, Jordi Pujol contó que Múgica lo había sondeado sobre la posibilidad de forzar la caída de Suárez y promover la formación de un gobierno presidido por un militar de «mentalidad democrática». Por fin, fue ministro. Titular de la cartera de Justicia en el segundo y el tercer gobierno de Felipe González. Después coronó su carrera como Defensor del Pueblo. Su hermano Fernando, también militante socialista, fue asesinado por ETA en 1996.

Pere Ardiaca Martí salió de Burgos en 1971. Retomó la dirección de la revista *Nous Horitzons* y fue nombrado representante del PSUC en el Consell de Forces Polítiques de Catalunya, organismo unitario creado en 1975, en línea paralela con la Assemblea de Catalunya.

Jordi Conill Vall salió de Burgos en 1972. Se integró en la organización del PSUC en la ciudad de Barcelona, de la que acabó siendo secretario político.

Miguel Núñez González salió de Burgos en 1967. Se reincorporó a la dirección clandestina del PSUC como responsable político del comité de Barcelona. Hombre con una gran facilidad para las relaciones personales, tuvo un papel importante en la preparación de la Assemblea de Catalunya.

Antoni Gutiérrez Díaz salió de Burgos en 1966. Fue uno de los principales impulsores de la Assemblea de Catalunya, el principal organismo unitario de la oposición antifranquista, integrada por partidos, sindicatos, asociaciones de vecinos y figuras independientes, con una notable complicidad de la Iglesia católica. Ningún otro organismo unitario de oposición a la dictadura tuvo un arraigo popular tan fuerte como la Assemblea de Catalunya. Las movilizaciones del mes de febrero de 1976 en Barcelona a favor de la amnistía influyeron de forma importante en la crisis del proyecto continuista de Carlos Arias Navarro. La Assemblea de Catalunya, que llegó a imprimir carnés y generó asambleas locales, fue, de algún modo, la plasmación del Front de la Pàtria que proponía Joan Comorera al acabar la Guerra Civil. El doctor Gutiérrez Díaz fue elegido secretario general del PSUC en 1977 en sustitución de Gregorio López Raimundo.

Juan Gómez Casas salió de la prisión de Burgos en 1962. Muy influido por el pensador anarquista Anselmo Lorenzo y por la praxis del valenciano Josep Peirats, fue uno de los principales reconstructores de la CNT después de la muerte del general Franco. Elegido secretario general del sindicato en 1976, se opuso a cualquier intento de transformar la vieja organización anarcosindicalista en un sindicato de carácter reformista. La reconstrucción de la CNT, especialmente combatida por Rodolfo Martín Villa desde el Ministerio del Interior, no acabó de cuajar, pese a su impulso inicial. En 1978 Gómez Casas fue sustituido por Enric Marco, el impostor que se hizo pasar por víctima de los campos de concentración nazis. Intelectual autodidacta, Gómez Casas publicó varios libros sobre el anarcosindicalismo y una compilación de cuentos escritos en la cárcel.

Mientras sus compañeros iban saliendo de la cárcel, MMM encontró trabajo como contable en una pequeña empresa de construcción del Prat de Llobregat. Además de leer libros de historia y de marxismo, el tornero de Badalona había aprendido contabilidad en Burgos. Aquí hemos venido a estudiar. Años más tarde llevó las cuentas del estudio de arquitectura Serrahima en Barcelona. Cuidaba a su familia, veía a los amigos y mantenía un discreto contacto con la dirección del PSUC en una célula especial que reunía a militantes relevantes que, por varias razones, tenían que mantenerse en segundo plano. Se recabó su opinión sobre la condena de la invasión soviética de Checoslovaquia y se mostró favorable a ella. Mantenía una estricta disciplina. Ningún cargo. Ninguna visibilidad pública. A las ocho en casa, llueva o granice, para no hacer sufrir a Maria. No se concedía ni un minuto de retraso. A las ocho menos cuarto podía levantarse repentinamente de una conversación en un café para no llegar tarde a casa. Mantenía la flexibilidad física. Espalda recta, barbilla hacia arriba, mirada alta y un verdadero arte en el momento de dar la vuela a una esquina: giraba muy rápido, en seco, en un segundo lo dejabas de ver.

Una de sus pocas distracciones eran las horas de tertulia en casa de su amigo Josep Gual, antiguo socio de la Unión Gimnástica, que un día había ido a visitarlo a la prisión de Burgos. Corredor de comercio y de seguros, poeta, compositor de «Les sabates d'en Jaume», uno de los más bellos poemas sobre la Guerra Civil, Gual conocía a un montón de gente. Era amigo de Raimon y de otros muchos artistas de la Nova Cançó. Catalanista entusiasta, meteorito en vuelo libre alrededor del PSUC, conversador incansable. Su casa, en la Rambla de Badalona, siempre estaba llena de gente. Su esposa, la señora Lloret, asistía a aquellos desfiles diarios de gente con verdadera ironía. «A mi casa vienen muchos hombres, pero solo un señor», solía decir. Se refería a Manuel Moreno. Después de fregar, la señora Lloret extendía papeles de periódico en el suelo todavía húmedo, como se solía hacer. Aquella debía de ser una de las pocas casas del país con las páginas de *Treball* y *Mundo Obrero* secando el pavimento. En la sala biblioteca de Josep Gual, Moreno conoció al periodista Jaume Passarell, que fue redactor y caricaturista del diario *La Publicitat* y de la revista *Mirador*. Excluido del periodismo después de la Guerra Civil, Passarell se había convertido en un solitario que expresaba su radical oposición al orden vigente con una desgana y una ironía bohemias que fascinaban a todos los jóvenes del vecindario. Aquel hombre brillante y descuidado dejaba entender la existencia de una Catalunya brutalmente truncada. La bohemia de Passarell y la disciplina de Moreno. Eran conversaciones muy interesantes.

Aquella vida duró poco. En 1971 su hijo empezó a encontrarse mal. Tenía visión doble y presentaba problemas de equilibrio. En un primer momento los médicos no supieron muy bien lo que le pasaba. Al cabo de unos meses, un joven médico neurólogo de Barcelona, que había estado presente en el seminario de Arrás, Nolasc Acarín, le diagnosticó esclerosis múltiple, una enfermedad incurable. No había terminado aún el sufrimiento.

EL KREMLIN QUIERE MONARQUÍA

En noviembre de 1967 una delegación del PCE presidida por Santiago Carrillo y Dolores Ibárruri, de la que también forman parte Francisco Romero Marín y Gregorio López Raimundo, asiste en Moscú a la conmemoración del quincuagésimo cumpleaños de la Revolución de Octubre y se entrevista con una delegación del PCUS formada por el secretario general, Leonid Brézhnev, y Borís Ponomariov, miembro del secretariado y jefe del departamento de Internacional del comité central. El comunicado de la reunión expresa «la total coincidencia de opiniones sobre los asuntos tratados», lo que significa el perfecto alineamiento del PCE con las tesis del PCUS. [Faltan pocos meses para la intervención soviética en Checoslovaquia]. Respecto a España, el PCUS manifiesta en términos generales su «plena solidaridad» con la lucha de las fuerzas obreras y democráticas españolas por el restablecimiento de la democracia.

Este comunicado escondía que habían surgido divergencias sobre dos cuestiones que fueron el tema central de la reunión, y a las que la nota pública no hacía ningún tipo de referencia: el restablecimiento o no de las relaciones diplomáticas entre la Unión Soviética y España, y la actitud del PCE ante una eventual restauración monárquica. Los dirigentes soviéticos querían establecer relaciones diplomáticas con la España de Franco, pero cedieron ante la oposición de los representantes del PCE. [Las relaciones diplomáticas entre la URSS y España no se restablecieron hasta el mes de febrero del año 1977]. En cuanto a la segunda cuestión, Brézhnev y Ponomariov defendían la conveniencia de que el PCE apoyara una restauración de la monarquía en torno a la figura de don Juan de Borbón. La delegación española no aceptó este «consejo», y Carrillo fue quién llevó el peso de la discusión. Saliendo del despacho de Brézhnev, los españoles se cruzaron con Andrei Gromiko, el eterno ministro soviético de Asuntos Exteriores. Carrillo dijo a sus acompañantes: «Este c... deshará todo lo que hemos conseguido». Y, efectivamente, en el comunicado final de la reunión no figuraban algunos juicios sobre el franquismo que se habían acordado. El tono del comunicado había sido rebajado.

Según Carrillo, las opiniones soviéticas formuladas en la reunión de Moscú provenían de las entrevistas entre Gromiko y Areilza que habían tenido lugar unos meses atrás en París. [José María de Areilza, exembajador de España en Francia y en Estados Unidos, formaba parte en aquellos momentos del consejo privado de don Juan]. Era un ejemplo más de cómo la Unión Soviética procuraba instrumentalizar la política de los partidos comunistas en función de su política internacional. Brézhnev y Ponomariov intentaban sincronizar la política del PCE con los compromisos diplomáticos entre Gromiko y Areilza, sin tener siquiera la consideración de informar a los comunistas españoles del contenido de las conversaciones de París.

La negativa de la dirección del PCE a apoyar la restauración monárquica no impidió que el Kremlin siguiera presionando. El 12 de diciembre de 1967, un mes después de la reunión en Moscú, el diario *Izvestia* —portavoz del gobierno de la URSS, el diario soviético más importante después de *Pravda*— publicó un artículo sobre España firmado por un periodista llamado Ardatovski, en el que presentaba la política del PCE más o menos como Brézhnev y Ponomariov habían planteado: a favor de una restauración monárquica que, según el periodista, el mismo Franco estaba preparando. *Mundo Obrero*, la publicación clandestina del PCE, respondió en el número de la segunda quincena de noviembre con un editorial titulado «No, camarada Ardatovski». El editorial calificaba como «extraño» y «confuso» el artículo del diario *Izvestia* y mostraba su sorpresa por las «diferencias profundas» entre el artículo y el «contenido real» de las conversaciones con Brézhnev y Ponomariov. El estilo del editorial dejaba pocas dudas sobre la personalidad del autor [Santiago Carrillo]. Los directivos de *Izvestia* consideraron prudente dar marcha atrás, y al cabo de unos días se publicaba una nota admitiendo que la crítica de *Mundo Obrero* estaba justificada. A su vez, el siguiente número del órgano central del PCE manifestaba que el incidente quedaba totalmente resuelto, de manera «satisfactoria», recordando la «gran amistad» entre el PCE y el PCUS.

Santiago Carrillo, crónica de un secretario general,
FERNANDO CLAUDÍN, 1983

1974

El 6 de octubre de 1973, día de Yom Kipur, día del Perdón en el calendario religioso judío, las tropas de varios países árabes, encabezadas por Egipto y Siria, lanzaron una gran ofensiva militar contra Israel. Después de tres semanas de combates los israelíes, con la ayuda de Estados Unidos, dejaron clara su hegemonía militar. Humillados por la derrota, los países árabes bloquearon la venta de petróleo a los países que apoyaban a Israel.

Empezaba la era de la energía cara. Los precios de los carburantes se triplicaron en pocas semanas y cambiaron el rumbo de las economías industrializadas. Espiral inflacionista y tensiones financieras. A pesar de que España no mantenía relaciones diplomáticas con Israel y presumía de una política de complicidad y simpatía con los países árabes, no disponía de una gasolinera con rebajas en el golfo Pérsico. El encarecimiento del petróleo golpeó duramente a una economía española que había crecido de modo espectacular gracias a la llegada de capitales extranjeros y a los salarios bajos de la gran masa laboral que se había trasladado del campo a las ciudades. La economía española había crecido de forma ininterrumpida desde 1960 a una media anual del 7 %. Este crecimiento ahora quedaba estrangulado por la inflación y por las dificultades competitivas de un país que no había obtenido aún una plena integración en el Mercado Común.

Pocas semanas después del estallido de la guerra de Yom Kipur, moría en atentado el almirante Luis Carrero Blanco, número dos del régimen y gran protector de los tecnócratas del Opus Dei que habían materializado el Plan de Estabilización. Con una acción muy espectacular en el centro de Madrid, llevada a cabo días después de que el secretario de Estado norteamericano Henry Kissinger visitara la capital de España y se entrevistara con Franco y Carrero, ETA liquidaba a un hombre clave para la continuidad del franquismo con una potente carga explosiva en el subsuelo de la calle Claudio Coello, no muy lejos de la sede de la embajada de Estados Unidos en Madrid. Los rumores derivados de esta proximidad no tardaron en correr. La suposición de que los servicios secretos norteamericanos conocían la preparación del atentado y no hicieron nada para evitarlo nunca ha podido ser certificada ni confirmada. El primer cable que los agentes de la CIA en Madrid enviaron a Washington señalaba que Carrero había muerto como consecuencia de una explosión de gas. 20 de diciembre de 1973. Aquel día empezaba en la sede del Tribunal de Orden Público, no muy lejos de Claudio Coello, el juicio del sumario 1.001. Un gran juicio contra algunos de los principales dirigentes de Comisiones Obreras, la red sindical apoyada por los comunistas que aprovechaba las estructuras del sindicato vertical. Aquel juicio consagraba a Comisiones Obreras como una de las novedades sociopolíticas más relevantes de la posguerra.

Así pues, 1974 empieza con la economía estrangulada y con la dictadura sin su principal pieza de repuesto. Franco se ha hecho viejo y ya no hay un hombre fuerte a su lado. El ministro de la Gobernación, Carlos Arias Navarro, es nombrado presidente del gobierno. El ministro encargado de la seguridad de Carrero pasa a ser el nuevo hombre de confianza. Un dictador decrépito y el *carnicero de Málaga*, sobrenombre que el fiscal Arias obtuvo después de dirigir la represión de los republicanos en la provincia de Málaga durante la Guerra Civil, pasan a gobernar el timón de la nave en un momento de grandes tensiones en el mundo.

Economía estrangulada y máxima popularidad de Comisiones Obreras después del proceso 1.001, que concluye con duras penas de cárcel. Marcelino Camacho, obrero metalúrgico de la fábrica Perkins Hispania de Madrid, se convierte en el nuevo héroe de la oposición de izquierdas. Los líderes sindicales encarcelados ya no tienen nada que ver con la Guerra Civil. Trabajadores de diferentes ramas de la industria, acompañados por dos personajes muy singulares. Uno de ellos, el abogado Nicolás Sartorius Álvarez de las Asturias Bohorques, es hijo de aristócratas. El otro, Francisco García-Salve, es sacerdote jesuita. Sartorius será el intelectual de Comisiones Obreras. García-Salve, el testimonio del acercamiento de la Iglesia conciliar al movimiento obrero. Los dos son miembros del Partido Comunista. La plana mayor de Comisiones Obreras ya no responde al patrón del exilio.

1974 es un año clave en la aceleración del antifranquismo. Muchas empresas entran en dificultades y la espiral inflacionista hace bajar el valor real de los salarios. Los conflictos laborales se disparan. Los trabajadores están dispuestos a ir a la huelga para defender el poder adquisitivo de sus salarios, asesorados por jóvenes abogados que han decidido especializarse en derecho laboral. La táctica de la infiltración en las estructuras legales ha llegado a las asociaciones de vecinos y a muchas entidades culturales. Una nueva generación de periodistas aprovecha todo lo que puede las rendijas de la ley de prensa de 1966. Las páginas de información local de los periódicos son las más desinhibidas. Las librerías progresistas, llenas de títulos marxistas, se ponen de moda en las grandes ciudades y son atacadas por grupos de extrema derecha que cuentan con la complicidad de la policía. Los periódicos de Barcelona y Madrid empiezan a informar de las nuevas reclamaciones sociales. Aparecen nuevas revistas. Las reivindicaciones cubren todo el país.

Este cambio de atmósfera adquiere un suave acento portugués. El 25 de abril de 1974, un movimiento militar dirigido por capitanes y oficiales de rango medio del Ejército portugués saca tropas a la calle, ocupa los puntos neurálgicos de Lisboa y fuerza la dimisión del gobierno del doctor Marcelo Caetano, heredero del difunto dictador António de Oliveira Salazar. Hartos de las guerras coloniales, los jóvenes militares se cargan la dictadura más antigua de Europa y convocan elecciones libres, bajo la tutela de una estructura llamada Movimiento de las Fuerzas Armadas. Estalla la Revolución de los Claveles. El impacto de la primavera portuguesa en España es espectacular. El verano de 1974 las calles de Lisboa se llenan de españoles que quieren respirar la libertad. La revolución portuguesa gira a la izquierda y empieza a tomar medidas socializantes. El nuevo escenario portugués parece increíble: hay asambleas de soldados en los cuarteles y el Partido Comunista consigue ejercer una notable influencia sobre algunos altos mandos militares, como el general Costa Gomes, nuevo presidente de la República, y el coronel Vasco Gonçalves, jefe del gobierno. Alarma en Washington. Creen que los soviéticos les han devuelto en Portugal la pelota de Chile.

El proceso de descolonización de las posesiones portuguesas en África se acelera en beneficio de los movimientos de liberación nacional de carácter marxista en Angola, Mozambique y Guinea-Bissau. La revolución portuguesa incide en los equilibrios de fuerzas en el continente africano. Muy pronto empezarán sendas guerras civiles en Angola y Mozambique. Indonesia no tarda ni cinco minutos en invadir Timor Oriental cuando este pequeño país asiático, la mitad de la isla de Timor, declara la independencia. Los hechos de Portugal son interpretados, efectivamente, como un movimiento de péndulo después del golpe militar en Chile de septiembre de 1973 contra el presidente socialista Salvador Allende. Moscú mira con atención lo que está pasando en Portugal, pero todavía con más atención la nueva relación de fuerzas en el África austral. Los soviéticos no quieren empujar a Portugal hacia una revolución socialista. Cuando las tensiones internas en el estamento militar lleguen a amenazar, en noviembre de 1975, con el estallido de una guerra civil, el Partido Comunista Portugués, dirigido por Álvaro Cunhal, hombre muy fiel a Moscú, echará el freno. Portugal es país fundador de la Organización del Tratado del Atlántico Norte.

Los hechos de Portugal ponen en alerta a los generales españoles que hicieron la guerra con Franco. Los generales ultras temen fisuras en el Ejército. Algunos oficiales jóvenes crean la Unión Militar Democrática y son inmediatamente detenidos. El nombre del general Manuel Díez-Alegría, jefe del Alto Estado Mayor, empieza a circular de boca en boca como posible Spínola español. Lo acabará pagando. (António de Spínola, general portugués que se hizo cargo de la presidencia de la República después del 25 de abril de 1974 y que dimitió unos meses más tarde como consecuencia del giro a la izquierda del Movimiento de las Fuerzas Armadas). La evolución política de Portugal entre 1974 y 1976 tendrá una gran influencia en el tránsito político de España después de Franco. Estimulará las energías democráticas, pero también endurecerá la cúpula de los tres ejércitos y la Guardia Civil.

La administración norteamericana, con serios problemas internos derivados de las graves acusaciones de espionaje político contra el presidente Richard Nixon, se pone en guardia y mira a España. Los hechos de Portugal no se pueden repetir en España cuando muera Franco. Alarmado por la deriva portuguesa, Kissinger piensa en un escenario de guerra civil –los militares moderados, especialmente fuertes en las guarniciones del norte, contra los militares revolucionarios, fuertes en Lisboa– y hace sondear a Arias Navarro sobre la disposición de

España a enviar unidades blindadas a Portugal en caso de conflicto. Arias responde rápidamente que sí. Ayudar a la OTAN a poner orden en Portugal sería la mejor garantía para la continuidad del franquismo sin Franco. El dictador es informado de los planes norteamericanos y desaconseja una intervención española. Es gato viejo y conoce el nacionalismo anticastellano de los portugueses, atizado vivamente durante la dictadura de Salazar. «Los portugueses son muy orgullosos; si los invadimos, se pondrán a favor de su gobierno. Tenemos que dejar que se devoren entre ellos», dice Franco en una reunión del Consejo de Ministros. Al final, será el embajador norteamericano en Lisboa, Frank Carlucci, un experimentado agente de la CIA, quien convencerá a Kissinger de que es mejor apostar por el liderazgo moderado del socialista Mário Soares, que tiene todo el apoyo de la socialdemocracia europea. Carlucci propone la desactivación, por fases, del Movimiento de las Fuerzas Armadas. El hombre que hizo matar a Patrice Lumumba en el Congo acierta: la mayoría de los portugueses no quieren una revolución socialista.

Con el 38 % de los sufragios, el Partido Socialista será el más votado en las primeras elecciones democráticas libres, en abril de 1975. El Partido Comunista y sus aliados del Movimiento Democrático Portugués apenas superan el 15 %. Soares es amigo de Carrillo, se han conocido en el exilio en París, y lo invitará a hablar en el primer congreso del Partido Socialista Portugués como voz moderada del eurocomunismo, en contraposición al prosoviético Cunhal. Carrillo aceptará encantado.

Demain, l'Espagne es el título de un libro-entrevista a Santiago Carrillo que se publica en París en 1974. Lo firman Régis Debray y Max Gallo, dos conspicuos representantes de la izquierda francesa ilustrada. Después de Portugal, España, pero de otro modo. Cambio pacífico con la máxima unidad de las fuerzas democráticas y un acuerdo nacional de democratización que dejaría en manos de los ciudadanos decidir la forma de Estado. Esta es la tesis principal del libro. Carrillo se convierte en el político de moda en París. El líder comunista moderado que puede facilitar una transición pacífica en España. Lo entrevista la periodista italiana Oriana Fallaci, que queda impresionada: «Es el líder del partido comunista más heterodoxo del mundo». (La señora Fallaci tendió siempre a la exageración). Emisarios más o menos oficiosos de Madrid viajan a París con mensajes para Carrillo.

En agosto de 1974, el secretario general del PCE se reúne en el restaurante Le Verd Galant de París con Nicolás Franco Pascual de Pobil, sobrino del dictador, y con el empresario José María Armero, presidente de la agencia de noticias Europa Press, que le transmiten un mensaje oficioso del príncipe Juan Carlos de Borbón: la monarquía quiere la democracia, se contará con el Partido Comunista, pero se le pide que controle la calle y modere a su sindicato. Meses antes, Carrillo ha intentado explotar las contradicciones entre Juan Carlos y su padre, entrando en contacto con el entorno de don Juan de Borbón, que no acaba de tener clara la renuncia a la corona a favor de su hijo. A través del empresario Antonio García Trevijano, Carrillo había hecho llegar a don Juan la siguiente oferta: el PCE lo aceptaría como regente con un gobierno provisional que consultara al pueblo español sobre la forma de Estado. Referéndum sobre monarquía o república, con don Juan en funciones de regente: ventaja para la monarquía. Tras la repentina muerte de Carrero Blanco, llegan algunas señales de humo favorables desde Estoril, la localidad portuguesa donde vive exiliado el hijo de Alfonso XIII. García Trevijano informa que don Juan y una parte de su consejo privado estarían de acuerdo con la propuesta. Se crea un embrión de junta democrática a la cual se invita a participar al PSOE y a los democristianos, que inicialmente no se oponen. Se incrementan los contactos para crear un organismo muy amplio y se redacta un documento que don Juan podría leer el día de su onomástica, el 24 de junio de 1974. ¡Un golpe fenomenal a la dictadura! A última hora, el pretendiente da marcha atrás después de recibir la visita de dos de sus consejeros, el periodista Luis María Anson y el académico Pedro Sainz Rodríguez, que lo convencen del riesgo de perder la consulta —como pasó en Italia en 1946— y hacer que la monarquía española se vaya definitivamente a pique. Carrillo sospecha que detrás de este movimiento de urgencia está la mano de Arias Navarro.

La historia es verdaderamente interesante y la cuenta Claudín en su libro póstumo sobre la figura de su amigo-enemigo. Al secretario general del PCE le habría pasado casi lo mismo que le sucedió al político socialista Indalecio Prieto veinticinco años antes. En 1948, Prieto hizo caer al moribundo gobierno de la República en el exilio, entonces presidido por Rodolfo Llopis, para fabricar un pacto entre monárquicos y socialistas, aceptable para los gobiernos británico y norteamericano. Un cambio con el apoyo activo de los generales monárquicos y con rigurosa exclusión de los comunistas. Los militares tenían que convencer a Franco de ceder el poder a don Juan, y este facilitaría una gradual democratización del país manteniendo a los comunistas fuera de la ley, conforme a los parámetros más duros de la Guerra Fría. A finales de agosto de 1948, cuando Indalecio Prieto y José María Gil Robles ya tenían atado el pacto de San Juan de Luz, don Juan se desdice y acepta la propuesta de Franco de promover al príncipe Juan Carlos como futuro sucesor. A finales de junio de 1974, don Juan deja colgado a Santiago Carrillo. Inmediatamente después vendrá la cita de los emisarios de Juan Carlos con el secretario general del PCE.

A pesar de todo, Carrillo estaba eufórico aquel 1974. Era uno de los hombres de moda en París. Lo entrevistaban refinados intelectuales de la izquierda francesa como Débray y Gallo, lo entrevistaba Oriana Fallaci, la periodista estelar italiana, lo entrevistaba José Luis de Villalonga para la revista masculina *Lui*, lo entrevistaban *Le Monde* y *Le Figaro*, recibía emisarios de Madrid. La dictadura había entrado en una fase agónica y el Partido Comunista llevaba claramente la iniciativa ante un espacio socialista muy fragmentado: un PSOE que no acababa de salir de la nevera, a pesar de que algo se movía, el profesor Tierno Galván y su Partido Socialista Popular (escisión del PSOE) y un mosaico de organizaciones socialistas territoriales, especialmente notorias en Catalunya y Andalucía, que parecían querer federarse en un partido de nueva creación. Las viejas siglas en el congelador, el grupo de Tierno y un incipiente socialismo federalista, más los carlistas de don Carlos Hugo, que se proclaman socialistas autogestionarios. Ante este mosaico, Santiago Carrillo cree que tiene ganada la batalla por el liderazgo de la izquierda en una futura España democrática. Acentúa el perfil pragmático del PCE, se aleja tanto como puede de Moscú, se acerca a los comunistas italianos, de los que siempre había hablado mal, propicia una cierta renovación generacional, sin arrinconar a los veteranos dirigentes, y busca la reconciliación con Fernando Claudín.

Carrillo era implacable, pero siempre tuvo una inteligencia política más que notable. En 1974 quiere abrir el PCE a nuevas corrientes de la izquierda influidas por el Mayo del 68 y cree que es el momento de hacer las paces con Claudín. En este contexto se produce un hecho significativo: los militantes catalanes de la organización Bandera Roja, con Jordi Solé Tura y Jordi Borja al frente, acuerdan su ingreso en el PSUC. Solé Tura y Borja vuelven a casa con buena parte del grupo político que han contribuido a crear después del «momento Claudín-Semprún», un movimiento con notable presencia en la universidad entre sus cuadros y con un notable sentido pragmático de la política, a pesar de la radicalidad de sus postulados y de un barniz maoísta más bien decorativo. Maliciosamente alguien ha dicho alguna vez que Bandera Roja venía a ser el Opus Dei de la izquierda marxista de aquellos años: una organización de jóvenes cuadros entrenados para una política menos ideológica y más eficiente. Claudín no formaba parte de Bandera Roja, pero influía sobre sus principales dirigentes. La absorción se produjo, pero no salió bien la reconciliación entre los dos viejos amigos.

Pasaron cosas verdaderamente importantes aquel 1974. En agosto dimitió Richard Nixon como consecuencia del asunto Watergate. Con la amargura de la guerra del Vietnam a cuestas, Estados Unidos se encontraba psicológicamente en un punto muy crítico, pero el sistema democrático liberal recibió una gran inyección de vitaminas con la dimisión de Nixon. Dos jóvenes periodistas del periódico *The Washington Post* hacían caer al presidente de Estados Unidos. El poder de fiscalización de la prensa en un país libre podía poner contra las cuerdas al político más poderoso del mundo. El prestigio del sistema liberal democrático llegó a un punto muy alto aquel verano de 1974. Un punto casi insuperable. En la otra parte, en Moscú, mandaba un grupo de momias. Ancianos muy abrigados saludando a los tanques y a los camiones cargados de misiles desde la tribuna de la plaza Roja: la imagen pesada y hierática del secretario general Leonid Brézhnev y su Politburó, con una media de edad de más de setenta años. Un periódico de Washington podía hacer caer al presidente de Estados Unidos. En la URSS, el escritor disidente Aleksandr Solzhenitsyn era expulsado del país. Las dos caras de 1974.

Las democracias liberales, entonces verdaderamente interesadas en acumular buena reputación, ganaban la batalla cultural por goleada. Todos los jóvenes periodistas europeos de mayores querían ser Bob Woodward y Carl Berstein, los dos investigadores del caso Watergate. Si no podían hacer caer a un presidente, al menos harían caer a un regidor de urbanismo. La necrosis soviética, aun así, no impedía que el PCI estuviera a punto de conseguir el *sorpasso* sobre la Democracia Cristiana después de la victoria de la izquierda en el referéndum sobre la ley del divorcio. Los comunistas italianos ya habían iniciado contactos con el Partido Socialdemócrata Alemán y se comportaban, en la práctica, como el gran partido laborista italiano. Aquel 1974, el joven economista Ramón Tamames, militante del PCE, le hizo a Carrillo una propuesta muy atrevida: cambiar el nombre del partido, poner el cartel de Partido Laborista y ganar las futuras elecciones democráticas con el 30 % de los votos, mientras las facciones socialistas competían entre ellas. Carrillo le respondió que no podía ser, que «todavía» no podía ser. En 1975, el periodista yugoslavo Frane Barbieri, en un artículo en *Il Giornale*, el diario de Indro Montanelli, usó la expresión «eurocomunismo» por primera vez para referirse a las políticas de distanciamiento de Moscú de los comunistas italianos y españoles. El término, a pesar de sus inexactitudes semánticas, tuvo éxito porque todo el mundo entendía su significado: un comunismo blando, pragmático, sindical, favorable en un espacio político europeo, distante de Moscú sin acabar de romper del todo con la URSS; en definitiva, una especie de socialdemocracia radical dispuesta a una política reformista de «tercera vía».

Enrico Berlinguer, secretario general de los comunistas italianos, propuso en 1974 negociar la política de austeridad que parecía imponer la crisis del petróleo a cambio de garantizar los derechos sociales de los trabajadores y la descolonización del Estado efectuada por los partidos dominantes. Austeridad a cambio de mantenimiento de los derechos sociales y de una democracia menos adulterada. Esta era la más genuina línea eurocomunista. «La fuerza propulsora de la Revolución de Octubre se ha acabado», dijo Berlinguer, avanzándose quince años a la caída del muro de Berlín. El PCI tenía un millón y medio de afiliados y contaba con el apoyo de una central sindical, la CGIL, con más de cinco millones de afiliados. La mayor agrupación social de Europa. Una gran fuerza.

El PCE tenía en aquellos momentos unos veinte mil afiliados, la mitad de ellos en España, todavía perseguidos por la policía. Contaba con la fuerza ascendente de Comisiones Obreras y una notable influencia en los círculos intelectuales. Obreros dispuestos al combate, profesores, artistas y jóvenes universitarios magnetizados por el partido más luchador contra la dictadura, simpatizantes en todos los estratos sociales dispuestos a no ver en aquel partido la imagen senil de Brézhnev, y un secretario general que estaba de moda en París. Carrillo no era tan austero y franciscano como Berlinguer. No era tan huraño como el francés Marchais. No era tan duro y tan elegante, físicamente, como el portugués Cunhal. Era muy político. Era muy astuto. Era simpático con los adversarios y podía ser muy implacable con los suyos. Era un socialista que había cambiado de bando. Carrillo siempre fue un socialista.

En 1974, los jóvenes socialistas del PSOE deciden salir de la nevera de Rodolfo Llopis: o ahora o nunca. El decimotercer congreso del partido, celebrado entre los días 11 y 14 de octubre en Suresnes, ciudad de la periferia de París, elige al abogado sevillano Felipe González, de treinta y dos años, antiguo militante de Acción Católica, como nuevo secretario general del partido. La dirección en el exilio es desplazada por una alianza de los jóvenes socialistas sevillanos con el núcleo vasco, con la oposición de los dirigentes de la agrupación socialista madrileña. En aquel congreso el PSOE afirma tener unos tres mil afiliados, dos mil en el interior; una cuarta parte, o menos, que el Partido Comunista. Tienen prisa. Franco está cada vez más viejo, los cambios no tardarán en llegar a España y hay mucha competencia por el futuro espacio electoral de la izquierda. El congreso de Suresnes aprueba un programa muy radical y recibe la bendición de la plana mayor del socialismo democrático europeo: alemanes, franceses y suecos. El líder socialista francés François Mitterrand participa en la clausura del congreso. Radicalidad y bendición europea. Radicalidad para competir con los comunistas y las demás corrientes socialistas. Bendición europea que deja claro que es la opción protegida por la Internacional Socialista y por la socialdemocracia alemana, que en aquellos momentos gobierna en la República Federal de Alemania. Felipe González tendrá toda la protección del dirigente venezolano Carlos Andrés Pérez, entonces presidente de la Internacional Socialista, de Willy Brandt, de Helmut Schmidt y de las importantes fundaciones de la socialdemocracia alemana. (Aquel 1974, Brandt tuvo un problema gordo al descubrirse que su secretario particular, Günter Guillaume, trabajaba para el espionaje de la República Democrática Alemana. Desgastado también por las consecuencias de la crisis del petróleo sobre la industria alemana y por algunos asuntos personales, Brandt dimitió como canciller y fue sustituido por Schmidt).

El programa radical del congreso socialista de Suresnes incluía un punto inédito en la larga historia del PSOE: el reconocimiento del derecho de autodeterminación de los pueblos de España. El PSOE renovado se pronuncia a favor de una república federal libremente integrada por sus nacionalidades. «La definitiva solución del problema de las nacionalidades que integran el Estado parte, indefectiblemente, del pleno reconocimiento del derecho de autodeterminación de estas, de forma que cada nacionalidad pueda determinar libremente su relación con los demás pueblos que integran el Estado español», reza una de las resoluciones del congreso renovador. Julián Besteiro, quizás el dirigente socialista histórico más favorable al autonomismo y a una concepción plurinacional de España durante los años treinta, nunca habría firmado un documento como aquel. Francisco Largo Caballero, Indalecio Prieto y Juan Negrín se habrían puesto fácilmente de acuerdo en fulminar a los redactores de aquella proposición. Cuatro décadas después, cuesta imaginarse a Alfonso Guerra, *Andrés*, el gran guionista del congreso de Suresnes, supervisando el documento sobre la autodeterminación en un café de la periferia de París, escuchando a Jacques Brel. Guerra acababa de timbrar el manifiesto de relanzamiento del PSOE con la doctrina de Joan Comorera: federación de pueblos libres. La historia, la grande y la pequeña, siempre tiene momentos increíbles.

Guerra no tenía ni idea de quién era Comorera, pero sabía que el nuevo PSOE tenía que competir con el PCE, partidario de una rápida restitución de los estatutos de autonomía de Catalunya, Euskadi y Galicia; tenía que competir con el partido del profesor Tierno Galván, que también hablaba de autonomía, y tenía que competir, sobre todo, con aquel mosaico de nuevos partidos socialistas de planta territorial que tenían un discurso explícitamente federalista. En el incipiente mercado de la política democrática en España no había espacio para un PSOE que quisiera salir de la nevera con un discurso centralista o jacobino. Habría fracasado estrepitosamente. El régimen franquista había hundido el prestigio del concepto «nación española» entre las jóvenes generaciones.

Cuatro años antes, el PCE había anticipado la resolución socialista de Suresnes. Hay que prestar atención al informe presentado por Dolores Ibárruri ante el pleno ampliado del comité central del PCE, en septiembre de 1970, con el título: «España, Estado multinacional». Un larguísimo informe, con citas de Pere Bosch i Gimpera, en el que se proclamaba el derecho de las nacionalidades a la libre determinación para unirse después en una España federal y multinacional. «En este orden, los comunistas nos pronunciamos, sin ninguna limitación y con todas sus consecuencias, por el derecho de las nacionalidades a la autodeterminación», decía la Pasionaria. «Autodeterminación, sin ninguna limitación y con todas sus consecuencias». Joan Comorera hubiera quedado anonadado de haberlo podido escuchar. En 1970, la Pasionaria estaba defendiendo lo que él había definido como la «línea nacional del PSUC». Comorera fue expulsado en 1949 por proponer esa política. Veinte años después la defendía la mítica dirigente que más lo persiguió calificándolo de «titista pequeñoburgués» y de querer convertir al PSUC en el partido de Companys y Macià.

«La República fue excesivamente tímida con el problema nacional. El miedo al fantasma separatista cerró el camino a una reestructuración político-administrativa de España, imperativamente exigida por la herencia recibida de la monarquía. El Partido Comunista lucha por el reconocimiento, sin reservas mentales, del derecho a la libre determinación de las nacionalidades y por una amplia y democrática descentralización regional. Y considera que, con la condición de que sea libre y democráticamente establecida, la unidad de los pueblos de España es la solución que mejor corresponde a sus intereses, a los intereses de clase del proletariado y de la revolución democrática y socialista». Palabras de la Pasionaria en 1970.

¿Qué ha pasado? El cambio generacional, principalmente. Los comunistas constatan el hundimiento del concepto centralista entre las nuevas generaciones. «El concepto unitarista centralizador nacional que puso en marcha la Revolución francesa, ante el predominio de la aristocracia feudal y el clero, está hoy sobrepasado», dice la Pasionaria. Un cierto antiestatismo se está poniendo de moda en Europa tras los hechos de Mayo del 68 en París y en Praga. En Italia, los comunistas están accediendo al gobierno de las juntas regionales que la Democracia Cristiana ha retrasado tanto como ha podido, a pesar de que la autonomía regional está inscrita en la Constitución de 1947. Desconcentración del poder de abajo hacia arriba. Fragmentación de los poderes centrales fuertes. Todavía se da algo más en 1970: el proceso de Burgos contra los jóvenes dirigentes de ETA. El independentismo vasco ha adquirido prestigio entre los antifranquistas.

Pero ahora estamos en 1974 y Santiago Carrillo acaba de poner en marcha la Junta Democrática de España, sin socialistas ni democristianos, después de ser plantado por don Juan. La Junta Democrática de España nace en el mes de julio, poco antes de la entrevista con los emisarios del príncipe Juan Carlos. El primer organismo con voluntad unitaria de la oposición después del fracaso del gobierno de la República en el exilio está integrado por el PCE, el Partido Socialista Popular del profesor Tierno Galván, la Alianza Socialista de Andalucía, de Alejandro Rojas Marcos, gran competidor de Felipe González en Sevilla, el Partido Carlista, el Partido del Trabajo —grupo maoísta de perfil obrerista—, Comisiones Obreras, la asociación de juristas Justicia Democrática y un grupo de independientes, encabezados por Rafael Calvo Serer y Antonio García-Trevijano. La afiliación de Calvo Serer al Opus Dei y su proximidad a don Juan le dan un toque especial a la Junta.

Unos meses después, los socialistas contraatacan con la Plataforma de Coordinación Democrática, de la que forman parte el PSOE, democristianos independientes, democristianos de izquierdas, los socialdemócratas catalanes de Josep Pallach y dos grupos de extrema izquierda de orientación maoísta: el Movimiento Comunista, de notable implantación en el País Vasco, y la Organización Revolucionaria de Trabajadores, resultado de la radicalización ideológica de jóvenes sindicalistas católicos. El galimatías de 1974-75 es extraordinario. La Junta y la Plataforma se fusionarán más adelante para negociar las condiciones de las primeras elecciones democráticas después de la gran victoria estratégica de Adolfo Suárez con el referéndum sobre la Ley de Reforma Política de 1976. Dos años antes del «momento transición», la Assemblea de Catalunya era el único organismo unitario de oposición antifranquista con una verdadera organicidad popular y con capacidad de movilización permanente.

1974. Emisarios que van y vienen de Madrid a París, el PSOE saliendo de la nevera con el apoyo de la socialdemocracia europea, dos juntas democráticas mal avenidas, la Assemblea de Catalunya a pleno rendimiento y el magnetismo de ETA entre los jóvenes del País Vasco después del atentado contra Carrero Blanco.

La cuestión de la violencia también toma un cariz muy dramático en 1974. Después de matar a Carrero Blanco, ETA quiere dar otro gran golpe al régimen. Planea poner una bomba en la sede de la Dirección General de Seguridad en la Puerta del Sol de Madrid, máximo símbolo de la represión franquista. Cuando comprueban que la DGS está muy protegida, fijan su objetivo en una cafetería de la calle Correo, en el lateral de la sede gubernamental, que suele estar llena de policías. El 13 de septiembre de 1974, dos militantes de ETA dejan una bolsa debajo de una mesa de la cafetería Rolando y se van tras pagar la consumición. El local está lleno de gente y nadie se fija en la bolsa. A las 14.35, la bomba explota y mata a trece personas y hiere a otras cincuenta. Treinta kilos de dinamita con metralla. Solo uno de los trece muertos es policía. El impacto es brutal y todavía lo será más cuando, unas semanas después, la policía acuse al PCE de estar tras el atentado. Varias personas han sido detenidas en Madrid acusadas de colaborar con los terroristas, entre ellas dos conocidos militantes del PCE, el dramaturgo Alfonso Sastre y su compañera, Eva Forest. En realidad ya no militan en el PCE, partido del que se han alejado por considerarlo demasiado «reformista», pero estos pequeños detalles poco interesan a la policía. La consigna del gobierno Arias Navarro es que el PCE, el partido de la Junta Democrática y de los contactos más o menos oficiosos con don Juan, colabora con ETA. Carrillo ordena desde París que ningún abogado vinculado al Partido Comunista se encargue de la defensa de los detenidos, sean culpables o inocentes. Aquel 1974, en el mes de marzo, había sido ejecutado en la cárcel Modelo de Barcelona el joven anarquista Salvador Puig Antich, militante del minúsculo Movimiento Ibérico de Liberación (MIL), acusado de la muerte de unos de los agentes de policía que lo habían detenido en un portal de Barcelona mientras los dos forcejeaban. Tratado como un delincuente común, Puig Antich fue estrangulado con el procedimiento medieval del garrote vil. Una muerte humillante y horrorosa. Hubo solidaridad de los partidos de la Assemblea de Catalunya con Puig Antich, pero no una solidaridad intensa. El PSUC no se movilizó a fondo. Había un policía muerto.

Después del atentado en la calle Correo de Madrid, el PCE se ve obligado a plantearse la cuestión de ETA, a la que hasta entonces no había condenado nunca, a pesar de no estar de acuerdo con sus procedimientos. Una cuestión difícil. En el País Vasco, unos doscientos militantes de la primera ETA, liderados por el médico Roberto Lertxundi, han abandonado la organización y han ingresado en el PC de Euskadi, con el visto bueno de Santiago Carrillo y Ramón Ormazábal. Estas incorporaciones abren el espectro sociológico de un PC vasco muy obrerista. Orma, siempre reacio al nacionalismo vasco, no lo ve claro, pero obedece las directrices del secretario general, que ha enviado a Bilbao a un joven dirigente de la línea aperturista, Carlos Alonso Zaldívar, para ayudar a entender los tiempos modernos. El atentado de la calle Correo de Madrid también divide a ETA, que tardará meses en reivindicar una acción salvaje y fracasada. De la calle Correo saldrá la gran escisión entre ETA político-militar y ETA militar. De la calle Correo saldrá un nuevo endurecimiento del régimen. De la calle Correo saldrá un PCE todavía más pragmático, a pesar de que guarda un secreto en Rumanía, un secreto que no es la sede de Radio España Independiente.

En 1974, el PCE dispone de una base de entrenamiento militar en Rumanía, en una academia del Ejército rumano cerca de la ciudad de Sovata, en el centro del país. Jóvenes cuadros muy seleccionados, generalmente solteros, procurando siempre que su ausencia no levante sospechas, son enviados a Rumanía a aprender tácticas de guerrilla urbana por si hay que hacer frente a un final violento del franquismo. La instrucción corre a cargo de un antiguo mando del Ejército republicano, de origen catalán, Francisco Ciutat, oficial de la Academia Voroshílov de Moscú, con experiencia de combate en la guerra de España y en la Segunda Guerra Mundial, consejero militar de las Fuerzas Armadas Cubanas después de la Revolución de 1957, asesor militar en Argelia, el Congo y Vietnam. Ciutat y sus acompañantes enseñan a sus alumnos cómo neutralizar un tanque, cómo dirigir el asalto a una comisaría de policía. Nociones básicas. Es decir, el PCE llega a la transición con doscientos o trescientos jóvenes militantes más o menos capaces de intentar organizar acciones de guerrilla urbana. El secreto será bien guardado, pero la otra parte lo conocía. Y posiblemente este era el objetivo del secretario general: que la otra parte lo supiera. Rumanía era entonces un país frecuentado por los servicios de inteligencia occidentales. El líder rumano Nicolae Ceaucescu quería aparecer como el más autónomo de los dirigentes del bloque socialista. Nacionalista, aparentemente flexible, aparentemente distanciado de Moscú, abierto al diálogo con los países occidentales, amigo de los dirigentes chinos, amigo y protector de Carrillo. Un personaje teatral que acabó mal.

Por Rumanía pasaba mucha gente. En 1974, el general Díez-Alegría recibió una invitación de Ceaucescu para visitar el país. El jefe del Alto Estado Mayor pidió permiso a Arias Navarro para ir a Bucarest, y este, intuyendo que el PCE quería transmitir algún mensaje a través de Ceaucescu, autorizó el viaje. Díez-Alegría y su esposa viajaron a Rumanía con la excusa de visitar a la doctora Aslan, entonces muy de moda por sus tratamientos rejuvenecedores: el famoso Gerovital. Los generales ultras se enteran que Díez-Alegría ha ido a ver a Ceaucescu, presentan su protesta a Arias Navarro y este deja caer al general más aperturista del franquismo.

MMM también pasó por Rumanía en aquellos años, antes de recibir una visita de madrugada.

LLAMAN DE MADRUGADA

La madrugada del día 3 de diciembre de 1974 llaman a la puerta de MMM. Es la policía. Un grupo de agentes de la Brigada Político-Social se lo llevan detenido a Via Laietana en una operación inicialmente destinada a desarticular el aparato de propaganda del PSUC en el Baix Llobregat, que ha tomado otra dirección. A los veinticinco detenidos los acusan de organizar una huelga general en el Baix Llobregat, convocada para el 9 de diciembre. La mayoría son militantes obreros de la comarca, vinculados al PSUC, sin responsabilidades sindicales de primera línea. Manuel Moreno trabajaba entonces como contable en una pequeña empresa de construcción del Prat de Llobregat. La BPS de Barcelona estaba buscando el aparato de propaganda del PSUC en el Baix Llobregat, los responsables de las estafetas: los depósitos locales de propaganda desde los que las publicaciones y las octavillas se distribuían a las células. Las estafetas estaban a cargo de militantes aparentemente aislados, en pisos particulares o en pequeñas empresas y comercios fuera de toda sospecha. Como vemos, MMM no paraba quieto. Conocedora de estas investigaciones, la Dirección General de Seguridad ordenó adelantar las detenciones para simular que habían capturado a los agitadores de las huelgas obreras del Baix

Llobregat. Como la investigación todavía no estaba lo bastante avanzada, no pudieron acusarlos de ser los responsables de una red de propaganda ilegal. La campaña de solidaridad se puso inmediatamente en marcha.

Los interrogatorios fueron duros, pero a Manuel Moreno no lo tocaron. Conocían bastante bien su historial. El comisario Vicente Juan Creix (hermano de Antonio Juan Creix, entonces destinado en Bilbao) le presentó a un joven inspector que había estudiado marxismo. «Este sabe lo que ustedes piensan», le dijo. El joven inspector le preguntó a MMM qué se siente cuando te condenan a muerte. Moreno se lo quedó mirando y no respondió. También le dijeron que estaban al corriente de su viajecito a la URSS, unos meses atrás, con pasaporte falso. Lo trasladaron a la cárcel Modelo y al cabo de trece días lo dejaban en libertad provisional. No lo llegaron a juzgar.

Efectivamente, había viajado a la URSS. El Partido Comunista de la Unión Soviética tenía por norma invitar a visitar el país a todos los presos comunistas de todo el mundo cuando conseguían la libertad. Visitas a Leningrado, Moscú y el mar Negro. Reuniones con comités y un reconocimiento médico a fondo. Se fue con el expediente médico de su hijo y aprovechó el viaje para hablar con médicos soviéticos que estudiaban la esclerosis múltiple: no le pudieron dar esperanzas. Aquel viaje le gustó. Moreno sentía un gran respeto, un respeto próximo a la veneración, por la Unión Soviética. La Revolución de Octubre. Lenin. La Segunda Guerra Mundial. La derrota del nazismo, a la que él contribuyó cuanto pudo, jugándose la vida en Francia. Las esperanzas de los años cuarenta, que lo llevaron a la misión suicida de Valencia. El desarrollo técnico e industrial. Los viajes al espacio. Los presos de Burgos que por la noche miraban al cielo por si veían pasar el cohete de Gagarin. Un gran respeto, que en su caso no era un amor ciego. Cuando se reunió con el comité de Leningrado, les hizo una pregunta: «Cuántos obreros hay en vuestro comité?». Los funcionarios del PCUS lo miraron sin decir nada. Él lo contaba, tiempo después, con cierta ironía. Regresó desencantado de la URSS, pero no transmitió esta opinión a muchas personas. La Unión Soviética seguía siendo un referente muy importante. MMM se sinceró con un amigo de la familia, Manel López, casado con una prima. Tuvieron muchas horas de conversación los dos Manels, después de los diecisiete años en Burgos. Este es hoy su recuerdo: «Me contó que una mañana había salido del hotel de Moscú sin guía, dispuesto a pasear solo por las calles de la ciudad. Al volver al hotel, la guía estaba aterrorizada y le recriminó que se hubiera marchado por su cuenta, poniendo en peligro su trabajo. El miedo de aquella mujer a recibir algún tipo de castigo le dejó una fuerte impresión. Me dijo que había vuelto decepcionado. "Demasiado control", estas fueron sus palabras».

Sabía que aquel mundo no funcionaba bien, pero era su mundo: era su «esfera». Toda persona humana vive en el interior de una esfera: puede ser inmensa como la cristiandad, puede ser grande y tensa como el movimiento comunista internacional, puede ser intensa como una pequeña nación, puede ser la familia, puede ser el Fútbol Club Barcelona o el Real Madrid, pueden ser los «amigos» de Facebook, los seguidores y los *trolls* de Twitter, pueden ser los seguidores de Instagram, puede ser la saga *Star Wars*, puede ser un amigo imaginario... Siempre habitamos en el interior de una esfera.

MMM quizá necesitaba creer que en la esfera soviética podían tener una cura para su hijo. Aprovechó el viaje para ir a Rumanía, a la clínica de la doctora Aslan, especialista en tratamientos de regeneración. Allí también le dijeron que no había nada que hacer. Masajes, tratamientos paliativos y esperar.

FORD Y MAO CONVERSAN

Presidente Ford: La Unión Soviética está buscando aprovechar alguna debilidad en Portugal y en Italia. Tenemos que prevenirlo, y lo estamos intentando.

Presidente Mao: Sí, ahora Portugal parece que es más estable. Parece que va mejor.

Presidente Ford: Sí, las últimas cuarenta y ocho horas son más alentadoras. Las fuerzas que apoyamos se han movido con mucha fuerza y han emprendido la acción necesaria para estabilizar la situación. Estamos de acuerdo con usted en que Yugoslavia es importante, puesto que es fuerte en su resistencia contra la Unión Soviética, pero estamos preocupados por lo que pueda pasar después de Tito.

[En Portugal, el sector moderado del Movimiento de las Fuerzas Armadas acaba de tomar el control del Ejército con el nombramiento del general Ramalho Eanes como nuevo jefe del Estado Mayor. El 25 de noviembre, el país ha estado a un paso de la guerra civil en un momento de máxima tensión entre las unidades militares más influenciadas por la izquierda revolucionaria y los mandos militares que quieren un rápido retorno a los cuarteles después del restablecimiento de la democracia parlamentaria. El Partido Comunista ha echado el freno en el último momento].

Presidente Mao: Sí, quizá después de Tito vendrá Kardelj. [Edvard Kardelj, número dos del régimen yugoslavo, padre de la autogestión. Podía haber sido el sucesor de Tito, pero murió en 1979, un año antes que Tito].

Secretario Kissinger: Pero estamos preocupados por las presiones externas e internas del país. Y ahora estamos trabajando en eso. Varias facciones trabajan con grupos externos.

Presidente Mao: Sí, tiene tantas provincias y está formada por tantos estados formales...

Presidente Ford: He hecho un viaje muy interesante, Sr. Presidente, a Rumanía este verano, y me ha impresionado la fortaleza y la independencia del presidente Ceaucescu.

Presidente Mao: Bien.

Presidente Ford: Tenemos que reforzar la vertiente euromediterránea, porque puede ser una de las zonas de expansión de la URSS. Estamos muy preocupados también por la situación en España, Sr. Presidente. Apoyamos al Rey. Esperemos que sea capaz de gestionar los elementos que podrían debilitar su régimen. Y trabajaremos con él para tratar de tener el control necesario de la situación en este periodo de transición.

Presidente Mao: Pero ustedes apoyaron a Franco en España.

Presidente Ford: Sí, es cierto, pero ahora nosotros apoyaremos al rey Juan Carlos y conseguiremos que España entre en la OTAN.

Presidente Mao: Sería bueno que España entrara en el Mercado Común. ¿Por qué el Mercado Común no quiere a España y Portugal?

Presidente Ford: Sr. Presidente, hemos alentado a la Alianza de la OTAN para que sea más amistosa con España, incluso bajo Franco. Y esperemos que con el nuevo rey España sea más aceptable.

[Interviene entonces el secretario de Estado Kissinger, presente en la reunión, junto con el número dos de la República Popular China, Zou Enlai, y dice que los cambios en España todavía son considerados «insuficientes» y añade que España tiene que «madurar»].

Fragmento del acta de la reunión que el 2 de diciembre de 1975 mantuvieron en Pekín el presidente del Partido Comunista de China, Mao Zedong, y el presidente de Estados Unidos, Gerald Ford, en presencia del primer ministro Zou Enlai y del secretario de Estado Henry Kissinger. La reunión tuvo lugar dos semanas después de la muerte del general Franco en España. Las actas fueron desclasificadas en el año 2000 por la Administración norteamericana.

CASINELLO Y GONZÁLEZ TAMBIÉN CONVERSAN

El 23 de octubre de 1976, cien días justos después de que el rey Juan Carlos haya nombrado a Adolfo Suárez presidente del gobierno con el encargo de acelerar el proceso de transición hacia la democracia parlamentaria, se produce en Madrid una reunión importante. En la habitación número 4 del hotel Meliá Princesa de Madrid tiene lugar un encuentro entre los servicios de inteligencia de la Presidencia del gobierno y los dos principales dirigentes del PSOE, todavía ilegal, pero no clandestino. El teniente coronel Andrés Casinello, director del SECED, y el comandante José Faura, jefe de Información, dejan las pistolas encima de la mesa para relajar la reunión y dejar clara la relación de fuerzas. Felipe González y Alfonso Guerra los observan con mucha atención. Los cuatro son andaluces.

Casinello abre la reunión explicando la función del servicio de inteligencia y su misión en defensa del Estado. «Tenemos que empezar a hablar para ver si nos podemos entender mejor en un futuro diferente», dice el jefe del SECED a los dos dirigentes socialistas. González también empieza con un mensaje tranquilizador: «Nosotros no queremos ningún tipo de totalitarismo, no creemos en el sistema socialista soviético ni en ningún otro sistema similar. Somos un partido moderado, lo que no le resta su carácter revolucionario, puesto que queremos una sociedad más libre y más justa». Casinello apunta que habrá que pasar por encima del pasado y que será muy conveniente que los partidos tengan dirigentes jóvenes que puedan dialogar fácilmente entre ellos. González responde: «Creo que la democracia en este país no tiene ninguna otra alternativa que ser joven». Y dice que, para él, no ha sido lo mismo reunirse con Adolfo Suárez y Rodolfo Martín Villa que con Manuel Fraga. «Para Fraga nosotros seguimos siendo ciudadanos de cuarta categoría, él cree que el Estado le pertenece», dice el joven secretario general del PSOE (treinta y cuatro años).

Empiezan a entrar en materia. González hace profesión de fe patriótica: «Ni España ni el concepto de patriotismo pueden ser un patrimonio exclusivo de la derecha, ni en broma». Llega la Cuestión. El líder del PSOE deja claro su planteamiento: «El modelo de estado es un problema extraordinariamente difícil que solo se podrá resolver con autonomías, pero no desde la decisión soberana de no sé qué pueblos independientes». (Adiós, resolución del congreso de Suresnes). Considera que el caso de Catalunya es el más complicado y «peligroso». «La burguesía nacionalista quiere un régimen de conciertos económicos, lo que significaría destruir la posibilidad de desarrollo nacional. Nosotros por aquí no pasaremos, nunca en la vida. En realidad, detrás del supernacionalismo catalán está la defensa de los intereses de la burguesía catalana». Los cuatro son andaluces y este tema hace vibrar cuerdas antiguas.

Se empieza a hablar entonces del PCE, cuya legalización es una de las grandes incógnitas del proceso de transición. González da por hecho que ante la reorganización del PSOE, el PCE ya ha entrado en fase declinante. «Hace cinco años, Carrillo creía que sería el Berlinguer español. Esta es la estrategia del PCE desde hace once o doce años, creyendo que pueden ocupar el espacio del Partido Socialista. Este planteamiento de Carrillo, que no tiene mucha imaginación, pero es un tipo hábil, muy hábil, es correcto, viendo la esclerosis que se estaba produciendo en el Partido Socialista en el exilio», dice González. La esclerosis se ha acabado, les viene a decir el joven líder socialista a los dos mandos del SECED, servicio creado por el almirante Carrero Blanco. González les pronostica que el PSOE será, con mucho, el primer partido de la izquierda en España. «Con un planteamiento democrático limpio, el PSOE sacará alrededor de un 30 % de los votos, y el PCE entre el 6 % y el 10 %». Lo clavó. «En este proceso de normalización —añade— el Partido Socialista tiene las de ganar y el Partido Comunista las de perder. Nosotros vamos hacia arriba y ellos hacia abajo, ellos pierden cada día, porque no es lo mismo mantener a Comisiones Obreras en las catacumbas que ir saliendo a la claridad del día». Los militares le preguntan por las posibilidades del Partido Socialista Popular del profesor Enrique Tierno Galván, y González le quita todo tipo de importancia: «Es un club». Los dos jóvenes políticos sevillanos lo tienen claro, lo tienen muy estudiado, el PSOE es un partido de transmisión familiar. Aunque invernado, el PSOE sigue vivo en el recuerdo de la sociedad española. «El ciudadano que quiera votar socialista votará PSOE, porque su abuelo, su tío y su padre eran del PSOE o votaban PSOE. El PSOE forma parte de la memoria de la gente».

Todavía hubo un segundo encuentro entre Felipe González y los dos jefes del SECED, en febrero de 1977, pocas semanas después del atentado contra los abogados laboralistas de la calle Atocha de Madrid, cuando ya se divisaban las primeras elecciones generales democráticas. Lo primero que hace el secretario general socialista es quejarse por la legalización del PSOE-histórico en el registro del Ministerio de la Gobernación. El PSOE-histórico es la escisión liderada por el veterano dirigente Rodolfo Llopis después de perder el congreso de Suresnes. Los «históricos» se presentaron a las primeras elecciones y sacaron el 0,15 % de los votos.

En esta segunda reunión, González recibe grandes elogios del teniente coronel Casinello: «Sois el partido con más futuro en este país, y no hay duda de que hoy el Partido Socialista es Felipe González». El interesado, sin embargo, está enfadado. (González muy a menudo está enfadado con el mundo). Cree que la legalización del PSOE-histórico ha sido una mala jugada del gobierno y le irrita el protagonismo que está teniendo el PCE a raíz del atentado de Atocha. Según él, el partido de Santiago Carrillo se está aprovechando de que buena parte de los siete abogados asesinados eran militantes comunistas. El secretario general socialista, aun así, quiere la legalización del PCE y recrimina a Suárez que todavía no haya resuelto este punto. «Creo que políticamente sería un grave error no legalizar el PCE. Un error gravísimo. La mejor manera de combatir al PCE es ir a las urnas. No hay mejor combate que este. Se tiene que solucionar así, y se acabó. Todo lo que vaya en dirección contraria será una tontería». Otra vez, González tiene razón. Si el Partido Comunista no hubiera sido legalizado, las elecciones del 15 de junio del 1977 habrían sido otra cosa. Habrían tenido otro significado. Si el PCE hubiera tenido que fomentar una plataforma electoral independiente con otro nombre y con sus principales dirigentes en el exilio, muy probablemente habría obtenido un resultado mejor: por el beneficio moral de la persecución, por la desaparición de la palabra *comunista* de las papeletas y por el cambio generacional.

(Las actas con el contenido de las dos entrevistas exploratorias del SECED con Felipe González y Alfonso Guerra forman parte de la documentación del expresidente del gobierno español abierta al público recientemente por la Fundación Felipe González, que dirige Rocío Martínez Sempere).

JUNIO DE 1977

MMM tuvo una alegría el 15 de junio de 1977. Orma tuvo un gran disgusto. En las primeras elecciones democráticas, el surco abierto por el mecánico de Badalona quedó a un palmo del 30 % de los votos en la ciudad del Pont del Petroli. El partido del roble de Euskadi recogió el 4,7 % de los votos en Bilbao, 4 % en todo el País Vasco. El PSUC levantó la cabeza. El Euskadiko Partidu Komunista quedó fuera del radar de los pescadores de Ondarroa. Dos mundos. Hubo más de dos mundos en aquel primer atlas electoral.

El PSUC se defendió en toda Catalunya con un 18 % de media, el porcentaje que justo una semana antes pronosticaba un sondeo encargado por la embajada de Estados Unidos en España, en una época en que las encuestas eran muy caras y poca gente las sabía hacer. Los norteamericanos lo clavaron y Felipe González también. El PCE tuvo un resultado decepcionante y hasta cierto punto sorprendente: no llegaba al 10 % en toda España, sumando la aportación catalana. Solo en Andalucía conseguía levantar algo el vuelo. El batacazo fue muy fuerte en Euskadi, donde quedó claro el indiscutible predominio socialista en los barrios obreros. Algo no encajaba. El partido mitológico del antifranquismo obtenía un resultado muy modesto en las urnas, pese a su moderación programática y los gestos de responsabilidad durante los meses anteriores a aquellas primeras elecciones: la disciplina con la que los comunistas hicieron frente al salvaje asesinato de los abogados laboralistas de la calle Atocha de Madrid, la aceptación pública de la monarquía y de la bandera oficial de España y tantos otros mensajes tranquilizadores. Cuarenta años de lucha y sacrificios apenas recogían el consenso de uno de cada diez electores. Un resultado todavía más modesto que el 12 % obtenido por los comunistas portugueses en las primeras elecciones libres en su país, en 1975, con un programa más radical y un vínculo todavía explícito con Moscú. Nada que ver con la fortaleza electoral de los comunistas italianos, que en aquellos momentos superaban el 34 %, solo a cuatro puntos de la eterna Democracia Cristiana.

El Partido Comunista tenía más de 200.000 afiliados en aquel momento en toda España. Los 20.000 militantes de la clandestinidad se habían multiplicado por diez después de la muerte de Franco. Era la organización política más numerosa y mejor organizada, pero este ejército militante solo pudo atraer un millón setecientos mil votos. Veinte diputados sobre 350, puesto que la ley electoral ideada por el gobierno de Adolfo Suárez, todavía hoy vigente, perjudica mucho al tercer partido, si este queda lejos del segundo. El segundo partido fue el PSOE. Con 50.000 afiliados, el Partido Socialista rejuvenecido por el equipo de González obtuvo más de cinco millones de votos y 121 diputados. La socialdemocracia alemana había hecho la apuesta correcta: las siglas de toda la vida con un dirigente joven, inteligente y atractivo, totalmente desvinculado del recuerdo de la Guerra Civil. Con unas estructuras provinciales protegidas por los gobiernos civiles, el partido gubernamental, la Unión de Centro Democrático, conseguía más de seis millones de votos y 165 diputados. Suárez y su gente también habían acertado con el diseño de la ley electoral: circunscripciones provinciales, con premio de representación para las provincias más pequeñas. Inicialmente, Suárez había pensado en un sistema de doble vuelta, pero los asesores del presidente francés Valéry Giscard d'Estaing, muy atento a lo que pasaba en España después de la muerte de Franco, le hicieron cambiar de idea: «Vaya con cuidado, porque la segunda vuelta puede propiciar que los comunistas se alíen con los socialistas». Un sistema electoral en el que las provincias rurales contrarrestaban la inclinación hacia la izquierda de las grandes ciudades se había demostrado muy eficaz para garantizar la victoria del partido gubernamental.

Los altos funcionarios del franquismo más dispuestos a deshacerse de las estructuras franquistas explícitas habían ganado la partida: reforma sin ruptura, reforma rápida sin «dictablanda». La monarquía se podía consolidar con una Constitución democrática suficientemente aceptada por un pueblo español despolitizado por la dictadura y asustado por la crisis económica, un pueblo que en aquellos momentos oscilaba entre dos deseos fundamentales: la tranquilidad y la libertad; sobre todo, la libertad de costumbres. El monopolio estatal de la televisión favorecía claramente la operación gubernamental, no en balde Suárez había sido director general de Radio Televisión Española. Suárez apenas había leído media docena de libros en su vida, pero era un intuitivo colosal, un excelente relaciones públicas, con una gran voluntad de poder. Una mesa, un teléfono, un paquete de Ducados y una tortilla a la hora del almuerzo. Eso era todo lo que necesitaba.

La monarquía se consolidaba. El vaticinio de Joan Comorera en la prisión de Burgos había sido acertado. La premonición de Fernando Claudín y Jorge Semprún se demostraba correcta: el subjetivismo revolucionario del PCE no había conseguido una ruptura clara con el franquismo. Los hechos daban la razón a los dos disidentes de los años sesenta, la dictadura evolucionaría hacia un estadio neocapitalista con dos grandes partidos que, en su opinión, podían ser la democracia cristiana y el partido socialista. No acertaron con la democracia cristiana, porque la principal figura eclesiástica española, el cardenal Vicente Enrique y Tarancón, orientado por el papa Pablo VI, no quiso que la Iglesia católica tomara partido en las primeras elecciones y se negó a dar un apoyo explícito a las candidaturas democristianas, que tuvieron muy mal resultado. El Politburó soviético no iba desencaminado cuando en 1972 recomendó a los comunistas españoles ir hacia una restauración monárquica en el marco del *statu quo* de la Guerra Fría.

También tenía razón el economista Ramón Tamames cuando en 1966 aconsejó a Santiago Carrillo cambiar el nombre del partido. Así lo cuenta en sus memorias: «Le dije: "Santiago, de cara al futuro tendríamos que pensar en cambiar el nombre del partido, porque con la propaganda franquista de estos últimos treinta años, la palabra *comunista* suena mal a mucha gente. Desconfían de una referencia política que asocian al estalinismo y que vinculan con la falta de democracia en la Unión Soviética y en todos los países de planificación central de la Europa oriental. Los heroísmos del PCE durante la Guerra Civil se han olvidado o han sido destruidos por la propaganda. En cambio, la palabra *socialismo*, que también es combatida por la dictadura, tiene mucha mejor prensa. Siempre hay un gobierno socialista en los países europeos con buena trayectoria democrática... Sinceramente, creo que tendríamos que adoptar otro nombre, como Partido del Trabajo, o Partido Laborista. Como *comunistas* sacaremos pocos votos"».

«Entiendo lo que me dices, Ramón —le respondió Carrillo al economista entonces de moda en la universidad española—, pero ese momento todavía no ha llegado, quizá más adelante podríamos promover una gran asociación con otras fuerzas de la izquierda y entonces tendríamos que buscar un nombre como los que tú planteas». Sin duda, un retraso en la legalización habría obligado a establecer alianzas y a buscar un nombre nuevo. Efectivamente, el nombre hacía la cosa. La desproporción entre los resultados del PSUC y los del PCE irritó mucho a Carrillo. El partido menor parecía que le daba lecciones al mayor. Casi la mitad de los veinte diputados comunistas en el Congreso provenían de Catalunya, principalmente de la provincia de Barcelona. El PSUC parecía más moderno, más arraigado en la sociedad, menos vinculado al exilio y a la Guerra Civil, más interclasista, en definitiva menos «comunista». En una sociedad severamente despolitizada por cuarenta años de dictadura, el nombre hacía la cosa, a pesar de que el símbolo de la hoz y el martillo apareciera en el logotipo del Partido Socialista Unificado de Catalunya, muy estilizado, poco agresivo y enlazado con la bandera catalana.

El nombre hace la cosa. Un Partido Comunista de Catalunya no hubiera obtenido el 18 %. La palabra socialista dulcificaba y conectaba con la ilusión europea. Había más factores, claro está. Aquel era un partido nacional catalán, del que no tenían un mal recuerdo los pequeños propietarios que vivieron la Guerra Civil. Un partido con tres brazos: obreros sindicalizados del cinturón industrial de Barcelona, estudiantes hijos de las familias obreras y de la menestralía, y jóvenes profesionales de los servicios públicos en fase de expansión: la enseñanza y la sanidad. Un partido de trabajadores industriales, maestros, profesores, médicos, enfermeras, jóvenes estudiantes y unos cuantos campesinos. Un partido de catalanes de nacimiento y de inmigrantes, con un importante contingente de militantes originarios de la provincia de Córdoba. Una síntesis muy peinada por la pluma de Manuel Vázquez Montalbán, la prosa periférica de Paco Candel, la poesía de Miquel Martí i Pol, las canciones de Raimon, los reportajes de Montserrat Roig, los relatos de Teresa Pàmies, los cuentos de Pere Calders, el simbolismo abstracto de Antoni Tàpies y las conexiones cristianas de Carlos Alfonso Comín. Una máquina capaz de construir hegemonía.

Carrillo calificó de honroso el pobre resultado electoral, atribuyéndolo al miedo acumulado por la sociedad española durante la dictadura. De repente invertía los planteamientos tercamente defendidos durante cuarenta años: reconocía que el franquismo había conseguido modular el alma de una sociedad asustada. Para un hombre que de pequeño cayó en la marmita de la política hay que suponer que no fue fácil aceptar el error de diagnóstico. Carrillo, sin embargo, era un tipo sagaz, capaz de adaptarse a las más variadas circunstancias, y decidió explotar los puntos fuertes que le quedaban después del desastre electoral: era uno de los más experimentados actores de la escena política española, sintonizaba bien con Adolfo Suárez y tenía buena química con el Rey. Un dirigente comunista con pocos diputados podía ser apreciado en aquel Madrid transitivo. En vez de radicalizarse, Santiago Carrillo, que siempre fue un socialista, moderó todavía más la línea del PCE, iniciando un movimiento de aproximación a Suárez cuando el gobierno centrista tuvo que pedir ayuda ante el empeoramiento de la situación económica.

Estamos en 1977 y, aunque sea con el freno de mano puesto, la democracia empieza a cambiarlo todo. Ramón Ormazábal está inquieto en Bilbao. El batacazo electoral ha sido demasiado grande y se impone una renovación en el Partido Comunista de Euskadi. El doctor Roberto Lertxundi, militante de la primera ETA, es elegido nuevo secretario general del EPK, con el apoyo de Carrillo, que ordena a Ormazábal mantenerse en un segundo plano, como presidente del partido. El basquista Lertxundi participará en la ponencia del Estatuto de Autonomía del País Vasco y empezará a gestar la idea de fusionar el EPK con Euskadiko Ezkerra, grupo originario de una de las escisiones de ETA, para crear una especie de PSUC vasco. La sombra de Joan Comorera siempre será alargada y llegará a Euskadi. El obrerista Ormazábal, apasionadamente español, vigila. Esa es la labor que esta vez le ha sido encomendada.

MMM cuida a su familia, cada vez más preocupado por la salud de Felip. Trabaja, conversa con los amigos, por la tarde visita a su hijo y a las ocho en punto, en casa con Maria. La conversación se ha convertido en su gran pasión. Un día tiene la posibilidad de reencontrarse con el hombre que le salvó la vida. ¡El Cura Pitillo vivía en Badalona! Vélez-Rubio y Badalona, siempre hermanadas. Juan Sánchez Casas, el sacerdote que se había plantado ante Eva Perón para pedir clemencia para su amigo de niñez, había tenido una vida movida, dinámica. No podía permanecer mucho tiempo en un mismo lugar. Se fue como misionero a América: Venezuela, Guatemala, Texas, Nueva Jersey... Viajó por América hasta que la salud le empezó a fallar. Entonces quiso ir a Barcelona, donde le asignaron la parroquia de Sant Jaume. Y de Barcelona a Badalona, donde montó la Academia Padre Sánchez - Inmaculada, con dos de sus sobrinos, en el barrio del Sant Crist, una de aquellas academias que paliaban la clamorosa ausencia de escuelas e institutos públicos. En el barrio del Sant Crist, un día MMM y el Cura Pitillo se abrazaron. El cura murió en Badalona en 1980.

MMM va a muy pocas reuniones, no sale en ninguna de las fotos de la transición, pero está muy informado. Tiene información del Baix Llobregat. Tiene información de los profesionales de Barcelona. Tiene conversaciones frecuentes con algunos dirigentes, habla una vez al mes con el doctor Gutiérrez Díaz y pasea a menudo por la Rambla de Badalona con un grupo de jóvenes que lo consideran su maestro. Una vez a la semana va a comer a casa del doctor Nolasc Acarín, el médico que ha diagnosticado la enfermedad de su hijo, con el que tendrá una gran amistad. Pasan muchos ratos juntos. Acarín lo recuerda, todavía hoy, escuchando a Pink Floyd con los auriculares: «Yo estudiaba tratados de neurología y él escuchaba a Pink Floyd con los ojos cerrados». Le gustaba especialmente *The Wall*. El muro. El prisionero y el muro. Un día sorprenderá a uno de sus sobrinos, en Málaga, regalándole un disco de Pink Floyd. Un día sorprende a Antoni Gual, hijo del poeta Josep Gual, pidiéndole prestado un libro del antropólogo Claude Lévi-Strauss, *El pensamiento salvaje*, un ensayo sobre las culturas primitivas del que le había hablado. Al cabo de tres días ya se lo ha leído. «Me ha gustado este autor, en el fondo es algo marxista», le dijo. En sus círculos, MMM magnetiza a los jóvenes, tiene una gran autoridad sobre los veteranos y causa una gran sensación en aquellas personas que empiezan a interesarse por la política en aquel momento de cambio. «Lo recuerdo como si fuera un filósofo griego. Te daba conversación como si no esperara nada a cambio. Te observaba e iba de cara, sin agresividad. No era agresivo. Era muy preciso, pero no transmitía dogmatismo», recuerda Mercè Illana, maestra. Un día muestra dos libretas verdes a uno de los jóvenes de la pandilla de la Rambla. Son un tesoro de la caverna de Platón.

MMM observa los pasos de baile de la transición y no le gusta todo lo que ve. No soporta a Carrillo. Hay algo que viene de lejos y que nunca explicará abiertamente. Es algo que tiene que ver con la orden de ir a Valencia en 1946. Es la sospecha, arrastrada durante años, que afloraba alguna vez cuando la conversación se hacía densa, de haber sido traicionado por alguien de la estructura en Francia. Mientras lo interrogaban en la comisaría de Valencia vio una foto suya en una mesa. Una fotografía de carné que Moreno se había tomado en Toulouse y que había entregado al partido. Es la sospecha sobre un documento que apareció en el consejo de guerra en Valencia. Durante el juicio, el fiscal militar presentó como prueba acusatoria un informe enviado desde París, con el siguiente título: «Composición del nuevo aparato militar de la tercera región». En este informe confidencial, sin firma, aparecen cuatro nombres, uno de ellos es el de Manuel Moreno Mauricio, con el grado de capitán. (El informe se conserva en el expediente 371/47, con un encabezamiento que dice «Documentos A.P.V. Archivo C.C.P.V. París»). Es la sospecha de que el comisario Roberto Conesa, el hombre que hizo caer al comité de Valencia, había llegado más lejos de lo que se podía suponer con su audaz infiltración en 1946. Conesa, el comisario Ugarte de la novela *Beltenebros*. El mozo de la tienda de ultramarinos de la calle General Lacy de Madrid que acabó casándose con la hija del dueño. El simpatizante de las Juventudes Socialistas Unificadas (siempre las JSU) que en realidad trabajaba para la Falange. El militante de la Quinta Columna que ingresó en la policía de Franco al acabar la guerra. El hombre de los mil nombres. El falso impresor que se ganó la confianza de tres de los militantes de las JSU enviados por Carrillo a Madrid para ayudar a reconstruir el Partido Comunista después de la caída de Agustín Zoroa, que había sustituido a Jesús Monzón, que había tomado el relevo de Heriberto Quiñones, fusilado en una silla porque la policía lo había dejado paralítico, después de ser calificado de traidor por su propio partido. *Beltenebros*. El falso impresor los ayudó a editar *Mundo Obrero* y con la misma máquina, una Minerva Boston, imprimía ejemplares falsos de la publicación comunista para fomentar la confusión. La policía se divertía redactando aquellos ejemplares falsos de *Mundo Obrero*, en los que llegaron a incluir citas de Shakespeare. (Años más tarde, en la década de los sesenta, el gabinete técnico del ministro de Información y Turismo, Manuel Fraga Iribarne, también promovió la publicación de ejemplares falsos de *Mundo Obrero*). Conesa hizo escuela e hizo suyos a los tres hombres de confianza de Santiago Carrillo enviados al interior: José Tomás Planas, Luis González Sánchez y Antonio Rodríguez. Los hizo suyos, los cooptó, les prometió una salida y los bautizó con un apodo que solo conocía la policía: el Peque, el Rubio y el Chato. Los tres topos provocaron un destrozo. Cientos de detenidos entre 1946 y 1947. Uno de los tres topos, muy probablemente José Tomás Planas, *el Peque*, llevó a la policía hasta el comité de Valencia. Efectivamente, Conesa tenía información que venía de Francia. El confidente Tomás desapareció al cabo de un tiempo y nunca nadie lo volvió a ver. La policía le facilitó una nueva identidad para que se fuera a América. González

Sánchez ingresó en la policía con el expediente judicial completamente limpio. *Beltenebros*.

MMM recordó siempre aquella foto suya en la comisaría de Valencia; aquella foto hecha en Francia que acabó en manos de la policía. Siempre tuvo la certeza de que lo habían vendido. Siempre tuvo un agravio con el hombre que controlaba los engranajes en Francia. Nunca congenió con Santiago Carrillo.

En 1977, MMM no despotrica del eurocomunismo, pero no le gusta tanta moderación. «Me parece que algunos camaradas tienen miedo a volver al exilio», deja caer un día, paseando por la Rambla de Badalona, ante un mar sucio, alterado y existencialista.

AUTOBIOGRAFÍA DE FEDERICO SÁNCHEZ

Durante el otoño de 1977 se publicó un libro importante. Jorge Semprún ganaba el premio Planeta del primer año de la democracia con *Autobiografía de Federico Sánchez*, un intenso relato de los años de la clandestinidad escrito por uno de sus protagonistas. Un libro apasionante, seductor, muy bien escrito, al servicio de una causa: ajustar cuentas con Santiago Carrillo y con la dirección del PCE. Se vendieron más de cuatrocientos mil ejemplares. Fue el libro del año. Fue un gran triunfo de la literatura del Yo.

Así empieza el libro:

> Pasionaria ha pedido la palabra. Levantas la vista de los papeles que tienes en la mesa y miras a Pasionaria. Está nerviosa, se le nota. Se alisa un mechón de pelo blanco. Luego junta las manos, las desjunta y desdobla la cuartilla que tiene preparada. La cuartilla que va a leeros, a Fernando y a ti. Porque ha preparado su intervención por escrito. No te extraña. Siempre la has visto preparar por escrito sus intervenciones en los momentos que se dicen cruciales.

Y así acaba:

> Pero Pasionaria está hablando. Mientras andabas perdido en tu memoria, mientras evocabas una imposible conversación verídica

> con ella, Pasionaria ha tomado la palabra. Está leyendo la cuartilla que tenía preparada, con su espléndida voz metálica, rugosa y armoniosa. Está fulminando contra vosotros los rayos de su cólera. Está hablando en nombre del Espíritu-de-Partido, el sacrosanto Espíritu-de-Partido. Está diciendo que solo sois, Fernando y tú, «intelectuales con cabeza de chorlito». Y esa frase gira vertiginosamente en el hastío asqueado que te invade, gira vertiginosamente en el salón de los reyes de Bohemia, gira vertiginosamente entre los árboles deshojados del parque. Intelectuales con cabeza de chorlito, intelectuales con *cabeza de chorlito, intelectuales con cabeza de chorlito...*

El libro de Jorge Semprún tuvo un gran impacto en la generación joven interesada por la política. De repente, el rey iba desnudo. La autobiografía de Federico Sánchez desnudaba a Santiago Carrillo y al resto de dirigentes comunistas de su generación. Desnudaba el mito del «Partido» y explicaba sus defectos de fabricación. Años después, Gregorio Morán remachó el clavo con una monumental historia del PCE, publicada también por Planeta (*Miseria y grandeza del PCE*), el libro mejor documentado que se ha escrito hasta ahora sobre la principal fuerza de oposición a Franco, en el que el autor también ajusta cuentas.

Semprún presenta la dirección del PCE como un grupo de gente valiente, obtusa, gregaria y dominada por la figura entre audaz e intrigante de Carrillo, que hoy puede decir una cosa y pasado mañana otra, pero que siempre encontrará la manera de imponer su criterio. Un partido abnegado pero encerrado en sí mismo. Un partido con mucha gente dispuesta al sacrificio guiado por un oportunista. Semprún salva a la infantería y ataca a los dirigentes. El autor cuida a algunos personajes, Simón Sánchez Montero, por ejemplo, el panadero que dirigió durante un tiempo el aparato clandestino del PCE en Madrid, un hombre ecuánime que siempre se supo alejar del sectarismo, y es implacable con Carrillo, a quien llega a acusar de la muerte de Julián Grimau por haberlo enviado a Madrid conociendo su pasado de policía político de la República. Semprún se encara con la Pasionaria, pero la respeta. Ella le llama «cabeza de chorlito», pero el nieto de Antonio Maura no la escarnece. No se atreve a hacerlo, porque si la escarneciera todo el libro se hundiría. Si se lo cargara todo, la gran aventura de Federico Sánchez en la clandestinidad dejaría de tener sentido y se convertiría en el absurdo kafkiano de un pobre hombre engañado por un grupo de estalinistas sin cerebro. Salvando su vínculo filial con la Pasionaria, Semprún salva su narración: salva la epopeya de Federico Sánchez y salva su muy hábil apropiación literaria de la clandestinidad comunista. «Semprún privatiza la Historia, al mismo tiempo que "historiza" su vida», dijo su amigo Régis Debray, que de autobiografías fuertes también sabía un montón.

Existen varios libros y documentos artísticos sobre la clandestinidad comunista: libros de memorias, los poemas de Marcos Ana, los dibujos de Agustín Ibarrola en Burgos... Hay dos libros sencillos, publicados por editoriales menores, de una autenticidad inapelable. Uno es *Era la hora tercia*, de Vicente Cazcarra, un relato estremecedor sobre la brutalidad de la tortura, escrito por un hombre que pensó en suicidarse mientras lo estaban interrogando en Via Laietana. No habló, pero la tortura le dejó una grave herida moral. Cazcarra y la austeridad del dolor. El otro es *24 años de cárcel*, el verismo de Melque Rodríguez Chaos, un libro duro, brutalmente realista, sobre las condiciones de vida en las prisiones de Franco. Hay libros importantes sobre aquella época, publicados por editoriales pequeñas, que nunca llegaron a tener una gran circulación; libros sin premios ni aura literaria, puesto que el gran narrador de la clandestinidad en tiempo de democracia pasa a ser Jorge Semprún en noviembre de 1977.

Autobiografía de Federico Sánchez tuvo una repercusión política importante. Hizo dudar a los creyentes y dio una vía de salida a los que ya no veían claro el futuro del PCE después de su mal resultado electoral el 15 de junio de aquel año. «Devoré el libro en un estado de fiebre autodestructiva. Buscaba la confirmación de sospechas infundadas, los argumentos para ser más beligerante al criticar a ese padre reinsertado en la vida normal. Es un libro descarnado y brillante sobre la disidencia comunista española. Con diecisiete años, yo encontré en él el homenaje más sentido a los camaradas de infantería (a quienes conocía), el ataque más virulento a los dirigentes (a los que también conocía) y un retrato fiel de los ambientes que me habían marcado, con la presencia permanente de un ejército de militantes uniformados con sus respectivas gabardinas». Así lo describe Sergi Pàmies, hijo de Gregorio López Raimundo y Teresa Pàmies, en su último libro, *L'art de portar gavardina*, un magnífico concentrado de memoria en el que aborda el recuerdo de sus padres. No es fácil mover las poleas de la memoria cuando los padres han pesado tanto. La autonomía literaria de Sergi Pàmies es envidiable.

Semprún, la gabardina mejor llevada de París, le dio un golpe mortal a la figura de Santiago Carrillo, pero no la hundió. A pesar de los adversos resultados electorales, el secretario general del PCE todavía tendría cuerda para intentar llevar a cabo una política de «concentración nacional» con el partido de Adolfo Suárez, que no le permitió salir del agujero electoral —el agujero en el que el dibujante Peridis lo presentaba en sus tiras cómicas en el periódico *El País*, las tiras cómicas que narraron la transición—, pero que dio frutos tan importantes como la Constitución de 1978. Sin los comunistas, la Constitución española habría tenido otro contenido y otro significado. Eso algunas personas lo han olvidado, y quizás empiece a ser el momento de recordarlo.

El libro de Semprún fue muy aplaudido, pero tuvo una crítica que no se esperaba. Una crítica firmada por una de las dos personas a las que estaba dedicada la *Autobiografía de Federico*

Sánchez: Javier Pradera. Silencio en la sala: Pradera le canta las cuarenta a Semprún, mientras toda la España progre devora la peripecia de Federico Sánchez. En un artículo publicado en la revista *Cambio 16*, el gran inspirador de la línea editorial del periódico *El País* le reprocha a Semprún que haya caído en el exhibicionismo de los excomunistas, un género clásico de la Guerra Fría. «La acumulación de verdades parciales no da como producto final, paradójicamente, un libro veraz». (Un libro que estaba dedicado a Pradera y también a Domingo González Lucas, el torero Dominguín). Educadamente, Pradera acusa a Semprún de oportunismo, de enmascarar sus posiciones reales durante los diez años que operó en Madrid como delegado de la dirección del PCE en el interior, y de pasar por alto las discusiones que tuvieron los dos a raíz del fracaso de la Huelga Nacional Pacífica del 18 de noviembre de 1959. Recordémoslo: el joven militante Javier Pradera, hijo de dos conservadores asesinados por las milicias antifascistas al principio de la guerra, casado con la hija de Rafael Sánchez Mazas, fundador de Falange, escribió una carta al comité ejecutivo del PCE en París advirtiéndoles de que con aquella política voluntarista no llegarían a ninguna parte, y de que la dictadura duraría más de lo que ellos creían, y Federico Sánchez lo riñó con el canon más ortodoxo. Un ejercicio de rigor y de honestidad intelectual por parte de Pradera, y algo más. El libro de Semprún sugiere que el PCE ya no sirve para nada, mientras que *El País* está defendiendo la línea moderada del Partido Comunista en la transición, en la perspectiva del debate constitucional. El PCE servirá para negociar los Pactos de la Moncloa y ensanchar la base material de la Constitución democrática. Pradera tiene perspectiva, Semprún tiene prisa por acabar de edificarse como gran personaje literario. Los dos rompen y no retomarán la relación hasta pasados unos años, cuando Felipe González nombra a Semprún ministro de Cultura de su segundo gobierno, sustituyendo a Javier Solana, en 1988. González captó rápidamente el mensaje de

Federico Sánchez y fue tejiendo una estrecha amistad con Jorge Semprún. Dos egos fenomenales, necesitados el uno del otro. Semprún corona su relato homérico llegando al gobierno de la nación y González conecta su biografía con la autobiografía de la clandestinidad, gran eslabón débil de la trayectoria histórica del PSOE en el siglo XX.

> En el curso de una breve ceremonia en el Palacio de la Zarzuela, los nuevos ministros del Gobierno habíamos prometido nuestro cargo sobre la Constitución. Uno por uno, ante el rey Juan Carlos, la reina Sofía y el presidente del Gobierno, Felipe González, nos habíamos acercado al pupitre donde se abría un ejemplar ricamente impreso de la Constitución. El jefe de protocolo nos llamaba a uno tras otro con voz firme y solemne. Cuando me llegó el turno, tuve la impresión de que pronunciaba mi segundo apellido, Maura, con un énfasis particular. Como si aquel apellido me inscribiera en una cierta tradición, una cierta continuidad histórica. Como si la proclamación de ese apellido hiciera menos sorprendente la presencia de un antiguo responsable de la clandestinidad comunista en aquel lugar y aquella circunstancia. Pero no me sentía atado por ninguna tradición. Me sentía ligado tan solo por mis convicciones personales. Me incliné un segundo, como lo exige el protocolo, ante el rey y la reina de España, durante mi marcha hacia el pupitre donde se exponía la Constitución. Dirigí una breve mirada a Felipe González. Este sonreía, y sentí el calor cómplice de su mirada atenta. Noté en esta un cierto orgullo amistoso, incluso. Proseguí mi marcha hasta el pupitre. Miré al ministro de Justicia, Múgica Herzog, depositario legítimo de nuestras promesas como notario mayor del reino. Me acordé en un relampagueo de la memoria de nuestro encuentro en San Sebastián, treinta y cinco años antes.

Así recuerda Jorge Semprún Maura la entrada en el gobierno en su segundo libro de memorias, *Federico Sánchez se despide de ustedes*. No hay más que añadir.

SE HACE UN PACTO EN LA MONCLOA

Poco después de las elecciones del 15 de junio de 1977, el vicepresidente económico Enrique Fuentes Quintana apareció un día en televisión para anunciar que las cosas iban mal. Serio, traje gris, gafas cuadradas de montura cuadrada —parecía el director de una oficina bancaria o un funcionario del Partido Comunista Checo antes de informar del último plan quinquenal—, el principal tecnócrata del gobierno Suárez hizo un discurso de quince minutos de una gran eficacia comunicativa. «Perdonen que les tome un poco de tiempo en este momento muy familiar, pero les tengo que explicar un tema muy engorroso, y los temas engorrosos más vale afrontarlos cuanto antes mejor: este país se ha empobrecido dramáticamente como consecuencia de la crisis del petróleo. Todo lo que compramos en el extranjero nos sale un 25 % más caro y nuestros productos valen lo mismo en el exterior, ninguna familia podría seguir viviendo como si nada pasara si esto sucediese en su economía. Los cambios políticos han capturado todas las energías del gobierno anterior y ahora ha llegado la hora de la economía». Pocas veces se ha hablado tan claro en un discurso político televisado en España.

El encarecimiento del precio de los carburantes efectivamente había hecho estragos. La inflación estaba desbocada, por encima del 26 %, el déficit exterior superaba los 11.000 millones de dólares, muchas empresas se iban a pique, el paro se multiplicaba —el desempleo pasó del 5 % al 15 % en pocos meses— y el país se acercaba a la suspensión de pagos. Había un atentado de ETA cada mes. Los militares ultras, muy disgustados por la legalización del Partido Comunista y asustados por la agitación social, conspiraban. La guerra de Yom Kipur había estrangulado el Plan de Estabilización: el encarecimiento del precio del petróleo era consecuencia directa de la represalia de los países árabes derrotados por Israel en 1973. La subida del petróleo y la desorientación del régimen desde la muerte de Carrero Blanco, a finales de 1973, habían hecho naufragar la economía española, desprovista de mecanismos de concertación social. La dictadura no acababa de morir y la democracia no acababa de nacer. Con un panorama como aquel era muy difícil, por no decir imposible, afrontar con alguna garantía de éxito la negociación de una nueva Constitución. Primero se tenía que crear la Constitución *material*; después vendría la Constitución *jurídica*.

En este contexto se plantearon los Pactos de la Moncloa, inspirados en la política de concertación que en aquellos momentos, difíciles para la mayoría de países europeos, se estaba llevando a cabo en Italia después del acercamiento estratégico de democristianos y comunistas: la célebre política de «compromiso histórico».

El consejero económico de la embajada de España en Roma, Fernando García Martín, había hecho llegar a Fuentes Quintana abundante información sobre la concertación del gobierno Andreotti con la oposición comunista y el poderoso sindicato CGIL. Así se puso en marcha la negociación de lo que podríamos denominar el segundo plan de estabilización de la economía española. En el círculo de Fuentes Quintana estaba su amigo Joan Sardà Dexeus, que le aconsejó. Fuentes y Sardà ya habían coincidido en la propulsión del plan de 1959: Sardà Dexeus desde el servicio de estudios del Banco de España y Fuentes Quintana desde el servicio de estudios del Ministerio de Comercio.

En 1959 se trataba de hacer entrar capitales extranjeros para potenciar la industria y el turismo. Ahora los objetivos eran moderar la inflación, corregir la balanza exterior, evitar una posible suspensión de pagos y frenar la espiral de destrucción de pequeñas y medianas empresas. Había que pactar los sacrificios. Reducción del valor adquisitivo de los salarios a cambio de un estatuto de los trabajadores que fijara y protegiera las libertades sindicales. Moderación de las protestas en las fábricas a cambio de una rápida ampliación de las libertades públicas antes de redactar la Constitución. Salarios más bajos a cambio de mayor inversión del Estado en la construcción de escuelas e institutos públicos. Este fue el núcleo de la propuesta comunista, aceptada por Suárez. El PCE tuvo un papel protagonista en la negociación, en la que también participaron los demás partidos, evidentemente. Ante el enojo de Felipe González, Adolfo Suárez negociaba preferentemente con Santiago Carrillo. Los puntos principales del pacto fueron redactados por el director general de Política Económica, José Luis Leal, y el economista Ramón Tamames, entonces miembro de la ejecutiva del PCE, en un despacho de la Moncloa. Con menos del 10 % de los votos, Carrillo, antiguo militante socialista, profesional de la política con siete vidas como los gatos, intentaba dirigir la línea del PSOE desde el PCE. González se subía por las paredes y la UGT no quería firmar.

González se negó a crear una comisión de seguimiento del pacto, una comisión desde la que UCD y PCE podían seguir haciendo la pinza al PSOE. El joven líder socialista dijo que ya bastaba con la comisión de Economía del Congreso de los Diputados. «Y ahora, ¡que el gobierno gobierne!». González tenía prisa por llegar al poder, Suárez quería consolidarse como el nuevo gran estadista español y Carrillo quería enfrentar a la UCD y al PSOE para ganar tiempo, consolidar una imagen de moderación y responsabilidad y explorar las posibilidades de recuperación electoral del Partido Comunista, si la gente le perdía el miedo.

Suárez, hombre de gran ambición política, quería ir más allá del guion inicial de la transición. Pretendía consolidarse como gobernante de largo recorrido, con un cierto perfil de centroizquierda, con el control de la televisión pública, con las frases brillantes que le escribía su jefe de prensa, Fernando Ónega, y con aquella retórica populista que siempre había gustado a los falangistas. Suárez pactaba la moderación salarial con los comunistas, y la ejecutiva de UCD simuló que estudiaba la posibilidad de ofrecer un gobierno de coalición al PCE para poner nerviosos a los socialistas. Suárez atrasaba el ingreso de España en la OTAN, con el enojo de los norteamericanos. Suárez abrazaba al líder palestino Yasir Arafat, ante el estupor de los israelíes, que todavía no tenían relaciones diplomáticas con España. Suárez se comprometía, en los Pactos de la Moncloa, a invertir en el fomento de la escuela pública, ante el malestar de la Iglesia católica, que empezaba a arrepentirse de su neutralidad política en las elecciones de 1977. Suárez irritaba a los militares ultras, que lo consideraban un traidor por haber legalizado el PCE, cuando les había prometido lo contrario. El Estatuto de los Trabajadores enfurecía al presidente de la CEOE, Carles Ferrer Salat, un líder patronal de verdad. Los banqueros ya estaban hartos de Suárez y el rey no tardaría en hablar mal del hombre que le había resuelto la transición. Suárez tampoco gustaba a muchos compañeros de partido, más cultos y más ricos que él, como Joaquín Garrigues Walker. Los centristas ilustrados lo consideraban un escalador avispado. Una mesa, un teléfono, un paquete de Ducados y una tortilla a la francesa a la hora del almuerzo, con esto le bastaba, pero cada día el avispero se hacía más grande. Cómo pasa tantas veces, el personaje de un guion aparentemente controlado por los «de arriba» estaba adquiriendo vida propia. El hombre que se tenía que limitar a disolver las Cortes franquistas y convocar unas elecciones democratizadoras que legitimaran la monarquía ahora quería ser un estadista de centroizquierda haciendo manitas con los comunistas. Evidentemente, Felipe González se subía por las paredes.

Con menos del 10 % de los votos, Santiago Carrillo se lo pasaba muy bien en Madrid. Carrillo volvía a ser, esencialmente, un personaje madrileño. La prensa lo trataba con consideración. Emilio Romero, el más astuto de los viejos periodistas franquistas, decía que era el más listo de todos. Quería dirigir el PSOE desde el PCE y estaba convencido de que si era capaz de mantener la iniciativa política, con un perfil de moderación y responsabilidad, las siguientes elecciones serían más favorables a los comunistas en la medida en que la gente ya no les tendría tanto miedo (en las elecciones generales de 1979, el PCE llegaría casi al 11 %, con un aumento de veinte a veintitrés diputados). El precio a pagar era la desmovilización.

En los Pactos de la Moncloa, el PCE pactó una rebaja salarial del 8 %, al limitar el crecimiento de los salarios a un máximo del 22 %, cuando la inflación ya llegaba al 30 %. Comisiones Obreras aceptó el pacto con muchas tensiones en su interior. Al año siguiente, la inflación ya había bajado a la mitad, pero las condiciones materiales de vida de muchos trabajadores habían empeorado. Comisiones tenía muchas tensiones. No era fácil explicar la pérdida de valor de los salarios en las fábricas. Y todavía era más difícil tener que acompañar cada día a miles de trabajadores a las magistraturas del trabajo como consecuencia de los expedientes de crisis y los despidos. En el interior de Comisiones Obreras se empezó a gestar la crisis que el Partido Comunista viviría unos años después con consecuencias catastróficas para su continuidad.

Carrillo hacía de socialista en la Moncloa y de estalinista en su partido. (Suavicémoslo: dirigente autoritario poco dispuesto a escuchar críticas). Fernando Claudín, entonces editor de la revista *Realidad*, una de las mejores publicaciones de la transición, acusaba a su antiguo compañero y amigo de derechizar innecesariamente la política del PCE con el objetivo de frenar y retrasar una posible victoria del Partido Socialista. Oportunismo de derechas, según el viejo código leninista. Lo acusaba de practicar un eurocomunismo táctico, desmovilizador y autoritario, alejado del ejemplo italiano. En Roma, Milán y Turín en aquellos momentos había una gran preocupación por los efectos del secuestro y asesinato del presidente de la Democracia Cristiana, Aldo Moro, a manos de las Brigadas Rojas, un grupo de iluminados, probablemente manipulados por servicios secretos extranjeros, que invocaban el retorno a la lucha partisana. Mientras en España se pactaba la Constitución, en Italia se ponía fin a la política de «compromiso histórico». La centralidad política de la clase obrera entraba en declive, Margaret Thatcher empezaba a arrinconar a los sindicatos en Gran Bretaña, Leonid Brézhnev se eternizaba en Moscú, la economía soviética se paralizaba, estrangulada por un gasto militar inasumible y una burocracia muy ineficiente, la economía de servicios llamaba a las porterías automáticas de Occidente, los ordenadores empezaban a salir de los centros de cálculo para ir a las empresas, llegaban en masa las tarjetas de crédito, proliferaban los videoclubes y la heroína, los anticonceptivos se vendían en las farmacias, el consumo hervía y los socialistas de la rosa y el puño se preparaban para gobernar en todo el sur de Europa.

La nueva Constitución se pudo aprobar gracias al sacrificio salarial de los trabajadores industriales y a la operación Catalunya, consistente en mover el eje de la política catalana hacia la derecha, con el audaz reconocimiento del presidente de la Generalitat en el exilio. El jefe del SECED, teniente coronel Andrés Casinello, no solo se entrevistó con Felipe González y Alfonso Guerra en la habitación número 4 del hotel Meliá Princesa de Madrid, fue también a la localidad francesa de Saint-Martin-le-Beau, en el valle del Loira, para estudiar de cerca a Josep Tarradellas, presidente de la Generalitat de Catalunya en el exilio. Reconocimiento de la Generalitat a cambio de estabilidad política en Catalunya, mientras ETA hacía estragos en el País Vasco. Este era el plan, que se aceleró durante el verano de 1977, cuando Suárez constató con preocupación la victoria de las izquierdas en Catalunya, principalmente en la provincia de Barcelona, donde en cada taller había una sección sindical de Comisiones Obreras y se estaba empezando a reconstruir la CNT. El proceso autonomista catalán liderado por las izquierdas preocupaba a Suárez en la medida que podía ser una herramienta de presión en manos del PSOE, que mantenía vivo el pacto de unidad electoral con los socialistas catalanistas.

Suárez toma la iniciativa y acepta entrevistarse con Tarradellas en Madrid. La historia es bien conocida. La Generalitat es reconocida y Tarradellas vuelve a Barcelona como si fuera el presidente Kennedy. La historia da un vuelco. La transición se legitima. El autonomismo se acaba de poner de moda en toda España: ahora todo el mundo quiere estatuto. Tarradellas crea un gobierno de unidad que diluye la jerarquía de los partidos de izquierda en las elecciones del 15 de junio. Ahora todos están al mismo nivel en la mesa del patriarca venido del exilio. Las corbatas vuelven a ser obligatorias en el Palau de la Generalitat. Y la Catalunya moderada, la Catalunya que había convivido tranquilamente con el franquismo sin acabar de ser franquista, se adhiere de manera entusiasta a la figura presidencial de Tarradellas en la medida en que se convierte en garantía de orden. Para ser catalanista ya no hay que pasar por la oficina de reclutamiento de los partidos de izquierda, ni haber participado en la fundación de Convergència Democrática de Catalunya en Montserrat, ni haber sido socio de Òmnium Cultural, ni tener cuenta corriente en Banca Catalana. Basta con hablar bien del presidente Tarradellas. El rey reconoce a la Generalitat y Catalunya reconoce al rey. Ganan, otra vez, los posibilistas del Plan de Estabilización y la pandilla de Palafrugell. Gana el empresario Manuel Ortínez, gana el periodista político Carles Sentís, gana el periodista emocional Manuel Ibáñez Escofet, gana el economista irónico Fabià Estapé, gana, otra vez, el economista pragmático Joan Sardà Dexeus, asesor de Tarradellas en los Decretos de S'Agaró de 1937, gana el escritor Josep Pla, desde la sardónica distancia. Y habría ganado, con mucho, el historiador Jaume Vicens Vives, si hubiese seguido con vida. Sí, también ganó Vicens Vives.

Esta plataforma de orden será la base de la posterior victoria electoral de Jordi Pujol en las primeras elecciones al Parlament de Catalunya de 1980. Los amigos de Tarradellas querían una candidatura presidencial, a la francesa, pero el hombre de Saint-Martin-le Beau no deseaba volver a ser un hombre de partido, pese a la profunda antipatía que sentía por Pujol. La Catalunya moderada de la ciudad y del campo, que no quería que todo el poder político quedara en manos de la alianza de sindicalistas y jóvenes profesionales izquierdistas, dijo adiós a UCD; dijo gracias, presidente Tarradellas, y votó a Pujol. Los socialistas catalanes, con su gran afición por la figura del viejo presidente gaullista, tardaron años en hacerse una idea de lo que realmente había pasado. Miquel Roca lo definió con gran sagacidad, con su estilo tan propio, cuando la coalición Convergència i Unió reclutaba a los alcaldes eternos de la Catalunya comarcal: «No es lo mismo haber sido alcalde durante el franquismo que alcalde franquista».

1977 y 1978 fueron años de acuerdos decisivos y duraderos. Si queremos entender el presente, tenemos que seguir estudiando el significado de los Pactos de la Moncloa. Fueron años de pactos y de estragos. Mientras bajaba la inflación, subía el consumo de heroína.

NOCHE DE REYES

El día 6 de enero de 1981, los Reyes Magos dejaban una sorpresa en casa del eurocomunismo: la línea moderada era derrotada en el quinto congreso del PSUC. Después de algunos meses de discusiones apasionadas y de grandes maniobras internas, la línea eurocomunista dejaba de tener mayoría en Barcelona, ante la sorpresa de todos los renovadores del PCE, que miraban al PSUC como un modelo a seguir. Josep Miquel Abad, teniente de alcalde del Ayuntamiento de Barcelona y futuro organizador de los Juegos Olímpicos de 1992, era entonces uno de los principales exponentes de la línea moderada. El día 5 por la noche, Abad hizo de rey Gaspar en la cabalgata de Reyes, que acababa en la montaña de Montjuïc. Mientras se quitaba la capa, la corona y la barba rubia, un compañero de partido se acercó a la carroza del rey Gaspar y le dijo al primer teniente de alcalde del Ayuntamiento de Barcelona: «Josep Miquel, hemos perdido». Las tesis eurocomunistas acababan de ser derrotadas en el quinto congreso del PSUC, que se celebraba no muy lejos de allí, en el Palacio de Congresos de Montjuïc.

No es fácil explicarlo, pero podríamos resumirlo así: los sacrificios que impusieron los Pactos de la Moncloa provocaron una gran discusión y un fuerte malestar en el sindicato Comisiones Obreras, y este estado de ánimo saltó al interior del partido y alimentó una gran corriente de antipatía contra la figura de Santiago Carrillo, a quien se acusaba de autoritario y de un exceso de tacticismo moderado. Cuando el PSOE renunció formalmente al marxismo, Carrillo quiso que el PCE renunciara inmediatamente al leninismo. Felipe González tuvo que dimitir durante unos meses como secretario general del Partido Socialista para poder imponer por fin la renuncia al marxismo. Carrillo quiso liquidar el leninismo con leninismo: lo ha decidido el comité central y todo el mundo a obedecer. La adhesión al leninismo se convirtió entonces en un signo de protesta. Unos, por convicción; otros, como reivindicación de mayor democracia interna y como signo de la independencia del PSUC respecto al PCE. Había en realidad tres corrientes: los eurocomunistas puros, los llamados leninistas (partidarios de revisar la política moderada sin romper del todo con el signo eurocomunista) y los prosoviéticos. Gato viejo, Carrillo maniobró. No quiso intervenir en el congreso en nombre del PCE para defender la línea eurocomunista y envió en representación suya a Ignacio Gallego, reconocido prosoviético, favoreciendo así la derrota de las tesis moderadas.

¿Cómo se explica eso? Hay que tener un viejo manual de política para interpretarlo. Carrillo hizo este movimiento con un triple objetivo: debilitaba al PSUC, que ya no le daría más lecciones, dejaba fuera de juego el doctor Antoni Gutiérrez Díaz, que muchos renovadores veían como posible nuevo secretario general del PCE, y se consolidaba como principal titular de la línea eurocomunista para poder ajustar cuentas con los prosoviéticos, a los que estaba seguro de poder derrotar, puesto que los conocía bien (siempre las JSU). Primero os dejo ganar y después ya os meteré en cintura. Demasiado complicado para la gente de la calle en un país todavía despolitizado que empezaba a tener un sentido muy utilitario de la democracia. Votaré a quién trabaje bien para mí. En las ciudades de la periferia de

Barcelona, más del 30 % de los electores votaban al PSUC porque era el partido de la gente de Comisiones Obreras y de las asociaciones de vecinos, el partido de los que trabajaban para conseguir mejoras tangibles: un aumento salarial, una zona verde o una escuela en el barrio. Nadie quería la revolución, excepto cuatro gatos. Absolutamente nadie quería vivir como en Moscú, ni siquiera los prosoviéticos. Comunista, en aquel momento, significaba abnegado. Cuando en las agrupaciones del PSUC empezaron las discusiones por la intervención soviética en Afganistán, los electores se quedaron con la boca abierta y muchos empezaron a pensar que la próxima vez elegirían la papeleta socialista. Comunista empezaba a significar gente peleada. Señoras y señores, empezaba una feroz discusión sobre la identidad, ingrediente fundamental de la vida catalana. Estar a favor de la invasión de Afganistán significaba ser irreductible y amigo de la Unión Soviética. ¿Cómo se podía ser comunista e ir en contra de la Unión Soviética? Tenían razón. Estar en contra de la invasión de Afganistán significaba pensar en términos pragmáticos y expresaba también una intuición: la Unión Soviética había fracasado y lo mejor que se podía hacer era alejarse de ella. También tenían razón. El tiempo se la dio.

En pocas palabras, los comunistas que querían dejar de serlo admiraban a personas como MMM y querían huir de Brézhnev a toda costa. Los comunistas que no querían dejar de serlo admiraban a personas como MMM y creían que la Unión Soviética tenía que ser defendida por encima de todo y a pesar de todo, porque las fuerzas capitalistas la tenían bajo asedio. ¿Y que pensaba MMM? El mecánico de Badalona quería defender la Unión Soviética y mantener la unidad de su partido sin prescindir de nadie. Creía que la pieza todavía se podía ajustar si se acertaba con el método.

Entonces MMM tomó una decisión que rompía su norma monástica: aceptó un cargo. Aceptó la presidencia de la comisión de garantías y apelaciones, organismo encargado de velar por el cumplimiento de los estatutos. Era el primer cargo que aceptaba desde que perdió la discusión con Ramón Ormazábal en la prisión de Burgos. Las tres facciones lo aceptaron sin ningún voto en contra: solo MMM podía intentar regular la válvula de seguridad de un partido a punto de explotar. Los otros miembros de la comisión eran Narciso Julián, antiguo compañero de prisión en Burgos, el ferroviario que conducía el tren blindado del Quinto Regimiento en la Guerra Civil, el neurólogo Nolasc Acarín, Isabel Vicente, abnegada militante de la clandestinidad, detenida diversas veces, y el abogado Pere Comas.

RETORNO A BURGOS

El mes de marzo del 1981, Manuel Moreno quiso volver a Burgos. Habían hablado de ello varias veces con su amigo Nolasc Acarín, quien le acabó de convencer. Salieron hacia la ciudad castellana donde solo hay dos estaciones, el invierno y la estación del tren. Objetivo: localizar la tumba de Joan Comorera veintitrés años después de su muerte.

Fueron a las oficinas del cementerio de San José de Burgos, y con la ayuda de un marmolista averiguaron que el político catalán seguramente estaba enterrado en una tumba sin nombre en el «cementerio civil», reservado a los no católicos. El cura del cementerio les confirmó esta información y empezó a buscar en un libro de entradas del año 1958, un libro especial en el que solo figuraban los no cristianos. Y allí encontraron a Joan Comorera i Soler. Entrada 189. Sepultura número 4, fila 4, entrado el 9 de mayo de 1958. El marmolista los acompañó al «cementerio civil» y les indicó por donde tenían que empezar a contar para encontrar la sepultura número 4 en un espacio lleno de zarzas que tenía la forma de un campo de tenis. Bajo un rectángulo de cemento estaban los despojos de Comorera. MMM arrancó algunas flores de aquel jardín salvaje y las depositó sobre la tumba de Voltaire. Se quedó en silencio.

Benet Garriga fotografió el momento. Garriga, antiguo jugador de baloncesto, era amigo de juventud de Moreno. Un hombre amable, de una formalidad extrema, siempre con corbata, siempre con una cámara colgada al cuello. Fotografiaba todos los momentos interesantes. Benet Garriga podía haber interpretado el papel de un agente de los servicios secretos checos en una película de espías. Detrás de aquella máscara de extrema formalidad había un hombre valiente. Había hecho la guerra como enfermero del Servicio de Transfusión de Sangre creado por el doctor Frederic Duran i Jordà, un gran innovador que encontró la manera de conservar y transportar sangre para las transfusiones en el frente. Ayudando a los doctores Duran i Jordà y Moisés Broggi, había conocido al médico canadiense Norman Bethune, que también trabajaba en la creación de las primeras unidades médicas móviles. Acabada la guerra española, Bethune se unió a la Larga Marcha de los comunistas chinos, operando heridos y haciendo transfusiones de sangre. Mao le dedicó un libro y es considerado un héroe de la República Popular China. Garriga recordaba aquel tiempo como la gran experiencia de su vida. Aquel hombre formal, aseado y diligente, con la cámara fotográfica siempre colgada al cuello, había sido un activo colaborador de la estructura del PSUC. En su casa, fuera de toda sospecha, habían pasado largas temporadas Miguel Núñez y otros dirigentes comunistas clandestinos.

Volviendo a Barcelona, Acarín planteó la posibilidad de gestionar el traslado de los restos de Comorera a Catalunya, pero Moreno se opuso. Temía que el traslado se convirtiera en un motivo de peleas y alguien quisiera explotar políticamente sus huesos. Propuso hablar con los descendientes de Comorera, informarles de que la tumba estaba localizada y pedirles permiso para poner una lápida de mármol en la sepultura número cuatro del cementerio civil de San José. Los familiares estuvieron de acuerdo y el señor Juan Fernández, marmolista de Burgos, terminó una lápida que decía: «Joan Comorera i Soler. Consejero de la Generalitat de Catalunya. Secretario general del Partido Socialista Unificado de Catalunya. Cervera, 1894 - Penal de Burgos, 1958». Un año más tarde, en marzo de 1982, volvieron a Burgos para comprobar que todo estaba en orden. Se encontraron con una sorpresa: el zarzal se había transformado en un lugar limpio y aseado, con grava en el suelo y un cartel con el nombre de «Cementerio Civil». El pequeño cementerio donde en 1936 habían sido fusilados un grupo de antifascistas burgaleses estaba lleno de flores y una escultura de hormigón conmemoraba los hechos. MMM depositó un ramo de claveles rojos sobre la lápida. Se había cumplido lo que consideraba un deber.

Al salir, dieron una vuelta por una pequeña colina desde donde se veía la prisión central de Burgos, con las galerías y los patios. A MMM solo le quedaba un año de vida y dos libretas verdes.

TODO SE HA PERDIDO

Mientras su padre intentaba evitar que el PSUC explotara, Felip Moreno Sarriera murió una tarde de invierno de 1981. Gravemente afectado por la esclerosis múltiple, Felip apenas se podía mover, tendido en la cama. Su compañera Nuria, que lo cuidó abnegadamente durante toda la enfermedad, trabajaba, y era su madre la que le hacía la comida. Todavía podía mover las manos para encender un pitillo. Fumaba mucho. Un pitillo se le cayó de los labios y fue a parar a la almohada. Cuando su madre, que dormía la siesta en otra habitación, se dio cuenta, la cama ya estaba envuelta en llamas. Una muerte terrible que hundió a su padre. Los hundió a todos. Perdía al hijo a quien no pudo ver crecer y la causa a la que había dedicado toda su vida se estaba degradando. Se mantuvo en pie, sin embargo. Eje vertical sobre la tierra. Ese modo de andar flexible, rápido y la mirada siempre hacia delante, una mirada que ahora era triste.

El PSUC no se pudo ajustar. Solo un gran pacto interno entre las tres facciones lo hubiera podido salvar. Un pacto que reconociera la existencia de corrientes y que estas supeditaran sus divergencias a la unidad: lo que ha sabido hacer el Partido Socialista Obrero Español desde el día en que lo fundaron, con notable éxito histórico. Las corrientes estaban prohibidas en los partidos comunistas, puesto que entraban en contradicción con el principio leninista del centralismo democrático, según el cual la minoría tiene que aplicar los acuerdos de la mayoría. Los italianos, siempre imaginativos –hecha la ley leninista, hecha la trampa romana–, funcionaban con tendencias: no estaban formalmente reconocidas, pero existían. El Partido Socialista Unificado de Catalunya estalló no por obra del KGB ni de la CIA, sino a consecuencia de sus contradicciones internas y por la ausencia de un grupo dirigente con una fuerte voluntad unitaria.

No había suficiente voluntad de continuidad en una situación totalmente adversa. La alianza militante de los obreros y los profesionales se rompía. La alianza de la gente del centro y la gente de los barrios en las ciudades de la periferia de Barcelona se resquebrajaba. Una importante agregación interclasista empezaba a agrietarse en la sociedad catalana. Los geólogos no dieron suficiente importancia a esa grieta y hoy estamos como estamos. No solo se estaba apagando el PSUC, diez años antes del derrumbe de la Unión Soviética: empezaba el tiempo de las grandes fracturas tras el entusiasmo unitario del final del franquismo.

La continuidad de las organizaciones políticas es muy difícil. Solo tres partidos antiguos perviven hoy en España con notable protagonismo público: el PSOE, el Partido Nacionalista Vasco y Esquerra Republicana de Catalunya. El PSOE pasó casi cuarenta años hibernado, hasta que un grupo de jóvenes socialistas sevillanos tuvieron la acertada intuición de sacar las históricas siglas de la nevera, sin el lastre del exilio: el partido viejo se convertía en el partido nuevo. Esquerra Republicana, que nació como una federación de ateneos y *casals* republicanos, ha tenido fases de gran desorden y de muy baja intensidad, pero ha podido revivir, y en estos momentos lucha por ser la principal fuerza política catalana con el estandarte del independentismo pragmático. El Partido Nacionalista Vasco, el último partido analógico de España, aguanta fuerte como una roca en una comunidad de dos millones de habitantes, después de dos escisiones, la de los jóvenes que se fueron a ETA en los años setenta y la de Carlos Garaikoetxea en los años ochenta. El PCE también sigue vivo, ha sobrevivido muy escondido entre los pliegues de Izquierda Unida y ahora reaparece con dos ministros en el gobierno de España, actuando como estabilizador de la coalición Unidas Podemos. Pero lo importante no son las siglas. Lo importante son los surcos. Todos los surcos de los últimos ochenta años siguen abiertos en España: el surco de los «nacionales», la derecha reaccionaria siempre dispuesta a conspirar contra la democracia cuando las cosas se complican; el surco de una derecha interesada en Europa pero a la que le cuesta entender a Europa (sobre todo ahora que Europa ya no se entiende a sí misma); el surco del PSOE; el surco que abrió el PCE y que ahora continúa UP; el surco del nacionalismo catalán y el surco del nacionalismo vasco.

El PSUC murió en 1981 y no volverá. La sociedad catalana tiene una significativa tendencia a sacarse rápidamente de encima a las personas, las ideas, las organizaciones y los productos que ya no encajan con la demanda de la clientela. Mentalidad mercantil: los productos que ya no tienen salida, fuera del escaparate. Hoy en Catalunya nadie ha sido nunca franquista, ni comunista, ni pujolista. Es maravilloso. Hoy todo el mundo tiene un abuelo que era de Esquerra Republicana. En 1981 el comunismo ya no tenía salida y los jóvenes profesionales del PSUC empezaron a marcharse. La derrota congresual del eurocomunismo fue la gran excusa. Cinco años después explotaba la central nuclear de Chernóbil y lo que quedaba del prestigio de la URSS se convertía en una nube radiactiva. Los obreristas se equivocaron gravemente: solo con la continuidad de unas siglas históricas podían haber evitado que sus posiciones se volvieran marginales en la sociedad catalana en un corto periodo de tiempo, como así pasó. La política no es el punto fuerte de los catalanes, a pesar de su extraordinaria pasión por la política sentimentalizada.

Palmiro Nicola Togliatti, *Ercoli*, ya avisó al Komintern en un informe del año 1938 sobre la situación en Catalunya durante la guerra: «Las dificultades en Catalunya derivan por un lado de la incomprensión de la cuestión nacional por parte de los socialistas españoles (falta de tacto en las relaciones entre el gobierno central y el de Catalunya, tendencia a resolver los problemas con medidas administrativas...), y por otro lado por el hecho de que la Generalitat, de manera más o menos abierta, por exceso de susceptibilidad nacional o por mala voluntad, sabotea las medidas adoptadas por el gobierno central para la solución de problemas vitales... El PSUC es un partido de tendencia nacionalista pequeñoburguesa, muy infiltrado por la masonería...».

1981. Los prosoviéticos han creado su propia estructura y empiezan a ser expulsados por trabajo faccional. MMM se niega a ratificar la expulsión de Pere Ardiaca, el más destacado dirigente del ala pro Moscú, antiguo compañero de prisión, el hombre que apoyó a Ormazábal durante la discusión de Burgos. Ardiaca era el presidente del PSUC y su expulsión solo podía ser decidida por un congreso. Con este argumento, de gran pulcritud democrática, MMM dimitió como presidente de la comisión de garantías y pidió la baja como militante del PSUC después de haberle dedicado la vida entera. (También dimitieron Narciso Julián, Nolasc Acarín e Isabel Vicente). Todo se había perdido. Unos meses después, Ardiaca citó a Moreno en una cafetería de la plaza Urquinaona de Barcelona. Le agradeció su gesto y le ofreció un lugar en el comité central del Partido de los Comunistas de Catalunya, que estaba a punto de celebrar su congreso fundacional. Moreno, que acudió a la cita acompañado de su amigo Acarín, deseoso seguramente de tener un testigo de la conversación, respondió: «Gracias, yo ya he tenido suficiente».

MMM se fue para no tener que expulsar a sus compañeros, y Ramón Ormazábal expulsaba a destajo en 1981. El doctor Roberto Lertxundi quiso fusionar el EPK con Euskadiko Ezkerra para crear un nuevo partido de la izquierda vasca, independiente de cualquier organización española, y el PCE lo consideró como una agresión que ponía en peligro su propia existencia. Ormazábal expulsó a todos los «nacionalistas», mientras en el PCE empezaba la revuelta de los renovadores. El espectáculo de las expulsiones acabó de hundir socialmente a un partido que había quedado fuera de juego después de la dimisión de Suárez y el intento de golpe de estado. Había llegado la hora de los socialistas.

Imperturbable, Santiago Carrillo dimitió después del desastre electoral del 28 de octubre de 1982, intentando controlar a su sucesor, el minero asturiano Gerardo Iglesias. Después de quedar en minoría, fundó su propia organización, el Partido de los Trabajadores de España, el nombre que le había recomendado Ramón Tamames algunos años atrás. Sus seguidores más fieles acabaron pidiendo el ingreso en el PSOE, lo que él no quiso hacer por razones biográficas que no son difíciles de imaginar. Se quedó en la puerta. Protegido por la capa de nicotina de los pitillos Peter Stuyvesant que fumaba sin cesar, Carrillo vivió con lucidez hasta los noventa y siete años. Hacía de comentarista político en la radio y la gente lo escuchaba con suma atención. Decía cosas interesantes y los fue enterrando a todos. Murió en 2012.

Ramón Ormazábal murió en 1982 de un ataque al corazón mientras trabajaba en el despacho. Su entierro fue presidido por el lehendakari vasco Carlos Garaikoetxea, con asistencia de representantes de todos los partidos políticos.

Manuel Moreno Mauricio enfermó en otoño de 1982. Un día se perdió por Barcelona: no sabía donde estaba, no encontraba el camino para volver a casa. Un tumor cerebral incurable lo extinguió en pocos meses. Sus amigos no lo dejaron solo. Los doctores Antoni Barberà y Nolasc Acarín, Núria Estadella —a quien tanto admiró y quiso—, Josep Gual y Benet Garriga, Jaume Caballé —el enciclopédico Caballé, perspicaz, rápido, por quien sentía una especial admiración—, el cenetista Matías González y tantos otros estaban muy a menudo con él.

Un día pidió visitar las pistas de atletismo que el primer ayuntamiento democrático de Badalona estaba construyendo en las afueras de la ciudad. Acompañado por el doctor Barberà, quiso recorrer, andando, toda la pista. Estaba muy débil, en algún momento estuvo a punto de caerse, pero pudo hacer la vuelta entera. Al acabar, el presidente fundador de la Unió Gimnàstica i Esportiva, el ajustador de la prisión de Burgos, con lágrimas en los ojos, dijo: «Ahora ya puedo morirme». Se fue el 28 de enero de 1983.

(El 26 de septiembre de 1983, a las doce y cuarto de la madrugada, en el centro de mando de la inteligencia militar soviética, el teniente coronel Stanislav Petrov vio la señal de un misil norteamericano en el monitor. Los sensores de un satélite militar soviético avisaban de que los norteamericanos habían disparado un misil intercontinental desde la base de Malstrom, en el estado de Montana, que en veinte minutos llegaría al territorio de la Unión Soviética. Al poco rato, los ordenadores avisaron del lanzamiento de cuatro misiles más. El teniente coronel Petrov tenía la obligación de avisar a sus superiores y estos habrían tenido que comunicar inmediatamente con el secretario general Yuri Andrópov, que en aquellos momentos estaba siendo sometido a una sesión de diálisis en una clínica de Moscú. Con aquella información, Andrópov habría dado la orden de ataque. Petrov no levantó el teléfono. Había estudiado los sistemas de alerta y sabía que podían cometer errores. Le extrañaba que un ataque nuclear norteamericano empezara solo con cinco misiles. Decidió esperar y pocos minutos después descubrió que era una falsa alarma provocada por una extraña conjunción entre la Tierra, el Sol y la posición del satélite militar. No levantó el teléfono y nadie apretó el botón. «La gente no empieza una guerra nuclear solo con cinco misiles», declaró Petrov).

EL PUENTE SE HA ROTO

El día que enterramos a MMM el cielo estaba cubierto por un espeso forro. Desde el cerro del Cementiri Nou todas las gamas del gris dibujaban el paisaje de una ciudad alargada con fábricas a orillas del mar. Un mar sucio, hostil y existencialista. Daban personalidad a la perspectiva, el largo Pont del Petroli, cuando todavía no era un plató cinematográfico, y más allá, la altura de las tres chimeneas de la central térmica, cuando todavía no eran una catedral de hormigón desnuda. Sábado por la tarde. El paisaje era duro y alrededor del féretro pugnaban el respeto, el orgullo y la vergüenza.

El respeto ante la colosal odisea del difunto. El orgullo de haberlo conocido. Y la vergüenza por el estropicio. Los comunistas que querían dejar de serlo y los comunistas que no querían dejar de serlo se pusieron de acuerdo aquel día. Presidirían el funeral la familia y los amigos más íntimos y no tomaría la palabra ningún dirigente. Los comunistas que no querían dejar de serlo llevaron el ataúd a hombros hasta el coche fúnebre y los comunistas que querían dejar de serlo se encargaron del recordatorio, un texto muy emotivo del poeta Josep Gual Lloberes, con una cita del discurso de Gabriel García Márquez el día que recogió el premio Nobel de Literatura. Una foto de

Pere Ruzafa inmortalizaba a MMM: de perfil, dialogando con el método, como si estuviera a punto de tomar la palabra. Un perfil duro, metalúrgico, esculpido por la adversidad. Manuel Vázquez Montalbán pronunció la oración fúnebre con aquella voz fuerte y gruesa que lo caracterizaba. El arte de Manuel Vázquez Montalbán con las palabras: «Despedimos hoy al hombre que no se quiso poner de puntillas en la foto de la transición».

Recuerdo muy bien el parlamento de Manuel Vázquez Montalbán en el cementerio del barrio de Pomar, su voz y aquel juego de palabras que desafiaba a algunos de los presentes. Y recuerdo el puño levantado de Maria Sarriera, un puño levantado de los de antes, sin estirar el brazo, sin imitar el de los boxeadores, sin amenazar a nadie, encogiendo el brazo y cerrando la mano. Sin querer golpear las nubes, Maria Sarriera, pequeña dentro de un abrigo que le llegaba a los pies, se despedía de su marido. La mirada desvalida, frágil superviviente de un dolor oceánico, dentro del cual nunca pudo prever la fuerza de las olas. Aquel puño cerrado no amenazaba a nadie, pero lo reclamaba a él, ya inerme dentro de la caja. Le decía: «Estoy aquí, yo también, y en medio de mi niebla he estado contigo».

Las nubes ocultaban aquella tarde el mar, lo ennegrecían, Pasternak. Aquella fue una tarde de lágrimas y presagios. Lo recuerdo muy bien, Yefgraf Aleksandrovic Zhivago, comisario del pueblo, hombre recto, valiente entre los valientes, orgullo de hierro, curioso impenitente, anhelante de las vidas que no viviste en aquellas tardes en casa del doctor Acarín, cuando escuchabas a Schubert y a Pink Floyd. Meticuloso con el metal impuro, delicado con las señoras. Recuerdo tan bien aquella tarde indómita que ahora mismo te diría: nieva en la Rambla de Badalona.

Aquella tarde, en mi recuerdo, se acaba una época. La época militante. Al día siguiente salió el sol; o quizá no, quizá tardó algunos días más. Salió el sol y el país entró en el Mercado Común, y los excedentes alemanes permitieron sanear aquel mar sucio, alquitranado y existencialista. Las fábricas se fueron marchando hacia polígonos industriales, montaña arriba. Muchas cerraron. Las plusvalías inmobiliarias empezaron a mover la vida a una velocidad excitante. Con la popularización de las tarjetas de crédito, la gente había perdido el miedo a endeudarse, aquel miedo intrínseco de la vieja clase obrera de no poder pagar el alquiler o la cuenta semanal de la tienda de víveres de la esquina. A la enorme seguridad que proporcionaba la entrada del país en la macroestructura europea, se sumaban ahora los simpáticos anillos del proyecto olímpico, estilizados por jóvenes diseñadores de Barcelona. Había proyecto. Había futuro. Había consenso. Nunca la entropía había estado tan controlada en la ciudad de las barricadas. Con la inflación finalmente sujeta, los salarios podían llegar a fin de mes relativamente tranquilos. La rueda del consumo funcionaba y un ministro socialista llegó a decir que España era uno de los mejores países del mundo para hacerse rico.

En la nueva economía de los ordenadores, sobraban obreros y faltaban profesionales. Informáticos, ingenieros, arquitectos, diseñadores... Incluso faltaron periodistas cuando el gran prestidigitador Jordi Pujol puso en marcha una ambiciosa televisión como signo de la potencia modernizadora del nacionalismo. También faltaban médicos, enfermeros, maestros y profesores cuando la deuda pública y los ingresos tributarios derivados del consumo y de las plusvalías inmobiliarias permitieron ampliar y mejorar los servicios públicos. Escuelas, institutos, universidades y hospitales lograban estándares nunca conocidos en una sociedad que durante siglos había tenido que protegerse a sí misma con el ahorro o la mutualidad familiar: vivienda de alquiler, el seguro de entierro, horas extras y el chico en la academia del barrio si no podías pagar la cuota de los maristas. Todo esto fue cambiando con la adoración nocturna de la deuda: vivienda en propiedad, hipoteca, hospital público, escuela pública, deuda pública. Control de la inflación y la erótica de la plusvalía: comprar y vender, comprar y vender, con políticas urbanísticas y de transporte pensadas para la gente, sin duda, pero también orientadas a mejorar siempre el valor de las viviendas. Una nueva vida. Era la hora de los profesionales. Los profesionales de la política, de la economía, de las finanzas, de la pequeña y gran tecnología, de la medicina y de la enseñanza que nos llevarían al siglo XXI. Y los profesionales de la información lo contaríamos. En las páginas de los periódicos no cabía más publicidad. Vi cosas que vosotros no creeríais durante esos años olímpicos: vi rechazar anuncios un sábado a las seis de la tarde porque el periódico ya iba lleno y la rotativa suiza, una de las mejores de Europa, ya no podía encartar más papel. Una nueva vida.

Cuando Chernóbil estalló en 1986, una nube de ceniza radiactiva acabó de convertir en marginal al comunismo militante. La Barcelona olímpica sin franquistas pasaba a ser ahora la Barcelona olímpica sin franquistas ni comunistas. Treinta y tantos años más tarde, después del estallido andorrano, ya no hay ni franquistas, ni comunistas ni pujolistas en la Catalunya transformista. Cada choque elimina siglas y personajes, pero los surcos, los surcos profundos, siguen existiendo. Una nueva vida después de Chernóbil. Los comunistas que habían querido dejar de serlo respiraban aliviados cinco años después del estropicio: habían intuido correctamente que aquella carcasa iba al desastre. Mikhaïl Gorbachov, hijo de la ilustración marxista y de la competición tractorista en los campos de trigo de Stávropol, en el norte del Cáucaso, pensó lo mismo y fue entonces cuando quiso acelerar los cambios en un imperio de fronteras interminables. Reformas políticas para intentar estabilizar un reactor fuera de control. Fue entonces cuando Deng Xiaobing, el astuto gato chino, dijo: «Gorbachov es un imbécil».

Cuando Chernóbil estalló, solo un recuerdo sentimental vinculaba el presente pragmático con el pasado militante. Una nueva vida. Aparecían caballitos de mar en los pilares de hierro del Pont del Petroli, inhóspito monumento del tiempo de las fábricas con el que nadie sabía muy bien qué hacer. Entonces fue cuando el pueblo, siempre sarcástico, bautizó con el nombre de Chernóbil la primera playa nudista de aquel litoral acabado de limpiar con excedentes alemanes, a la espera de los bloques de pisos olímpicos. La playa apartada donde todo era posible. Una nueva vida, transgresora y endeudada.

La deuda. La norma moral alemana, el nuevo dogma constitucional tras el derrumbe de Weimar y todo lo que vino después, nos obligaba a controlar la inflación, pero no nos avisó sobre los riesgos del endeudamiento. La mano derecha de los luteranos también ignora lo que hace su mano izquierda. Los bancos alemanes, intoxicados por las peores prácticas de la banca anglosajona, financiaron sin límite ni advertencia la demanda de créditos con la que se construía la nueva vida de los países del sur. El consenso político y social de sociedades potencialmente explosivas durante los años setenta, cuando el presidente Mao advertía al presidente Ford de que había que acelerar la entrada de España en el Mercado Común, estaba repleto de pólizas de crédito. La nueva hegemonía de los profesionales descansaba sobre un colchón de hipotecas. No tener deudas era reaccionario. Y entonces pasó lo que pasó.

Paseo ahora por las calles que reencontró MMM al salir de la prisión. Mis calles. Las sirenas ya no suenan a las seis de la mañana, porque hace ya muchos años que no hay fábricas. La primera en caer fue la de los Mercader, la enorme fábrica de tejidos donde jugaba de pequeño el asesino de Trotsky. La mujer del dueño, Caridad Mercader, montando a caballo por el patio de la fábrica, boquiabiertos los obreros, antes de convertirse en agente del NKVD. Ya no están las fábricas donde mi padre trabajó de cajero y contable antes de que la crisis del petróleo lo dejara sin empleo y retomara el oficio de panadero, aprendido de joven: panadero de infantería a los cincuenta años. Un compañero suyo de la oficina abrió un puesto de venta de caramelos delante de los salesianos. Otros abrieron pequeños comercios. Había pequeños intersticios, todavía. Ya no está el taller metalúrgico donde mi abuelo trabajó con MMM ajustando piezas con el torno, mientras esperaban la hora de ir a jugar a fútbol en la playa. Ya no queda ni uno de los talleres que crecieron como setas en estas calles después del Plan de Estabilización de 1959, cuando las fábricas no dormían y la ciudad se multiplicó por tres. Ya no está el taller de fundición que abrió Màrius Díaz antes de ser el primer abasto votado libremente después de la guerra. Ya no hay talleres porque la nueva vida se los llevó. Ya no hay talleres, los comercios se han concentrado en pocas calles y aquí y allá se ven los carteles de algunos despachos profesionales: un grupo de abogados, pequeños estudios de arquitectura, gestorías, fisioterapeutas. Los hijos que han estudiado.

Paseo por las calles donde vivieron el prisionero de Burgos y el hombre que redactaba el primer *Diccionari general de la llengua catalana* y todo es nuevo aunque sea viejo. Entremezclados, aquí vivían obreros y menestrales, comerciantes ricos y comerciantes pobres, el cerrajero, el encargado, el contable y el director de fábrica. Una pequeña república a orillas del mar. Una república de habla catalana con gente de Lorca y Vélez-Rubio. Estas calles nos cuentan ahora algunas cosas sobre lo que ha pasado con la nueva vida. Ya no se oye el ruido de las fresadoras ni el de las sierras mecánicas. No hay carros rodando por los adoquines ni camiones aparcados en las aceras. El estacionamiento de automóviles está prohibido. He aquí una república de peatones pensada para proteger las horas tranquilas y el valor de las viviendas. Cada casa es un tesoro. La más modesta debe de valer diez o quince años de trabajo. Los vecinos se han hecho mayores y las casas han rejuvenecido. Las herencias volverán a ser disputadas y el impuesto de sucesiones es la figura tributaria más discutida en la sobremesa de los domingos. Todo está dentro de las casas: el patrimonio y la conexión con el mundo.

Casa-oficina. Casa-taller. Casa-cine. Casa-central de comunicaciones. Casa-agit-prop. El pequeño bienestar, la competición y el delirio. Todo se hace desde casa: trabajar, distraerse y participar en alguna trifulca política. Casas intensas y, cada quinientos metros, un centro de relajación oriental, con sus varias disciplinas: yoga, taichí, shiatsu, acupuntura, meditación. Oriente nos enseña a ser pacientes. No desees y no sufrirás. Sé flexible como un junco y no te romperás. Respira bien y sé consciente del presente, porque mañana quizá se te acabará el contrato. La religión de la flexibilidad sustituye la religión del hombre que habla con Dios. Los mantras han echado al rosario, las series de Netflix están acabando con la lectura de libros, y Telegram ha convertido en arqueología las reuniones de célula de partido. Todo es líquido, pero hay realidades materiales muy contundentes en esta vida nueva que ha corregido la nueva vida: los salarios han bajado una media del diez por ciento después de la crisis financiera. Los salarios más bajos se han arruinado y el miedo se ha apoderado de las vidas de mucha gente.

La clase obrera se siente estafada y los profesionales empiezan a temer que los progresos técnicos también los dejen fuera de juego. El pequeño piso en propiedad, las pensiones y el abaratamiento relativo del precio de los alimentos sujetan la malla de la precariedad. La tecnología rebaja sueldos y algunos gastos básicos, y en esta nueva escala las ciudades se llenan de repartidores en bicicleta. Ya no hay intersticio para ir a trabajar de panadero a los cincuenta años. El capital ha ganado por goleada y ahora no sabe qué hacer con la victoria.

En la montaña mágica de Davos se habla, ni que sea de manera retórica, de la sostenibilidad del mundo. Vuelven los horizontes catastróficos, los grandes miedos, las utopías y el comunitarismo. Vuelven las batallas por la igualdad y el voto vengativo de quien ha dejado de creer en proyectos reformadores. El voto vengativo de la clase obrera que se siente estafada en toda Europa es un grito de socorro. No vuelve el comunismo, pero sí ecos del comunismo. No vuelve el fascismo, pero sí ecos del fascismo. Rusia y China se están acercando y eso explica el nuevo repliegue atlántico, la nueva sincronización entre Londres y Washington, con Europa entre dos fuegos. Batallas geopolíticas por el control del pivote central (lo hemos visto antes, recordémoslo: la teoría de Mackinder sobre la gran región central de la plataforma continental euroasiática, del Volga al Yangtsé, del Ártico al Himalaya). Todo eso nos queda muy lejos, sí, pero un día la plaza mayor de Badalona se llenó de pakistaníes que lloraban por el asesinato de la señora Benazir Bhutto. En el barrio donde estaban las fábricas ahora hay enormes almacenes chinos. Los rusos ricos pasan de largo, porque prefieren comprar buenas casas en la costa, más al norte.

Estamos dentro de un nuevo plan de estabilización, el tercero desde 1959, basado esta vez en la reducción neta de los salarios, sin descabezar pensiones, por ahora. Las batallas culturales licuan la tensión social, las redes excitan y al mismo tiempo hacen la función de las válvulas de vapor: sueltan tensión acumulada, de forma que los insultos digitales sustituyen a las agresiones físicas. No es mala noticia, la vida ha ganado valor. El país se ha civilizado, aunque algunos días no nos lo parezca. Tres planes de estabilización en sesenta años. El primero dejó entrar a capitales extranjeros y movilizó masivamente la mano de obra del campo hacia las fábricas de las grandes ciudades. El segundo aceleró la economía de servicios y el endeudamiento y llenó las universidades. El tercero intenta la cuadratura de un círculo casi imposible: no perder el último tren de la revolución tecnológica, pagar las deudas y evitar una fragmentación mayor entre la España con un cierto futuro y la España envejecida que se está despoblando. Todo dependerá de la consistencia de la Unión Europea en los próximos años. Si la actual fase equilibradora fracasa, España podría entrar en una deriva autoritaria explícita en los próximos tiempos. El primer plan de estabilización (1959) desorientó a los comunistas. El segundo plan (1977) se hizo con el apoyo activo de los comunistas. El tercer plan (2012-2015) ha situado a los nietos y a los sobrinos de los viejos comunistas al frente de un movimiento juvenil de protesta que nació sin una orientación política definida. Seis años después están en el gobierno de España, rompiendo las cláusulas de exclusión de la Guerra Fría. ¿Podrán ayudar a cuadrar el círculo?

La Cuestión, como decía Joan Comorera, sigue muy viva, condensando más pasiones que nunca. El independentismo catalán ha movilizado muchas energías en estos últimos diez años. Ha sido la utopía disponible en un momento de fuerte depresión. Ha sido un verdadero reavivamiento político tras muchos años de pasividad. Un movimiento de fantasía, socialización y recreo. Vitamina para muchos catalanistas de la tercera edad. Ha sido una fabulosa maniobra táctica de la clase dirigente nacionalista para garantizar sus posiciones de poder ante una ventolera social que podía habérsela llevado. El sueño de la insurrección y también la fantasía de poder convertir a Catalunya en una Gran Andorra. Ha sido un jaque al Estado. Ha sido la tumba del gobierno conservador español que gestionó la crisis económica. Ha sido un factor de división social importante: un estropicio muy difícil de reparar. Ha sido la derrota de algunas de las complicidades sociales que el PSUC intentó trenzar. Ha sido la confirmación de los temores que expresaban Pere Ardiaca y Miguel Núñez en su carta desde la prisión de Burgos en julio de 1964. Ha sido muchas cosas a la vez. Ha sido, en definitiva, la declinación catalana de la *malaise* europea.

Paseando por las calles donde vivieron el prisionero de Burgos y el autor del *Diccionari general de la llengua catalana* ves muchas banderas esteladas, pero también una pancarta en el campanario de la iglesia de Santa Maria que te llama la atención. Una pancarta dando la bienvenida a los inmigrantes. La pancarta más a contracorriente que hoy se pueda colgar en una ciudad europea, en la época de los miedos multiplicados. «Era forastero y me acogisteis», dice la sábana. Palabras de Jesús, según el Evangelio de San Mateo. La pancarta no cuelga del balcón del ayuntamiento, ni del Palau de la Generalitat, cuelga del campanario de una iglesia que fue quemada por los anarquistas en 1936. Quizá tenía razón Ramón Ormazábal cuando advertía a sus compañeros de Burgos, con toda su vehemencia, de que el concilio traía grandes cambios. Sesenta años después, la comunidad católica está siendo asaltada por las sectas evangélicas en todo el planeta y se está apagando en Europa. La sucesión del papa Francisco será una de las grandes batallas del siglo XXI. Centros de relajación oriental cada quinientos metros y una pancarta contracultural en el campanario de la parroquia. Todo ha cambiado.

Paseo por la Rambla de las palmeras que MMM reencontró después de diecisiete años de cárcel, la rambla equívoca que es paseo paralelo al mar. Una vez me contó que recordó muy intensamente este mar y estas palmeras estando a punto de morir en el bombardeo de Orleans. Los aviones norteamericanos descargaban bombas incendiarias y la cortina de fuego lo pilló cerca de la estación del ferrocarril, uno de los objetivos de la aviación aliada para bloquear los movimientos de las tropas alemanas antes del desembarco de Normandía. Volvió a soñar con este mar algunas noches frías de Burgos, mientras algunos de sus compañeros se acercaban a la ventana de la celda por si veían pasar el Sputnik. Le gustaba pasear por la Rambla.

Hay novedades en este mar. El temporal de levante ha roto el Pont del Petroli. El mayor temporal que se recuerda desde hace muchos años se ha llevado parte de una estructura de hierro y hormigón que lo había aguantado todo desde el Plan de Estabilización. La metáfora es tan potente que podríamos acabar aquí. El puente roto. Punto final de la odisea del mecánico de Badalona. Pero quizás sea demasiado fácil. No puedo acabar así, porque este no era su espíritu. No puedo acabar aquí porque todavía no lo he contado todo.

¿Qué fue de aquellas libretas verdes que lo acompañaban siempre en los últimos meses en la prisión? ¿Qué había en aquellas libretas? ¿Cuál era su secreto? Un día me las dejó ver. En aquellas dos libretas, MMM, perdedor de la gran discusión en la prisión de Burgos sobre Acción y Reflexión, sobre Aceleración o Acumulación de Fuerzas, transcribió con letra pequeña, clara y tipográfica los cuatro volúmenes de la *Historia Social y Económica de España y América*, coordinada por Jaume Vicens Vives. Cuatro volúmenes de Vicens Vives, el gran modernizador de la historiografía catalana, copiados con la letra más disciplinada del mundo, entre noviembre de 1963 y febrero de 1964, mientras los cursos de formación se iban a pique.

Todo esto se lo llevará el viento. Han pasado ya muchos años. Demasiados años. El nuevo siglo se afirma y a este relato que he intentado reconstruir, pieza a pieza, explicando de nuevo el significado de cada personaje y de cada episodio, se lo llevará el vendaval de las cosas nuevas. No hay espacio disponible para tantos recuerdos. Esta historia se va. Mientras tanto, recordad la consigna de un hombre que no se quiso rendir: aquí hemos venido a estudiar.

EPÍLOGO VÍRICO: MODESTA ESPAÑA

«¿Estás enfermo?», me preguntó Álvaro Palau, pocos días después de leer las primeras galeradas de este libro, en su versión original en lengua catalana. Mes de febrero. Álvaro y su padre Joaquim son los artífices de Arpa Editores. Joaquim es de mi generación, Álvaro nació en los años ochenta. «¿Estás enfermo?». Me heló el corazón, puesto que entendí que se refería a las últimas líneas del libro: «Todo esto se lo llevará el viento. Han pasado ya muchos años. Demasiados años. El nuevo siglo se afirma y a este relato que he intentado reconstruir, pieza a pieza, explicando de nuevo el significado de cada personaje y de cada episodio, se lo llevará el vendaval de las cosas nuevas. No hay espacio disponible para tantos recuerdos. Esta historia se va...». Irónicamente, la voz más joven de Arpa me estaba preguntando si este libro era una despedida.

No he perdido la salud, afortunadamente, pero de alguna manera he enfermado. Todos hemos enfermado, en una medida u otra. Todos los que seguimos en el mundo de los vivos, todos los que no hemos pasado por el duro trago de la hospitalización, todos los que hemos tenido la suerte de no perder a ningún ser querido, también estamos trastornados, aunque nuestro dolor sea más soportable. El alma se nos ha encogido, porque, ahora sí, hemos dejado atrás las guías del siglo XX, sin saber lo que viene. «El nuevo siglo se afirma», escribí en enero. El nuevo siglo se está afirmando de forma descarnada, salvaje. El nuevo siglo ya se pertenece plenamente a sí mismo, sacándose de encima los relatos, los sentimientos, las épicas y las mitologías del siglo anterior. Quincallas de la memoria. Todo lo que fuimos se lo llevará por delante el vendaval de las cosas nuevas.

Sensación de desgarro. No es solo la reaparición de la muerte por la puerta principal. No solo es el miedo al contagio, el riesgo de colapso de los hospitales, el confinamiento de más de medio mundo, la brusca paralización de la globalización y el hundimiento parcial de la economía (no sabemos por cuánto tiempo). Es un desgarro que va más allá del paro y de la masificación de la precariedad. No solo es la creciente violencia verbal en las discusiones públicas, la acumulación de malos presagios y el augurio de tiempos peores. Es también la certeza de que acaban de ser arrancados de cuajo los anclajes que todavía nos unían al mundo de ayer.

En los últimos párrafos de este libro aparece el Pont del Petroli de Badalona, un lugar que forma parte del paisaje de mi infancia. Mis bisabuelos, antiguos payeses de la Catalunya interior, se mudaron a esta ciudad de la periferia de Barcelona después de la inauguración de la primera línea de tren en la península, que unía la gran ciudad con Mataró. Alrededor de aquella vía férrea de veinte kilómetros proliferaron las fábricas y los transportes de mercancías. Mis bisabuelos vendieron todo lo que tenían y compraron un terreno cerca del mar en el que edificaron una casa enorme que servía de vivienda y almacén. Transportaban mercancías entre las fábricas y la estación del tren, criaban gallinas y almacenaban vino. Labores industriales y el eco de las labores agrícolas, cerca del mar. En aquella casa pasé muchos sábados de mi infancia, muy cerca de un viejo pantalán a través del cual los petroleros suministraban combustible a unos grandes depósitos de la compañía

Campsa. Ese pantalán era conocido en toda la ciudad como el Pont del Petroli. Con las olimpíadas de Barcelona toda aquella zona costera cambió vertiginosamente. El vendaval de las cosas nuevas se llevó por delante la casa de mis bisabuelos, expropiada para la construcción de un vial, y estuvo a punto de desguazar el Pont del Petroli, salvado en el último minuto por un movimiento vecinal que reivindicaba la memoria de la ciudad industrial. Transformado en pasarela para adentrarse en el mar sin necesidad de caminar sobre las aguas, el Pont del Petroli se convirtió en uno de los lugares más visitados del litoral de Barcelona, un mirador maravilloso, escenario de muchos spots publicitarios, películas y grabaciones televisivas.

El vendaval de las cosas nuevas. A finales del pasado mes de enero, la borrasca Gloria se llevó por delante la pasarela marítima más fotografiada en los últimos años. Dos días de fuerte oleaje rompieron el pantalán, dejando aislada la plataforma que lo remataba en forma de mirador. Nunca antes las olas habían logrado abatir aquella vieja estructura petrolera. Los ingenieros llegaron a la conclusión de que el pantalán se había roto a causa de las sólidas tablas de madera que lo convertían en elegante pasarela. Las tablas taponaron la furia del oleaje, hasta que la energía cinética pudo más que la resistencia de algunos pilares. Gloria rompió anclajes. El viejo pantalán, solo ocupado por una tubería y con muchos espacios vacíos, dejaba que los temporales se desfogasen. He ahí una lección: cuando las furias de la historia se desatan, es peligroso querer taponarlas.

Antes de concluir el libro tuve la sensación de que la rotura del Pont del Petroli presagiaba algo. «El mayor temporal que se recuerda en muchos años se ha llevado por delante una estructura de hierro y hormigón que lo había aguantado todo desde el Plan de Estabilización. La metáfora es tan potente que podríamos acabar aquí». Eso escribí a finales de enero, sin saber lo que de verdad se nos venía encima. Un aviso. Una señal.

Un presagio. Durante las noches más negras de estos meses de confinamiento he pensado mucho en el paisaje de mi infancia, cuando la playa estaba asquerosamente contaminada y el aire contenía una extraña mezcla de salitre, residuos sulfurosos de la fábrica química Cros y notas provenzales de los granos de anís puestos a secar al sol en el patio de la vecina destilería del Anís del Mono. Allí me crie, por allí vi pasar los últimos carruajes tirador por caballos, desde allí asistí a la hegemonía del camión, y ahora me atormenta la imagen del puente roto. El mirador, roto y aislado en medio de las olas, convertido en una fantasmagórica plataforma petrolera de película de terror. El espíritu de la ciudad aprisionado entre aquellos hierros, sin poder volver a tierra. Un presagio. Una señal. Han pasado algunas cosas en Badalona durante estos meses de confinamiento. Han salido en los periódicos.

Un aviso. Una señal. Una realidad. Como consecuencia de la epidemia se están tambaleando pilares que lo habían aguantado todo desde el Plan de Estabilización de 1959. Pilares que he intentado describir en este libro. El turismo y las inversiones extranjeras, dos bases fundamentales del plan económico ideado por Joan Sardà Dexeus y los tecnócratas del Opus Dei protegidos por el almirante Carrero Blanco, están hoy pavorosamente amenazadas por la paralización de la movilidad humana y la ralentización del comercio internacional. Pueden ser afectaciones pasajeras, puesto que nuestro futuro hoy depende de la seguridad con la que los humanos podamos relacionarnos en los próximos años. Viviremos angustiosamente pendientes de la posibilidad real de que los científicos hallen una vacuna que detenga de manera eficiente la propagación del coronavirus. Mientras eso no ocurra, dos pilares básicos de la liberalización de 1959 corren serio riesgo. La España moderna se ha construido sobre esas dos bases: un flujo constante de ingresos derivados del gasto de los turistas y la inversión de los capitales extranjeros, primero en la industria, después en los servicios.

Desde la revolución rusa de 1917 que empujó al general Miguel Primo de Rivera a tomar el poder, mientras el fascismo emergía en Italia, la historia contemporánea de España es una sucesión de shocks. El crac del 29 envió a la monarquía al exilio, abrió las puertas a la República y podríamos decir que favoreció la Guerra Civil. La colosal convulsión que supuso la Segunda Guerra Mundial cambió las formas del mundo de tal manera que una dictadura que había colaborado activamente con Hitler halló una vía de salvación como baluarte anticomunista. La autarquía podía haber hundido España en la miseria, pero Sardà Dexeus y sus protectores le ofrecieron a Franco una vía de salida, convencidos de que España solo podía escapar del drama mediante una liberalización de la economía que estimulase la creación de una clase media similar a la que estaba sosteniendo a las demás democracias europeas. La dictadura agonizó mal como consecuencia del shock de los precios del petróleo de 1974, represalia de los países árabes por el apoyo occidental a Israel en la guerra de Yom Kipur. Las protestas obreras por el encarecimiento del precio de la vida pusieron en crisis los planes para una transición lenta hacia un régimen de libertades controladas. Juan Carlos de Borbón tuvo que prescindir de Carlos Arias Navarro y encargar la aceleración de las reformas al telegénico Adolfo Suárez. Se cumplieron las profecías de Claudín y Semprún: lo hemos leído en este libro. Suárez pactó con los comunistas el Plan de Estabilización de 1977 (Pactos de la Moncloa) y la recaída de 1980, un nuevo encarecimiento de los precios del petróleo como consecuencia de la revolución iraní, provocó una segunda ola de cierre de empresas, que se llevó por delante a un Suárez odiado por la derecha y a un Santiago Carrillo contestado por los suyos. Ganaron, con holgura, los socialistas, los socialistas de Prieto, rejuvenecidos por Felipe González. El ingreso en el Mercado Común nos ofreció una buena etapa de bienestar que desembocó en las privatizaciones de los monopolios públicos y en la orgía inmobiliaria del alto aznarato. El shock yihadista se llevó por delante a Aznar en 2004 y el shock financiero del 2008 hundió el socialismo costumbrista de José Luis Rodríguez Zapatero. Y ahora, un nuevo shock nos dice que el nuevo siglo ha decidido afirmarse brutalmente y que va a jugar a los dados con la modesta España.

Desprovista de una fuerte base industrial, como consecuencia de la crisis del petróleo de 1974 y de las disciplinas competitivas que nos impuso el ingreso en el Mercado Común, la economía española posterior a 1986 es como un barco de vela en medio del mar, lejos del destartalado Pont del Petroli. Si sopla el viento, las velas se hinchan y la nave avanza, incluso a gran velocidad. Si la fuerza motriz de los capitales extranjeros se detiene, la nave puede quedar a la deriva. Y si falla el turismo, la embarcación puede naufragar.

Vuelve la modesta España. Habrá que retomar esta expresión, que no es insultante, ni ridícula, puesto que la modestia no es humillación, ni resignación. La modesta España se enfrenta a uno de sus momentos más difíciles desde 1959. Está en juego todo: la Unión Europea, la continuidad del euro, las posibilidades de rehacer el país sobre las bases de una economía productiva, de enderezar la situación sobre las bases de una economía basada en la legalidad, las posibilidades de mantener un contrato social decente, el futuro de las nuevas generaciones y el futuro de la convivencia civil. Puede estar en juego el futuro de la democracia, tal y como la hemos conocido estos últimos cuarenta años, desde el día en que el Partido Comunista de España aceptó la monarquía a cambio de su legalización. Es escalofriante.

Nos enfrentamos, no sabemos por cuánto tiempo, a una extraña posguerra. El único pilar de 1959 que se mantiene robustamente en pie es el de la defensa. Pase lo que pase en los próximos tiempos, España seguirá siendo una pieza fundamental del esquema de seguridad occidental en un contexto de crisis profunda de las relaciones internacionales, y con una notable incertidumbre sobre el futuro de los países del norte de África. Gibraltar, Rota y Morón de la Frontera, estos son los tres nombres de los anclajes realmente existentes. España, toda ella, es Occidente. España, toda ella, formaría parte del consulado norteamericano en Europa si algún día la Unión se viniese abajo. Así quedó escrito en las conferencias de Yalta, Teherán y Potsdam y los términos materiales de esos contratos no han prescrito. Quienes intentaron añadir a esos contratos una cláusula democrática para España en los años cuarenta fueron fusilados, tuvieron que permanecer en el exilio o acabaron pasando frío en la cárcel de Burgos mientras el primer Sputnik surcaba los cielos una noche de octubre de 1957. Este libro intenta explicarlo.

Como en los tiempos de la primera guerra fría, la vecina Italia volverá a ser rótula entre los intereses occidentales y orientales. Lo hemos visto durante el confinamiento: la insólita imagen de una columna de camiones militares rusos yendo de Roma a Milán con un centenar de especialistas de la brigada de desintoxicación nuclear, química y biológica enviada por el Kremlin; los médicos chinos que llegaron desde Pekín con gran aparato propagandístico, más los médicos cubanos de la brigada internacionalista de La Habana. Italia, pasarela de la moda y pasarela de la lucha entre bloques. Ninguna de esas tres imágenes se dio en España durante los días trágicos en que los hospitales amenazaban con el colapso. Italia vuelve a ser el país bailarín del sur de Europa. Un país bailarín con un potente distrito industrial en el norte. La modesta España está más atada a la disciplina occidental, con menos industria. Conviene tener muy claro este mapa.

El nuevo siglo se afirma. El virus ha querido matar todo lo que le parecía viejo, pero lo viejo siempre reaparece en lo nuevo. Vuelve la discusión de 1962. ¿Hacia dónde van los cambios cuando apenas sabemos que un tremendo destrozo está perforando las entrañas de la sociedad? ¿La epidemia nos traerá un esperanzador cambio de época, como afirman algunos profetas, y también algunos vendedores de humo, o un brutal endurecimiento de las relaciones de poder ya existentes, con la ayuda de toda la panoplia tecnológica? ¿Se perfilan nuevos horizontes abiertos a una nueva creatividad humana, o asistiremos a un embrutecimiento social sin precedentes desde el final de la Segunda Guerra Mundial bajo el manto de la higiene, la asepsia y el teletrabajo? Volvemos a discutir a ciegas sobre el futuro, sin disponer de toda la información necesaria, como los presos de Burgos en 1962. A ellos les faltaban datos, a nosotros nos ahoga el exceso de datos. Hay quien imagina revoluciones: este es el país de las revoluciones pendientes. Hay quien cree que asistiremos a un nuevo despertar. Podríamos contentarnos con que, dentro de unos años, las principales actividades económicas de este país sigan basadas en la legalidad. Una fuerte irrupción de la economía opaca en las zonas más deprimidas de España puede ser el mayor peligro a medio plazo, si el sur de Europa se hunde en el marasmo de la deuda. Existe el riesgo de estrechar los peores lazos posibles con las economías ilegales de Latinoamérica y otras zonas del planeta. Un país embrutecido: este puede ser el fascismo que nos amenace. El ciclo de 1959, nunca interrumpido por ninguna socialización de los medios de producción, puede cerrarse mal. El nuevo siglo se afirma y la confianza en los impulsos exteriores podría tener un oscuro desenlace en España. Habrá que trabajar duro para que eso no suceda. Alemania parece estar reaccionando. Están en juego las cadenas de valor de las principales empresas y compañías europeas, muchas de ellas alemanas o participadas por capital alemán. Un colapso de la Unión Europea convertiría empresas en presa fácil de China, de las oligarquías petroleras del Golfo o de Estados Unidos. El espacio económico europeo sería despedazado. Alemania parece estar reaccionando ante esa posibilidad. El plan europeo de reconstrucción es un intento de evitar el colapso de la Unión Europea como consecuencia del hundimiento económico y moral de los países del sur. El intento de mantener en pie la idea de Europa como «tercer polo» de las relaciones internacionales, una idea que empezó a fraguarse a finales de los años cuarenta cuando los aliados desestimaron el proyecto, inicialmente acariciado por norteamericanos y soviéticos, de convertir la derrotada Alemania en un país esencialmente agrícola y granjero, sin resortes industriales que le permitiesen renacer como potencia. Volvemos al principio. Estos próximos años se va a reinterpretar la partitura de Potsdam.

Volvemos a la discusión de Burgos en 1962. ¿Qué hacer? Estudiar, sin duda alguna. Solo el estudio nos salvará. La vida.

Madrid, 18 de mayo del 2020

BIBLIOGRAFÍA

AMAT, Jordi: *Las voces del diálogo. Poesía y política en el medio siglo*. Barcelona, Península, 2007.

La primavera de Múnich. Barcelona, Tusquets, 2016.

Com una pàtria. Vida de Josep Benet. Barcelona, Ediciones 62, 2017.

ANA, Marcos: *Ramón Ormazábal y sus compañeros*. París, Le Comité National de Défense des Victimes du Franquisme.

Decidme cómo es un árbol. Barcelona, Umbriel Editores, 2007.

BALSEBRE, Armand y FONTOVA, Rosario: *Las cartas de La Pirenaica*. Madrid, Cátedra, 2014.

BATISTA, Antoni: *A la caça del PSUC*. Barcelona, Pòrtic, 2016.

BERLINGUER, Enrico: *Un'altra idea del mondo*. Roma, Editori Riuniti, 2014.

BREU, Ramon: *Protocol M. Argentona*, Voliana Edicions, 2019.

CAMINAL, Miquel: *Joan Comorera. Volum I. Catalanisme i socialisme (1913-1936)*. Barcelona, Editorial Empúries, 1984.

Joan Comorera. Volum II. Guerra i revolució (1936-1939). Barcelona, Editorial Empúries, 1984.

Joan Comorera. Volum III. Comunisme i nacionalisme (1939-1958). Barcelona, Editorial Empúries, 1985.

CAMPRUBÍ, Lino: *Los ingenieros de Franco*. Segunda edición. Barcelona, Planeta, 2017.

CARRATALÁ, Ernesto: *Memorias de un piojo republicano del 36*. Segunda edición. Pamplona, Pamiela, 2009.

CARRILLO, Santiago: *Memoria de la Transición*. Barcelona, Grijalbo, 1983.

Los viejos camaradas. Barcelona, Planeta, 2012.

CAZCARRA, Vicente: *Era la hora tercia*. Zaragoza, Una Luna Ediciones, 2000.

Claudín, Fernando: *Documentos de una divergencia comunista*. Barcelona, El Viejo Topo, 1978.

Santiago Carrillo. Crónica de un secretario general. Barcelona, Planeta, 1983.

CÉU E SILVA, João: *1975, O ano do furaçao revolucionário*. Lisboa, Porto Editora, 2013.

ERICE, Francisco: *Militancia clandestina y represión*. Gijón, Ediciones Trea, 2017.

ESPANYOL I VALL, Ramon: *Stalin*. Madrid, Síex, 2017.

ESTAPÉ, Fabian: *De tots colors. Memòries*. Décima edición. Barcelona, Edicions 62, 2001.

GALÍ, Ramon: *Memòries*. Barcelona, Proa, 2004.

GARCÍA DELGADO, José Luis, *et. al.*: *Franquismo. El juicio de la historia*. Segunda edición. Madrid, Temas de Hoy, 2000.

GELLATELLY, Robert: *La maldición de Stalin*. Barcelona, Ediciones de Pasado y Presente, 2013

GÓMEZ BRAVO, Gutmaro: *El exilio interior*. Madrid, Santillana, 2009.

GRACIA, Jordi: *Javier Pradera o el poder de la izquierda*. Barcelona, Anagrama, 2019.

HERNÁNDEZ, Jesús, *Yo fui un ministro de Stalin*. Madrid. G. Del Toro. Editor, 1974

IBÁÑEZ ESCOFET, Manuel: *La memòria és un gran cementiri*. Quinta edición. Barcelona, Edicions 62, 1991.

IBÁÑEZ Ortega, Norberto y PÉREZ PÉREZ, José Antonio: *Ormazábal: Biografía de un comunista vasco (1910-1982)*. Madrid, Latorre Literaria, 2005.

IBÁRRURI, Dolores: *Memorias de Pasionaria. 1939-1977*. Barcelona, Planeta, 1984.

JULIÁ, Santos: *Camarada Javier Pradera*. Barcelona, Galaxia Gutenberg, 2012.

Transición. Barcelona, Galaxia Gutenberg, 2017.

KRUSCHEF, Nikita: *Kruschef recuerda*. Madrid, Prensa Española/ Santillana, 1970.

LASO PRIETO, José María: *De Bilbao a Oviedo, pasando por el penal de Burgos*. Oviedo, Pentalfa Ediciones, 2002.

LINVILLE, Rachel: *La memoria de los maquis*. Barcelona, Anthropos, 2014.

LURI, Gregorio: *El cielo prometido*. Barcelona, Planeta, 2016.

MARTÍN RAMOS, José Luis: *Rojos contra Franco*. Barcelona, Edhasa, 2002.

MOLINERO, Carme y YSÀS, Pere: *De la hegemonía a la autodestrucción*. Barcelona, Planeta, 2017.

MORÁN, Gregorio: *Adolfo Suárez*. Barcelona, Random House Mondadori, 2009.

Miseria, grandeza y agonía del PCE. 1939-1985. Madrid, Akal, 2017.

MUÑOZ MOLINA, Antonio: *Beltenebros*. Doceava edición. Barcelona, Seix Barral, 1992.

NIETO, Felipe: *La aventura comunista de Jorge Semprún*. Barcelona, Tusquets Editores, 2014.

NÚÑEZ, Miguel: *La revolución y el deseo*. Barcelona, Península, 2002.

ORTÍNEZ, Manuel: *Una vida entre burgesos*. Segunda edición. Barcelona, Edicions 62, 1993.

PALA, Giaime: *El PSUC. L'antifranquisme* y la política *d'aliances a Catalunya (1956-1977)*. Barcelona, Base, 2011.

PÀMIES, Sergi: *L'art de portar gavardina*. Segunda edición. Barcelona, Quaderns Crema, 2018.

PUIGSECH FARRÀS, Josep: *Entre Franco y Stalin*. Barcelona, El Viejo Topo, 2009.

RODRÍGUEZ CHAOS, Melque: *24 años en la cárcel*. Madrid, Forma, 1977.

ROS HOMBRAVELLA, Jacint: *Joan Sardà Dexeus. Un economista clave en la España del siglo* XX. Cizur Menor, Aranzadi, 2015.

SEMPRÚN, Jorge: *Autobiografía de Federico Sánchez*. Quinta edición. Barcelona, Planeta, 1977.

Federico Sánchez se despide de ustedes. Barcelona, Tusquets, 1993.

El largo viaje. Barcelona, Planeta-DeAgostini, 2000.

SOLÉ TURA, Jordi: *Una historia optimista. Memorias*. Madrid, Aguilar, 1999.

«Textos 5», *Textos per la Democràcia*. Mollet del Vallès, Centre d'Estudis per la Democràcia Jordi Solé Tura, 2019.

SOLSCHENIZYN, Alexander: *Un día en la vida de Ivan Denisovitch*. Barcelona, Luis de Caralt, 1963.

SOREL, Andrés: *La guerrilla antifranquista*. Tafalla, Txalaparta, 2002.

SPRIANO, Paolo: *Le passioni di un decennio, 1946-1956*. Milán, Garzanti, 1986.

TAMAMES, Ramón: *Más que unas memorias*. Barcelona, RBA, 2013.

TAUBMAN, William: *Gorbachov*. Barcelona, Penguin Random House, 2018.

TOGLIATTI, Palmiro: *Escritos sobre la guerra de España*. Barcelona, Crítica, 1980.

UCELAY-DA CAL, Enric y GONZÁLEZ I VILALTA, Arnau: *Joan Lluhí y Vallescà. L'home que va portar la República*. Barcelona, Editorial Base, 2017.

VV. AA.: «40 años después (1923-1963)». *Revista de Occidente*, n.º 8 y 9. Madrid, Alianza Editorial, 1963.

VV. AA.: *Trece economistas españoles ante la economía española*. Vilassar de Mar, Oikos-tau, 1975.

VV. AA.: «PSUC, 1956-2016. El millor partit de Catalunya», *Nous Horitzons*, n.º 213. Fundació Nous Horitzons, Barcelona, 2016.

ZACHARIAS, Ellis M.: *Historia secreta de la guerra fría*. Barcelona, José Janés Editor, 1952.

ZUGAZAGOITIA, Julián: *Guerra y vicisitudes de los españoles*. Segunda edición. Barcelona, Tusquets, 2017.

Manuel Moreno Mauricio y Maria Sarriera Ventura, el año 1931.